자본에 저항하는 불온한 사랑

선한 분노

선한 분노

자본에 저항하는 불온한 사랑

박성미
지음

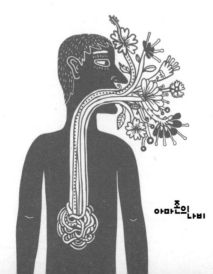

아마존의나비

자본에 저항하는 불온한 사랑

선한 분노

발행일 | 2015년 4월 16일 초판 1쇄 발행
2015년 5월 8일 초판 2쇄 발행

지은이 | 박성미
펴낸곳 | 아마존의 나비
펴낸이 | 오성준

등록 | 2014년 11월 19일 (제406-2014-000114호)
주소 | 서울시 서대문구 연희로 77-12(연희동) 영화빌딩 505호
전화 | 02-3144-3871/2 **팩스** | 02-3144-3870
이메일 | osjun@chaosbook.co.kr

디자인 | 디자인콤마
인쇄처 | 이산문화사

정가 12,000원
ISBN 979-11-954108-1-1 03190

글로 읽어도 다시 가슴이 뛴다.

김여진과 날라리 외부세력이 공장에 오기 전까지 크레인은 녹슬고 오래된 쇠로 만든 서낭당이었다. 2003년 김주익의 죽음을 기억하는 이들에게 85크레인은 아프고 부끄럽고 뼈저린 '상처'였다. 8년만에 그곳을 다시 오를 수밖에 없다는 결론을 혼자 내려놓고 난 꿈에서도 식은땀을 흘렸다.

죽어서도 내려오지 못하고 크레인 위에서 드라이아이스에 채워진 채 하얗게 얼어있던 주익씨 얼굴. 꿈에선 그 얼굴이 자꾸 내 얼굴이 되곤 했다.

1월 6일 새벽, 영하 13도의 날씨.

크레인의 가파른 계단을 잡는 순간 섬뜩한 느낌과 함께 가장 먼저 떠오르던 질문.

살아서 이 계단을 다시 내려갈 수 있을까.

시간이 흐를수록 대답은 부정적이었다. 2010년 단식을 하면서 사측이 어떻게 나올지, 노조집행부가 어떤 태도를 보일지 이미 겪은 바가 있었지만 상황은 예상보다 더 나빴다.

어느덧 내 목표는 하나밖에 남지 않았다.

129일만 넘기자. 주익씨가 이 크레인에서 견뎠던 시간, 129일만 버티자. 그래야 죽어서 주익씨를 만나더라도 덜 미안하겠다는 생각. 그만큼 힘들었다.

그때 김여진과 날라리 외부세력이라는 듣도보도 못한 사람들이 왔다. 사실은 몹시 기다렸다. 트위터에서 그들의 '작당'을 모른 척 지켜보며 그들을 기다렸다. 크레인 위에서 가슴이 두근거려본 건 그때가 처음이었다.

바람이 몹시 불던 날. 유명한 영도의 똥바람이다.

열댓 명의 사람들. 그들은 크레인 아래서 팔딱팔딱 뛰며 큰소리로 '우윳빛깔 김진숙'이래나 뭐래나 중구난방 떠들며 까르르 웃었다.

어라? 웃어?

어설프고 두서없었지만 귀여웠다. 무엇보다 크레인 아래 위 옆을 통틀어 크레인 반경 안에서 웃은 건 그자들이 처음이었다. 그리고 남기고 간 말.

웃으면서 끝까지 함께.

그들과 반나절을, 아니 반나절 그들의 재롱을 보며 함께 웃고 나니 가슴이 쫘악 펴지는 느낌이었다. 가슴 속에 꽉차있던, 매운연기

같기도 하고 황사같기도 한 것들이 확 빠져나간 듯 그렇게 개운하고 시원할 수가 없었다.

그들 중 아는 사람은 아무도 없었다. 그냥 트위터에서 인사를 튼 트친들. 그중에 박성미 감독이 있었다.

감독이라니 감독인갑다 했지 나같은 사람은 100년을 살아도 만날 일이 없는 부류였다. 그런 그가 어느 날 크레인 아래서 편지를 올려 줬다. 지금도 한 번씩 읽어보곤 하는 편지.

아, 이 사람은 참 마음이 맑은 사람이구나. 참 귀한 인연이 되겠 구나 선선한 예감. 그리고 수많은 박성미들은 나보다 더 열정적으 로 싸웠다.

트위터에 내가 올린 짧은 글 한줄, 혹은 크레인 위에서 내가 흔드 는 팔의 각도만으로도 그날 내 기분과 마음상태를 알아채던 사람들. 그리고 사람의 마음을 담은 예술이 어떻게 사람의 마음을 움직이는 지를 알게 해준 사람 박성미.

박성미 감독이 레고로 만든 영화를 크레인 위에서 트위터로 보며 흘렸던 뜨거운 눈물. 살아 내려가서 이 영화를 사람들과 함께 볼 수 있다면 얼마나 좋을까. 밤마다 유서를 쓰던 내 가슴속에서 절박하고 도 뜨거운 꿈을 꾸게 해준 사람.

용역깡패들이나 특공대의 침탈에 누구보다 열성적으로 소식을 알 리고 공장 밖에서 고함을 지르며 싸웠던 사람들.

특공대가 물러간 날.

담장 밖에서 펄펄 뛰며 손을 흔드는 그녀들이 참 보고 싶었다. 딱

한 번만이라도 좋으니 마주보며 따스한 손을 잡아보고 싶다는 욕망. 그리고 꼭 살아서 내려가고 싶다는 간절한 소망.

마침내 2011년 11월 10일 그 소망은 이루어졌고, 그들은 그 약속을 끝내 지켰다.

웃으면서 끝까지 함께.

2011년의 그 치열하고 뜨거웠던 시간들에 대한 승패의 판단을 난 유보하고 있었다. 그리고 해고됐던 우리조합원들이 3~4년만에 현장에 복귀를 했다. 웃으면서 끝까지 함께 했던 박성미의 용기있는 변신에서 난 비로소 승리를 본다.

김진숙

2011년 가을, 나는 아무것도 갖지 않은 사람이 모든 걸 다 가진 사람을 이기는 것을 보았다.

아무도 시키지 않았으나 믿을 수 없이 많은 사람들이 모였다. 13년 만에 재벌 회장을 청문회에 세웠고, 돈이 전부인 세상의 오만함에 균열을 내었다. 가진 이들은 이를 통제할 수 없었다. 돈이 아닌 어떤 다른 힘이 수많은 사람을 움직였고, 그해 그렇게 부산 영도 한 조선소의 크레인 위에서 309일을 싸웠던 여성 노동자는, 불가능해 보였던 타결을 얻어내고 기적처럼 살아 내려왔다.

85호 크레인의 김진숙 지도위원과 희망버스의 이야기는, 참여했던 모든 사람들에겐 경이로운 기억이다. 그 이유는, 그 경험이 사람들에게 잊고 있었던 어떤 감정을 불러냈기 때문이다. 그 감정이란 사랑이다.

세상은 뛰어난 한 사람이 바꾸는 게 아니라, 수많은 평범한 사람들이 함께 바꾸는 것이라는 걸, 그해 나는 그 찬란한 경험과 함께 깨달았다.

나는 갖고 있던 자기계발서들을 전부 처분했다. 혼자 잘 산다는 것은 더 이상 의미가 없었기 때문이다. 지독히 일그러진 세상의 시스템에서 나 혼자 성공한다는 것이 더 이상 의미가 없었기 때문이다. 성공하는 방법을 고민해야 할 게 아니라 세상이 어째서 이토록 잘못되었는지 고민해야만 했기 때문이다. 그리고 세상에는 부와 성공 이외에 더 중요한 게 존재한다는 걸 알았다.

2014년 세월호 참사가 일어났다. 살아있는 이들이 있을까 하면서 조마조마하던 사고 이튿날, 어느 실종 학생의 페이스북 메시지가 SNS를 달궜다. 허위라는 말들과 함께 다시 잠잠해지고 그날 구조 활동은 이루어지지 않았다. 며칠 후 우연히 다시 그 아이의 사진을 다시 봤을 때 숨이 턱 막혔다. 그때 문득 알았다. 사람이 살아 있을 수도 있다는 사실이 중요한 거지, 증거가 있어야 구하냐고, 이 바보들아! 나라도 외칠 수 있었잖아. 가슴을 치고 엉엉 울었다. 나라도 외칠 수 있었잖아. 그 정도는 할 수 있었잖아.

우리가 언제, 무엇보다 생명이 중요하다고 가르쳤던가?

우리가 언제, 돈보다 사람이 중요하다고 가르친 적 있나?

애도를 해야 할지 분노를 해야 할지 모르는 나날이 지나갔다. 이 일은 깊은 죄책감과 숙제를 남겼다. 유일한 방법은, 죽음을 의미 있게 하는 것일 뿐이다.

세월호 안에서 세상을 떠난 학생들이 죽기 직전 남긴 메시지들을 난 잊지 못한다. 그것은 "사랑해"라는 말이었다. 살아 있는 동안에, 사람을 사랑하는 것보다, 중요한 게 또 있었던가?

세월호의 문제들이 밝혀지는 과정은 지금도 모두에게 고통스러운 과정이다. 이것은 하나의 문제가 아니라 여러 문제가 촘촘히 연결되어 이루어진 참사였다.

우리는 무엇이 그토록 두려워서 눈 앞에서 사람이 죽어가는데도 손을 놓고 있을 수밖에 없었는가? 충격적인 것은 그저 명령에 따르고 지위를 잃을까 명예를 잃을까 겁을 먹고 있는 그 모습들이 악마 같은 정신이상자의 것이 아니라 시스템에 길들여진 평범한 한국 사람의 모습이라는 것이었다. 이것은 악마가 만든 참사일 거라고 믿고 싶었다. 하지만 생각하는 법을 잃어버린, 그래서 무엇이 소중한 건지 무엇이 옳은 건지 판단할 능력을 잃어버린, 혹은 선한 의지가 있지만 이미 스스로 판단할 영혼도 능력도 힘도 갖고 있지 않은, 평범한 이들이 만들어낸 결과라면 우리는 이런 사회를 만든 책임에서 한치도 벗어날 수 없을 것이다.

이 참사는 사회의 욕망에 대한 경고였고, 무관심과 책임전가에 대한 경고였고, 사람과 삶에 대한 인식들, 그리고 우리가 사랑을 잊어가는 것에 대한 경고였다. 그것도 아주 처절한 경고였다. 2011년의 경험이 사랑이 무엇인가를 알게 한 경험이었다면, 2014년 벌어진 이 사건은 욕망과 무책임이 사랑을 대체한 사회에 어떠한 일이 벌어지는가를 보여주었다.

몇 가지 굵직한 사건들을 관통하며 한국이라는 세상이 심하게 일그러져 있다는 사실을 배웠다. 국민소득은 늘어났고 부자들은 더 부자가 되었지만, 사람들은 끊임없이 상처받고 다치고 희생되고 있었다는 사실을. 글로벌 기업은 사람의 희생을 딛고 이루어졌으며, 개발과 발전은 누군가를 다치게 하면서 이루어졌다는 사실을. 빠른 인터넷과 빠른 택배와 깨끗한 아파트와 스마트폰과 한여름에도 추울 정도의 에어컨 서비스를 갖고 있지만 구성원 대부분이 이 모든 걸 누리기 위해서 허덕여야만 하고, 돈이 없다고 해서 그걸 누리지 않을 자유조차 없게 되어버렸다. 그리고 평균 생활비가 평균 월급을 빠르게 추월하면서 그 간극을 빚으로 가득 채우고 있었다.

　누군가 이 미친 열차에 제동을 걸어야만 했다. 한 세대는 월급과 저축으로 살았고, 한 세대는 주식과 부동산으로 돈을 벌었고, 그리고 지금 세대에게 남은 것은 착취와 빚이며, 삶을 지탱하는 돈의 구조가 심하게 균형을 잃었다는 사실을 알게 되었다. 그리고 지금은 성장이 필요한 때가 아니라 성찰이 필요한 때라는 사실을.

　무엇이 우리를 이런 끝도 없는 모순으로 몰아넣는지, 그 물음에 스스로 답해야만 했다.

　스무살 중반까지 나는 서울의 강남에서 자랐다. 경제성장과 아파트 건설의 붐을 타고 한국이라는 사회에 성공적으로 자리잡은 소위 중산층의 자녀로서 혜택을 입고 자랐다. 서른 세 살 되던 해, 내가 전혀 몰랐던 다른 세계를 살아 왔던 영도 조선소의 어느 여성 노동자의 편지를 보았을 때, 같은 대한민국 땅에서 내가 듣도 보도 못한 현실의 이면이 내 앞에 모습을 드러냈다. 사실 그때나 지금이나 자본이 바뀌진 않았다. 그러나 그때 돈의 욕망에 맞서 싸워서 사람을 살려낸 단 한 번의 경험, 그것은 사람들로 하여금 다시 싸우게 만들었다. 내가 배운 건 적어도 이 모든 것을 누군가는 기억한다는 것이었고, 그것이 세상을 뒤집진 못해도 그것들이 만든 균열이 아주 조금씩 변화를 일으킨다는 것이었다.

그리고 거기서 얻은 작은 깨달음들과 사실들을 퍼즐처럼 맞추어가며 무엇이 잘못되어 있는지 깊이 고민하기 시작했다.

이 책에서는 우리들의 삶에서 가장 중요하지만 학교에서도, 아니 어디에서도 제대로 가르쳐주지 않는 두 가지 주제를 고민했다. 돈과 사랑이다. 우리는 돈을 얻기 위해 산다. 사랑을 얻기 위해 산다. 그러나 아무도 그것을 다루고 통제하는 법을 가르쳐주지 않았다. 이 둘의 본질이 무엇이고 어떻게 다루어야 현명한 것인지, 그것이 어떠한 구조를 가지고 삶과 사회에 얽혀 있는지, 그리고 그것을 풀어 보면서 무엇이 우리가 사는 세상을 이토록 일그러지게 만들었는지 살펴볼 것이다.

나는 사람들이 어리석지 않다고 생각한다. 돈을 벌고자 하는 욕망만큼 옳고 그름에 대한 욕망도 있다고 생각한다. 누구나 올바르게 살고 싶다고, 양심에 따라 살고 싶어한다고 생각한다. 또 옳은 것을 찾아낼 능력도 있다고 생각한다. 단지 지독히 돈이 부족하고 시간이 없어서 옳고 그름에 관심을 가질 수조차 없었다고 생각한다.

나는 그래서 조금 다른 자기계발서를 쓰기로 마음먹었다. 이것은 자기계발서이지만 혼자 잘 살기 위한 자기계발서가 아니라 함께 사는 세상을 위한 자기계발서다. 당신이 열심히 열망하면 당신이 성공해서 잘 살 수 있다고 얘기하는 시크릿이 아니라, 당신이 열심히 열망하면 함께 하는 사람들과 세상을 바꿀 수 있다고 은밀히 속삭이는 책이다.

그렇게, 어떻게 사랑해야 하는가를 묻는 책이 되고자 한다.

첫 번째 장은 사랑이 무엇인지에 관하여 썼다. 내가 배운 사랑은 예수가 이천 년 전에 말했던 그 사랑과 같은 것이다. 그 사랑이 가르쳐준 것과 그 사랑에 대해 오해할 수 있는 사실들에 관하여 이야기할 것이다.

두 번째 장은 돈에 관한 이야기이다. 단지 나는 쓰고 버는 돈에 관한 이야기들, 그리고 돈이 세상에서 차지하고 있는 위치와 돈이 사람의 마음에서 차지하고 있는 사실들을 관찰한 이야기를 쓸 것이다. 어째서 돈에 미친 세상이 되었는지, 그리고 돈의 흐름에 관하여 우리가 오해하고 착각하고 있는 것들은 무엇인지를 이야기할 것이다. 그리고 돈을 조금 다른 시각으로 바라보는 법을 소개할 것이다. 나는 경제학자가 아니다. 이 책은 한 평범한 생활인이 관찰하고 탐구한 돈에 대한 이야기이다. 전부 믿지 않아도 좋고 비판적으로 보아도 좋다. 아, 이렇게 보는 시각도 있구나, 하고 흥미롭게 참고하고 읽어 주면 족하다.

세 번째 장은 세상을 바꾸는 법에 관한 이야기이다. 세상을 바꾼다는 것은, 돈과 사랑의 위치를 바꾼다는 것이다. 돈이 전부인 세상에서 사랑을 외치는 움직임에 관한 이야기이다. 희망버스 이야기에서 사람들이 어떻게 자발적으로 자본주의 세상에 자그마한 균열을 냈는지 볼 것이다. 사람들이 어떻게 조금씩 세상을 바꾸어 왔는지 볼 것이다. 그래서 어떻게 하면 우리가 돈이 차지해버린 사랑의 위치를 다시 되찾을 수 있을지 이야기할 것이다.

이것은 세상을 좀 더 낫게 만드는 큰 조직이나 정책에 관한 이야기는 아니다. 이것은 시작을 위한 책이며, 모든 대안과 정책의 출발이 될 한 사람 한 사람의 개인을 위한 책이다. 시대에 무임승차하길 원치 않는 사람을 위한 것이며, 욕심 많은 사회 시스템에 더 이상 고분고분 이용당하기를 원치 않는 사람들을 위한 것이다. 세상에서 성공하기보다 세상을 바꾸고 싶어하는 사람들을 위한 것이며, 룰을 잘 이용하기보다 룰을 바꾸고자 하는 사람들을 위한 것이다. 당장에 이루어지는 것이 없어도 훗날을 위해 씨를 뿌려두는 것을 소중히 여길 수 있는 사람들을 위한 것이다. 무엇보다 나 스스로를 위한 기록이다.

더 이상 무엇에 속지 말아야 하는가와 세상을 보는 시선을 어떻게 바꿔야 하는지에 관한 이야기이다. 우리가 보는 세상에 대한 시선을 단 10%만 바꾸어도 많은 것이 달라질 거라 믿는다.

가난해지는 것보다 바보나 꼭두각시가 되는 것을 더 못 견뎌 하는 사람들이 더 많아질 때, 세상은 바뀐다. 사람들이 스펙이 없다는 사실보다 주관이 없다는 사실을 더 부끄럽게 여길 때 바뀐다. 재산과 지위를 잃는 것보다 어이없는 명령의 하수인이 되는 걸 더 불행으로 여길 때, 바뀐다. 내 소유의 집을 갖는 것보다 내 소유의 영혼을 갖는 것을 더 중요하게 여길 때 세상은 바뀐다. 그때 사람이 돈보다 우위에 서게 된다.

나는 세상이 바뀌지 않는다는 말을 믿지 않는다.

이 책이 나올 수 있게끔 자극해주고 도와주신 아마존의 나비의 오성준 대표님, 그리고 이 책의 최초의 출발점이 되었던 김진숙 지도위원님과 한진중공업 조합원 아저씨들 그리고 김여진 언니와 날라리 외부세력을 함께 했던 모든 친구들, 그리고 내가 처음 글을 쓰도록 용기를 주었던, 굴뚝이라는 또 다른 크레인에 올랐다 내려온 쌍용자동차 해고자 이창근 실장님 그리고 제멋대로 살았어도 나를 믿어주시고 격려해주셨던 부모님, 그리고 책을 쓰는 내내 곁에서 챙겨주었던 한집 식구 김선미와 나의 연남동 친구들에게, 진심으로 감사의 인사를 전한다.

이것은, 사랑에 관한 이야기이다.

2015년 봄
박성미

차례

추천의 글   5

여는 글   9

사랑

제1장

사랑은 커다란 영혼이다

짱돌, 스타벅스, 하루키   25

아프리카의 여자아이   29

단 하나의 옳은 것, 사랑   32

사랑은 어떻게 얻는 것인가   34

우주만한 영혼   37

장발장을 구한 신부의 비밀   40

사랑은 모두 연결되어 있다는 것을 아는 것이다   43

제2장

사랑을 오해하는 욕망들

연애와 착각   50

일그러진 사랑   52

남의 원수를 용서할 자격은 내겐 없다   55

제3장

사랑은 아름다운 정치다

왜 사랑은 정치적인가   59

돈

제4장
세상이 돈에 미치다

돈은 필요한 거지, 소중한 게 아니잖아요   65

사랑과 돈의 차이   69

제5장
괴상한 시스템, 돈

돈은 무엇인가   72

세상 전체의 눈으로 돈을 바라보기   80

그때는 왜 잘 살았나?   99

의자놀이 게임과 폰지 사기   106

이윤 없는 세상   113

제6장
벌거벗은 임금님

돈이 없는 것은 죄가 아니야   115

왜 이토록 살기 힘든가   121

돈의 영혼   129

갑 중의 갑, 슈퍼브랜드   132

영혼을 빼앗기면 괴물이 된다   141

제로섬   143

벌거벗은 임금님   147

제7장

불평등

많을수록 더 많이 갖는 세상   153

힘이 없는 이들에게만 도덕을 묻다   155

손실의 불평등   159

7억 원과 320만원의 차이   160

왜 아름답지 못한 일이 더 많은 보수를 받을까   163

공정함을 되찾는 것도 능력이다   167

경쟁하는 세상의 딜레마   168

노예와 황금   170

제8장

기본소득

옳은 것을 선택할 자유   172

기본소득을 위해 얼마나 더 필요할까?   175

기본소득은 투자다   184

소는 누가 키우나?   185

기본소득, 미래를 위한 시스템   189

제9장

**돈으로
살 수 없는
것들**

호의의 계산법   192

큰 가게에서 살 수 없는 것들   194

우리가 원하는 것은 돈이 아니라
인간으로서의 존엄이다   196

사람   203

혁명

제10장

자본주의
세상에
균열을 내다

나는 강남좌파였다   207

발랄하게 세상을 바꾸는 법   211

노동자와 친구가 되다   214

담을 넘다   217

언론과 싸우다   225

경찰과 싸우다   232

시민 언론   235

회장을 청문회에 세우다   240

자본 없는 공화국   242

위기를 넘기다   243

크라우드 펀딩으로 영화를 만들다   247

309일째   252

변화   253

제11장

왜
복종
하는가

그날, 나는 법을 어겼다   256

어쩔 수 없는 어른의 사회   262

정의냐 생계냐   269

남의 욕망   271

선한 개인과 나쁜 사회   275

제12장

세상을
바꾸려면

매트릭스는 어떻게 무너지는가   278

세상은 밑에서부터 바뀐다   282

제13장

사랑, 돈 그리고 혁명

사랑을 돈의 위로 올려놓는 것이 혁명이다   287

심장에 나침반 세우기   290

욕망의 방향   292

돈의 방향   303

기술의 방향   306

에필로그: 선한 분노—큰 에너지의 일부분 되기   313

부록: 당신이 대통령이어서는 안되는 이유   316

사
랑

제1장

사랑은
커다란
영혼이다

"원주민들 앞에서 맨발로 마임을 하고 춤을 추던 그날
나는 폭포수처럼 눈물을 쏟았다."

짱돌, 스타벅스, 하루키

1996년 극렬 시위를 하던 대학생들이 잡혀가고 학교 건물이 불에 탄 지 2년,[1] 내가 입학한 대학의 광장에선 노동과 투쟁이란 단어가 거의 사라졌다. 개발 자본주의와 급속한 경제 성장의 혜택을 입은 중

---

1 1996년 8 한총련 집회와 관련한 연세대 사태. 종합관 건물이 불에 탔고 점거 농성을 벌이던 학생들은 대부분 연행되었다.

산층의 자녀들은 팬덤과 문화를 즐겼다. 영화를 즐기기 시작한 때도 그때였다. 우린 집회 대신 미팅을 했고, 짱돌 대신 테이크아웃 커피를 들기 시작했다. 학생들은 동아리방에 가는 대신 스타벅스에 앉아 영어 스터디를 했다. 모든 변화는 급속히 이루어지기 시작했다. 인터넷 채팅과 유명 브랜드에 둘러싸이고 쿠폰, 포인트 적립, 할인을 향유하며 풍요로운 소비에 흠뻑 빠졌다. 하루키 스타일이 지배하던 그때 개인적인 낭만과 우울에 흠뻑 빠져 있던 나와 내 친구들은 사회적인 문제까지 감히 생각할 시간은 없었다. 우리는 취향에 맞는 브랜드와 상품을 선택해서 만들어진 자아가 나라고 생각하기 시작했다. 그리고 우리는 교환학생이나 어학연수를 하나둘 패션처럼 몸에 걸쳤다. 소비가 곧 문화가 되던 시절이다.

매년 백양로엔 이한열과 노수석이라는 이름이 검은 리본의 사진과 함께 걸렸다. 그러나 나는 그들이 누군지 몰랐다. 우리는 서서히 길들여지고 있는지 모른 채 풍요를 누렸다. 세상은 단단하게 평화로워 보였다. 그리고 IMF 구제금융 시절이 도래했다.

1998년에 정부가 외국에서 돈을 빌렸다고 했고 국민들은 금을 열심히 모아 갚았다고 했다. 크고 작은 회사들이 줄도산한 우리 아버지들의 그 경험 이후 해고는 더 이상 부도덕한 것이 되지 않았다. 사람들은 돈을 벌고 이윤을 남기는 것을 그 무엇보다 중요하게 여기기 시작했다.

풍물패 동아리는 여전히 존재했고 메이데이 집회에 참석하는 학생들, 자본론을 공부하는 학생들도 여전히 있었지만, 운동이나 사회비판이라는 것은 안 맞는 옷처럼 어색해지기 시작했다. 우리는 거의 공짜로 준다는 삼성 핸드폰을 너도나도 구입했고 신용카드와 멤버십 카드를 가짐으로써 소비 사회의 당당한 구성원이 된 듯한 기분을 느꼈다.

당시 쏟아지던 긍정주의 서적과 자기계발서는 세상에 대한 불평을 부끄럽게 만들었고 어떻게 하면 더 잘 살 수 있을까, 더 성공할 수 있을까라는 물음을 끊임없이 던졌다. 한때는 그러한 책들을 닥치는 대로 읽고 자신감으로 충만해 있던 시절도 있었다. 나도 그런 야심차고 욕심 많은 청춘 중 한 사람이었다.

나는 당시 영화를 하겠다고 카메라를 들고 다녔다. '사회비판'이라는 것을 패션으로만 알고 있던 나는 '무엇을 담아야 할지' 몰랐다. 당시 내가 거의 처음 카메라에 담은 것 중 하나가 메이데이 시위였다. 무엇을 향해 무엇을 외치는 것인지 몰랐으나 집단의 에너지가 너무 아름답다고 느꼈을 뿐이다. 매년 그렇게 사람들이 하나가 되어 외치는 장면을 같은 구도로 담았다. 그 다음엔 2002년 월드컵이었고 그 다음에 찍게 된 것은 미군 장갑차에 치인 두 여중생을 추모하는 촛불 시위였다. 시청 광장에선 그렇게 에너지들이 모이고 헤쳐지고, 모이고 헤쳐졌다. 카메라에 담았던 매 해의 다른 장면들은 붙여 놓으면 신비하게 같은 모습으로 연결되었다. 나는 경찰 버스 위에 올라가 카메라를 들었는데, 그 곳에서 본 광경이 어째서 그렇게 눈부셨는지 그때는 잘 몰랐다.

한 학기 내내 동그랗게 앉아 열띤 토론을 일삼던 수업이 있었다. 그 사회학 수업이 아니었다면 나는 우리를 풍요롭게 만들어준

'자본주의'를 비판할 기회는 전혀 갖지 못했을 수도 있었다. 이 때 처음으로 사회를 바라보는 조금은 삐딱한 시선에 호감을 갖기도 했다.

그렇게 자본의 충실한 소비자와 사회의 비판자 사이에서 어색하게 균형을 잡던 그때, 쏟아져 나오는 브랜드들과 신용카드와 소비하라고 외치는 눈부신 광고들에 적응해 가기에도 너무 바빴던, 학점을 따고 연애를 하고 상처를 주고받는 것만으로도 너무나 바빴던 20대, 그래도 집요하게 찾고 싶었던 것이 있었다. 내 정체성을 바로 잡아줄 어떤 것이었다. 난 전공 학점을 뒤로 하고 그것을 찾아 다녔다.

그것은 반짝반짝 빛나는 진실 같은 것이었다. 학점은 못 건져도 그놈의 우주적 진리 따위는 알아야겠다는 생각이 들었다. 우린 늘 어딘가 불완전했다. 왜 그런지 알 수 없었다. 나는 상처를 겪고 싶지 않았다. 더 이상 흔들리는 심장을 갖고 싶지 않았다. 진짜를 알면 상처받지 않을 거라 생각했다.

그리고 나는 그것이 공부를 많이 하면 알 수 있는 것인 줄 알았다.

자유롭게 전 세계를 돌아다니고 싶어 외국어도 공부했다. 진실을 알고 싶어서 물리학 책도 탐독했다. 세상을 다르게 읽고 싶어 시와 문학과 영화를 미친 듯이 핥았고 세상의 의미를 알고 싶어 철학에 빠졌다. 사람들이 왜 고통스러워하고 갈등에 빠지는지 궁금했고, 그것이 사회적인 문제인가 싶어 사회학 강의도 들었다. 그것이 사람의 내면이 문제인가 싶어 심리학 책도 뒤적였다. 그러면 세상에서 가장 중요한 게 무엇인지 알 수 있을 것 같았다. 그 중에 가장 관심을 갖고 공부했던 건 철학이었다. 철학을 공부하면 진짜 진리를 알 수

있을 것 같았다. 그런데 철학에서 내가 배운 것은 세상에 절대 진리
는 없다는 것이었다.

아프리카의 여자아이

그런데 보석 같은 경험을 얻을 기회가 있었다. 대학을 졸업하고
떠난 프랑스 유학 중에서였다. 무언가 배우고 싶어 간 유학이었는데
정작 가장 중요한 걸 가르쳐준 곳은 프랑스가 아니었다. 프랑스 한
인 교회를 통해 아프리카로 선교를 갔다. 세상에서 두 번째로 가난
하다는 나라, 부르키나파소Burkina Faso였다. 교육받은 사람들은 불어
를 하고, 교육 기회가 없는 사람들은 부족 말을 쓴다고 했다. 그래
서 부족 말을 공부했다. 모레어라고 하는 그 언어는, 소수 부족 언
어여서 따로 출판된 문법 교재가 없었다. 나는 앞서 선교를 다녀왔
던 친구들이 적어 왔던 언어들을 분석해 몇 가지 중요한 단어와 문
장 규칙을 찾았다.

'맘 농가 포'(나는 당신을 사랑합니다.)

'웬남 농가 맘', '웬남 농가 포'(하나님은 나를 사랑합니다. / 하나님
은 당신을 사랑합니다.)

이 말을 몇 번이고 외웠다.

부르키나파소의 작은 마을. 그곳은 우리가 알고 있는 문명 이전
의 모습을 하고 있는 것 같았다. 깨끗한 자연의 삶을 간직한 마을이
었다. 세상에서 가장 지혜로운 민족이었다는 아메리카 원주민의 마

을이 지금도 존재한다면 그런 모습이었을 것이다. 상수도 시설이 없어서 우물가로 물을 길러 다녔고, 전기가 없어 밤에는 초나 모닥불을 켜거나 일찍 잤다.

아무것도 없는 곳. 이 곳에도 사람이 산다.

전기가 없어도 사는 걸 보니 전기는 진짜 중요한게 아니었나 보다 하는 생각이 들었다. 티비가 없어도 사는 걸 보니 티비에 나오던 그 모든 것들은 진짜 중요한게 아니었나 보다. 돈이 없어도 사는 걸 보니 돈은 진짜 중요한게 아니었나 보다 라는 생각이 들었다.

여기 있는 사람들은 스티브 잡스도 마이클 잭슨도 맥도날드도 모르는 걸 보니 그 사람들이 그렇게 꼭 중요한 건 아니었나 하는 생각이 들었다.

사람들은 나무에서 떨어진 열매들을 주워 먹곤 했다. 우린 모기장만 치고 별을 보며 밖에서 잤다. 여자 아이들은 망고나무 열매를 따서 머리에 이고 팔러 다녔다. 공장이 아니라 자연에서 생산된 것으로 돈을 벌었다.

하루는 선교팀 캠프에서 잠시 빠져나와 혼자 여기저기 돌아다녔다. 네 살쯤 되는 여자아이 둘이 쫓아왔다. 내가 돌 위에 앉으니 내 옆에 따라 앉았다. 내가 가만히 쳐다보니 예쁜 미소를 지었다. 그리고 나를 똘망똘망 쳐다보았다. 나는 '하나님은 너를 사랑해' 라는 노래를 가르쳐 주었다. 노래를 부르기 시작하자 그 아이는 뭐가 그리 좋은지 활짝 웃었다. 그리고 내 옆에 꼭 붙어 앉아 노래를 따라 불렀다. 그 노래는 모레어로 되어 있었다. 그런데 문득 아이들에겐 불어는 커녕 모레어도 필요가 없다는 것을 깨달았다. 아이들은 겨우 네 살이었다. 아이들은 언어로 소통하지 않았다. 언어가 중요한 게 아니었다. 이 아이도 날 모르고, 나도 이 아이를 모르는데, 우리는 서로 좋아하고 있었다! 나는 스물다섯 해를 한국에서 자라온 학생이었고 그 아이는 지구 반대편 아프리카 모시족 원주민의 네 살배기 아이였다. 우리 사이엔 사람이라는 것 뿐, 연관될 만한 그 어떤 것도 없었다. 그 아이는 내가 어떤 사람인지 내가 돈이 많은지 적은지 나이가 몇인지 공부를 얼마나 했는지도 몰랐다. 그 아이는 그냥 나를 좋아했다. 그건 작은 기적이었다.

아프리카에서 두 번째로 가난하다는 그 땅에는 아무것도 없었다. 거기서 눈부시게 반짝이던 게 사랑이었다. 누가 누군가를 '그냥' 좋아한다는 것. 나는 예수님의 사랑을 전하러 갔는데, 막상 예수님의 사랑이 무엇인지 몰랐었다.

선교팀은 주로 마임과 춤으로 원주민들에게 예수님의 이야기를 전했다. 언어가 통하지 않아서 선택한 방법이었다.

원주민들을 앞에 두고 흙바닥에서 맨발로 마임을 하고 춤을 추던 그날 무슨 은혜를 그리 많이 받았는지 나는 폭포수처럼 눈물을 쏟았다.

내가 춤을 추었던 내용은 그것이었다. 어떤 사람이 십자가를 졌는데 우리 때문이란다. 우리를 너무 사랑해서 우리가 고통스러울까봐 대신 채찍질을 받고, 대신 못 박혔단다. 그건 너무 가슴이 아픈 이야기였다. 일찍이 누가 보잘 것 없는 나 대신에 목숨을 걸어 주었단다.

숱하게 들어온 이야기였음에도 불구하고 그곳에서 비로소 그 사랑을 이해했다. 아무것도 없던 아프리카의 거친 흙 땅에서 사랑이 모습을 드러냈다. 한 원주민 할머니가 우리 앞에서 눈물을 흘렸다. 그 분도 그 사랑을 '이해'하고 있었다.

내가 지금껏 느끼고 찾아온 것 중에서, 가장 눈부시고 아름다운 순간이었다. 언어가 통하지 않는 그곳이지만 누구나 사랑을 이해하고 있었다! 나는 조건 없는 사랑의 이야기를 전했고, 네 살배기 여자아이는 조건 없는 사랑을 이미 알고 있었다.

사랑, 그것은 어느 한 영혼이 다른 한 영혼을 '그냥' 좋아하는 것이었다. 아무런 대가 없이 사람이 사람을 좋아하는 것이었다.

세상에 존재하는 모든 진실들 중에서 그렇게 크고 아름다운 진실은 없는 것 같았다.

아무것도 없고 별만 가득한 그 땅에는 바람과 맑은 공기와 흙과 풀과 그리고 사랑만 존재했다. 가슴이 터질 것처럼 행복했던 순간이었다. 사랑이 나보다 커졌다. 아니, 원래 컸다.

훗날 그 귀중한 경험을 다시 한 번 겪게 될 날이 올 줄, 나는 몰랐다.

단 하나의 옳은 것, 사랑

참으로 많은 분야의 책을 뒤적이고, 진짜를 알기 위해서 이것저것 공부했는데, 결국에 깨달은 건 그 어떤 것도 사랑보다 중요한 건 없다는 사실이었다. 사람이 태어나서 배워야 할 것은 학식도 지식도 교양도 아니고 올바르게 사랑하는 법 하나면 충분하다.

욕망으로 뒤덮인 가치들은 대부분 크고 어렵고 복잡하다. '발전'이니 '경제'니 하는 것들. 하지만 가장 아름답고 가치있는 건, 아주 단순하다. 진실은 어린아이도 이해할 수 있는 것에 있다.

경제학, 철학, 사회학, 과학, 외국어를 공부하지 않아도 알 수 있는 것, 학교를 다니지 않아도 그냥 알 수 있는 것. 예수도 말했고, 부처도 말했고, 마호메드도 말한, 그런 거,

배우지 못한 사람도 노숙자도 알 수 있고 할 수 있는 거,
눈과 귀가 보이거나 들리지 않는 사람도 알 수 있고,
갓 태어난 아이도 알고, 죽어가는 노인도 알고,
심지어 고양이도 알고 강아지도 아는 것.
풀이나 나무 같은 것에서도 느낄 수 있는 것.
공기처럼 도처에 널려있으나 아무도 관심을 잘 두지 않았던 것,
그게 사랑이었다.

돈이 있는 사람에게도 없는 사람에게도 평등하게 찾아오는 것이 사랑이었다.

2000년 전에도 만 년 전에도 존재했고 지금까지 쭉 존재해온 것이 사랑이었다.

누구나 영혼을 갖고 태어나면 할 수 있는 것.

그게 우주가 아닐까 생각했다. 신이 있다면, 만약 절대적 진리 같은 게 있다면, 그런 게 아닐까 했다.

너와 내가 그냥 '좋아하는 것'. 아무런 조건 없이 한 영혼이 다른 영혼을 품에 안는 작은 기적. 만약에 세상에 단 하나의 옳은 것이 존재한다면, 그것은 아마 사랑일 것이었다.

사랑은 어떻게 얻는 것인가

"인생에서 성공은 돈이 아니더란 말입니다."

워렌 버핏이 한 말이다. 그는 전무후무한 주식 부자다.

"어떤 사람들은 성공이란 원하는 것을 많이 얻는 것, 행복이란 많이 얻기를 바랄 수 있는 것이라고 생각합니다. 그리고 하나는 다른 하나를 반드시 포함한다고 느끼죠(성공해야 행복하다고 느낀다는 의미). 하지만 내 나이(82세)가 되면 말입니다, 당신이 사랑해줬으면 하는 사람이 당신을 사랑해주면, 그게 성공입니다. 당신은 세상의 모든 부를 다 얻을 수도 있고 당신 이름을 딴 빌딩들을 가질 수도 있겠죠. 그러나 사람들이 당신을 생각해주지 않으면 그건 성공이 아닙니다. 모든 사람들이 다 막대한 부를 얻을 수 있는 것은 아닙니다. 그래도 자녀들이, 함께 일하는 사람들이, 그런 (주위) 사람들이 당신을 사랑한다면 나이가 든 후 오랫동안 당신은 성공한 겁니다."

그는 유태인 학살에서 살아남은 어느 여자의 말에서 그 사실을 깨달았다 한다. 그 여자는, 누군가를 만나면 그 사람이 자신을 숨겨

줄까? 하고 생각했다고 한다. 당신이 아무리 돈이 많고 힘이 있어도, 당신이 탄압받을 때 숨겨줄 사람 하나 없으면 그것은 성공한 게 아니라고.

사람들은 성공하는 법을 열심히 공부하고, 노력하면 성공할 수 있다 생각한다. 그런데 이 시대의 가장 성공한 부자로 여겨지는 워렌 버핏의 진짜 성공은 '사랑받고 싶은 사람으로부터 사랑을 얻는 것'이라도 이야기에 많은 이들이 갸우뚱했다. 수능을 잘 보고 싶으면 문제를 잘 외우면 되고 논술을 잘하고 싶으면 많이 읽고 외우면 된다. 돈을 많이 벌고 싶다면 돈을 많이 버는 법에 관한 책은 널려 있다. 하지만 사랑하는 사람으로부터 사랑받는 법, 아무것도 가지지 않은 나를 누군가가 사랑하도록 만드는 매뉴얼이나 테크닉 따위는 없었다.

사실 사랑은 노력하거나 공부해서 얻어지는 게 아니다. 그건 사랑을 이해하고 사랑을 하는 순간 오는 것 뿐이었다. 그저 인간이고, 심장을 가진 영혼이고자 하면 사랑은 언제고 당신 앞에 모습을 드러낸다. 그것은 누군가가 누군가 앞에 완전히 정직하기로 마음먹은 순간, 누군가를 이해하려고 노력하는 순간, 나를 보호하기 위한 벽을 거두려 용기를 내는 순간에도 나타난다. 세상의 많은 것들은 열심히 노력해서 얻어야 하지만, 진짜 귀하고 아름다운 건 노력해서 얻어지는 것이 아니었다. 그것은 그냥 오는 것이었고 누구나의 곁에 늘 존재하는 것이었다.

'진짜' 사랑은 아무것도 없을 때 드러난다. 바꿔 말하면 '진짜' 사랑받기 위해서는 많이 가질 필요도, 뛰어난 능력을 갖출 필요도, 내가 아닌 다른 사람이 될 필요도 없다.

가진 사람들이 가장 경험하기 어려운 것 중 하나는, '대가 없는 사랑'이다. 나는 아무것도 갖지 않은 사람들이 조건 없는 사랑을 경험하는 동안, 부자가 과연 그러한 사랑을 경험할 수 있을까 생각해 보았다. 사람들이 엄청난 부와 지위를 가진 사람을 순수하게 조건 없이 사랑할 확률은 얼마나 될까? 그 부와 지위가 없어도 좋아한다는 사실. 그런 사랑을 그 사람이 확인하고 경험할 확률은 얼마나 될까? 그것은 아마도 성경에 나오듯이 낙타가 바늘 구멍에 들어갈 확률과 맞먹을 것이다.[2]

사람들은 돈이 있어야 사랑도 얻는다고 믿는다. 돈이 있어야 사랑도 할 수 있다고 믿는다. 어느 정도는 사실이다. 사랑이 밥 먹여 주지 않는다는 말도 충분히 할 수 있을 것이다.

그래서인지 사람들은 평생 사랑을 얻기 위해 돈을 좇다가 막상 자신이 무엇을 얻기 위해 이렇게 돈을 벌었는지 잊어버리곤 한다. 사람들은 사랑이 중요하다는 사실을 늘 인생의 마지막 순간이나 죽기 직전에 깨닫곤 한다. 만약에 돈이 사랑보다 더 중요하다면 사람들은 죽기 직전에 돈을 이야기할 것이다. 하지만 전쟁터에서 죽음을 앞둔 사람들, 병상에서 죽어가는 사람들 대부분이 가장 남기고 싶은 말은,

---

2 신약성서 마태복음 19장 24절에 '낙타가 바늘귀를 통과하는 것이 부자가 하늘나라에 들어가는 것보다 쉽다'라는 구절이 있다. 참고로 이 구절은 아랍어 원어의 '밧줄'이 '낙타'로 오역되었다는 설도 있다.

놀랍게도 사랑하는 이들에게 사랑한다는 말을 전하는 것이다. 사람들이 죽기 직전에 왜 돈이 아니라 사랑을 이야기하는지를 이해하지 못하면 우리는 삶에서 우선순위가 영영 뒤바꾼 채 살아가는 실수를 저지르는 것이다.

돈이 없으면 사람은 살 수 없지만 사랑이 없으면 영혼이 죽는다. 사랑은 영혼을 살게 하는 영양분이다. 너무 오랜 시간 사랑을 잊어버려서 간혹 영혼이 껍데기만 남은 사람을 보게 된다. 사랑은 우리가 그것에 관심을 기울이지 않기 때문에 찾을 수 없는 것뿐이다.

우주만한 영혼

예전에 인디언이라고 불렸던, 북아메리카 원주민들은 다음과 같은 믿음을 갖고 있었다. 사람에게는 몸을 꾸려가는 마음과, 영혼의 마음 두 가지가 있다고 했다. 몸을 꾸려가는 마음은 음식을 먹거나 짝짓기를 하거나 살아가는 걸 챙기는 데 쓰는 마음이라고 했다. 그런데 욕심을 부리고 교활한 생각을 하거나 이익을 챙기는 데만 마음을 쓰면 영혼의 마음은 점점 졸아들어 밤톨만해진다고 했다. 몸이 죽으면 몸을 꾸리는 마음도 죽지만, 영혼은 남는다고 했다. 그런데 평생 욕심부리고 산 사람들은 죽어서 밤톨만한 영혼 밖에 남지 않게 되고, 밤톨만한 영혼을 갖고 다시 태어난 사람은 세상의 어떤 것도 이해하지 못하게 된다고 했다. 이것은 ≪내 영혼이 따뜻했던 날들≫에서 어린 소년 포레스트가 할머니가 들려준 이야기를 기록한 구절이다. 소년은 사람을 잘 이해하는 데 마음을 쓰고 영혼의 근육을 키우기로 마음먹는다. 밤톨만한 영혼을 갖고 싶지 않아서라고 했다.[3]

나는 이 이야기를 잊을 수가 없었다. 진짜로 밤톨만한 영혼과, 아주 커다란 영혼을 상상했다. 세상엔 돈이 없어 아주 작은 집을 갖고 있는 사람과 돈이 아주 많아 큰 집을 갖고 사는 사람이 있다. 마찬가지로 작은 영혼의 집을 가진 사람과 큰 영혼의 집을 갖고 있는 사람이 있다고 생각했다. 세상의 사람들에게 계급이 존재하는데, 나는 분명 영혼에도 크기가 있다고 생각했다. 러시아 인형 마트료시카 Matryoshka를 제일 작은 인형부터 큰 인형까지 차례대로 늘어놓은 것처럼, 영혼의 크기도 그렇게 다르다.

영혼이 작으면, '나'만 생각할 것이다. 영혼이 아주 조금 더 크면, 나와 '내 가족'이 나 자신이 된다. 영혼이 그보다 조금 더 큰 사람은 내 가족뿐 아니라 내가 몸 담고 있는 공동체를 내 몸처럼 생각한다. 그것은 회사일 수도 있고 정당일 수도 있고, 혹은 국가일 수도 있을 것이다. 그런데 영혼이 그보다 훨씬 커지면, 국가를 넘어서 세상의 모든 인간을 '나'로 인식하게 된다. 그리고 거기서 더 커진 영혼은, 사람뿐만 아니라 지구나 자연 모두를 '나'로 여기게 된다.

그래서 큰 영혼은 멀리서 벌어진 전쟁으로 상처입은 사람의 고통에도 슬퍼하고, 우주만한 영혼을 가진 사람은 나비나 바위의 고통에도 아파한다. 사랑이란 것이 존재한다면 그것은 큰, 아주 아주 큰 영

---

3 《내 영혼이 따뜻했던 날들》 포레스트 카터, 아름드리미디어

혼을 의미한다고 생각했다.

누군가의 아픔에 공감하는 것이 불쌍하거나 연민 때문이 아니라, '나'의 일부분이기 때문에 당연한 아픔을 느끼는 것이었다. 사랑은 그렇게 국경을 뛰어넘은 사람과 사람들이 연결되어 있다는 사실을 이해하는 것이었다. 하나의 유기체처럼 말이다.

나와 내 가족 혹은 내 공동체를 위해서 희생하는 사람도 훌륭하다고 생각한다. 하지만 그것이 다른 가족이나 다른 공동체를 미워하는 것이 된다면 그것은 사랑이 될 수 없다고 생각했다. 보통 내 가족이나 내 공동체만을 위해 헌신한 사람은 칭찬을 받는다. 하지만 자아의 범위가 가족과 공동체를 뛰어넘으면, 그 순간 사랑은 정치적이 된다는 사실을 깨달았다.

영혼의 크기가 큰 사람은 좋은 옷을 걸친 사람보다 멋있었다. 밤톨만한 영혼을 가진 사람은 아무리 높은 지위와 능력을 갖고 있어도 아름답지 않았다. 영혼이 커보이는 사람은 한없이 존경스러웠다.

반면에 내가 아는 어떤 사람들 중엔 영혼이 너무 작고 초라해서 금방이라도 없어질 것 같아 보이는 이들도 있었다. 그건 사랑을 더 이상 받지도 하지도 느끼지도 못하게 됨을 의미한다. 내가 존경하게 된 몇몇 사람들은 무척이나 허름한 옷을 걸치고 있었고, 아픈 사람들을 위해 싸우다 감옥까지 간 사람들이었는데, 그들이 커다란 영혼을 갖고 있다는 것을 나는 알 수 있었다. 그들은 탄압받는 사람들이 있는 곳의 맨 앞에서 자신의 목을 쇠사슬로 묶고 군홧발과 싸웠다. 영혼이 큰 사람들은 아주 작은 생명체와 아주 작은 사람들과 아주 약한 사람들을 지키려고 싸웠다. 나는 그들의 세상에선 이미 그들은 작은 한 사람의 개인이 아니라는 사실을 이해했다. 그것은 고매한 정의나 명예를 위해서가 아니라, 영혼의 크기가 너무 커져서 생긴 당연한 감각 때문이라는 걸 이해했다. 세상의 약하고 상처받는 사람들이 그 사람들에게 아픈 건, 바로 그 사람의 상처나 다름 없기 때문이었다. 아픈 곳을 치료해야 내가 발을 디딘 곳도 살기 때문이다.

우리는 발가락 하나가 아파도 당장 걷기가 힘들다. 걷기가 힘들어지면 일을 할 수 없고, 일을 할 수 없으면 배를 곯아야 한다. 이렇게 발가락 끝이 아파도 온 몸이 살 수가 없다. 아픈 곳이 있으면 그 곳을 가장 먼저 치료해야 한다. 배만 부르고 발은 바짝 말라도 살 수가 없다. 균형을 잃기 때문이다. 균형을 잃으면 생명을 잃는다. 기형적인 세상에선 아무도 행복하지 않다. 세상을 한 몸처럼 인식하는 것, 그렇게 자아의 크기가, 영혼의 크기가 내게서 내 이웃으로 확장되는 것이 사랑이다.

사랑은 아주, 큰 영혼과 같다.

장발장을 구한 신부의 비밀

빵 한 조각 훔쳐 19년간 노역을 살았던 장발장을 누구나 기억할 것이다. 빅토르 위고의 소설 ≪레 미제라블≫에서 장발장은 가장 비참한 상태로 감옥을 나와 자신을 멸시하는 세상을 전전하다 미리엘 신부의 수도원으로 들어가게 된다. 누구나 알고 있듯이 그는 미리엘 신부의 은혜를 저버리고 은식기와 은촛대를 훔쳐 나온다. 그런데 그 후의 이야기에서 우리는 놀라운 반전을 보게 된다. 미리엘 신부가 경찰에게 그것을 장발장한테 '선물했다'고 증언하는 것이다.

많은 이들은 그것이 단지 신부의 훌륭한 품성 때문이라고 생각하고, 아름다운 용서에 감동한다. 그러나 신부의 그러한 행위는 결코 연민이나 용서의 의미가 아니었다. 원작을 읽어보면 이 장면은 훨씬 놀라운 이야기이다. 원작의 앞부분엔 미리엘 신부가 사제가 되기 전 귀족이었다는 내용이 있다. 귀족 출신인 미리엘은 신부가 되면서 가문으로부터 어떤 재산도 지니고 나오지 않은채, 유일하게 고모로부터 물려받은 은촛대와 은식기만 수도원에 두었다. 그것들은 '귀족의 물건'이었던 것이다. 어쩌면 서민들의 피와 땀으로부터 빼앗은 것이었을지도 모를 그 값비싼 물품들을, 그는 사회에 모든 것을 빼앗긴 채 내몰린 장발장에게 '돌려준' 것이었다.

장발장이 은식기들을 훔쳐갔다고 소리치는 마글루와 부인에게 신부는 조용히 대답한다.

"그 은식기들이 우리들의 것인가요? 내가 부당하게 그 은식기들을 오랫동안 갖고 있었어요. 그것은 가난한 사람들의 것이었어요."[4]

빅토르 위고는 은식기의 값이 십구 년동안 장발장이 감옥에서 일하고 받은 보수의 두 배였다는 사실, 그리고 사회가 부당하게 장발장의 감옥에서의 노역 수당을 깎았다는 사실을 언급하는 것도 잊지

---

4 〈레 미제라블〉, 빅토르 위고. 1권 제 1장 의로운 사람 — 1 [미리엘]

않았다. 경찰은 은식기를 신부에게 돌려주려 했지만, 신부는 가난한 이들에게 돌려주려 했던 것이다. 법은 가진 자가 가진 것을 당연하게 여기지만, 사람은 빼앗긴 자에게 돌려주려 한다. 법이 지켜주지 못하는 것을 사람이 지켜준 것이다.

사실상 미리엘 신부가 장발장의 도둑질을 묵인하고 은촛대를 선물하는 그 행위로부터 레 미제라블의 모든 것이 시작된다. 증오에 가려졌던 주인공의 이성이 살아나고, 참회와 용서와 사랑이 또 다른 이들에게 반복된다.

이 사건은 보통 신부의 선함과 훌륭한 품성이 돋보이는 사건으로 이해되지만, 더 본질적으로는 계급 사회가 가난한 사람들로부터 빼앗은 것을 돌려주는 순간이었다는 사실은 잘 알려지지 않았다. 그 순간을 신부가 장발장을 용서한 것으로 이해했다면 오해이다. 그것은 과거 서민들로부터 자신이 부당하게 착복하고 있었던 사실들에 대해 신부가 장발장에게 용서를 구하는 순간이었던 것이다.

미리엘 신부가 장발장에 은식기와 은촛대를 준 것은 연민 때문도 성인군자여서도 아니었다. 가난한 이들로부터 빼앗은 것을 돌려주어야 한다는 '당연한 균형 감각' 때문이었다.

이 균형 감각을 우린 사랑이라고 한다. 내 행복이 누군가의 아픔에 빚을 지고 있다는 사실을 아는 것이고, 빼앗긴 이에겐 돌려주어야 한다는 균형 감각이다. 너무 많이 갖고 너무 많이 성장하여 다른 이들을 해치기 시작하면 멈춰야 할 시점을 아는 것이고, 세상이 한쪽으로 기울면 다른 한쪽에 함께 서 주는 것이며, 있는 힘껏 힘의 반대쪽으로 달려가기를 멈추지 않는 것이다. 사랑은 세상에 대한 균형 감각이다.

사랑은 모두 연결되어 있다는 것을 아는 것이다

모든 것은 연결되어 있다. 이것은 아메리카 원주민의 지혜에서 배웠다. 성경에서도 배울 수 있는 것이었다. 땅과 나무를 상처 입히면 결국엔 나를 살 수 없게 만들고, 강을 파헤치고 물고기가 죽으면 언젠가는 나에게 해로 돌아온다. 분명 낙오되는 이들을 그냥 두고 혼자 가면 언젠가 같은 상황이 내게로 돌아온다. 착취해서 얻어내면 결국엔 나도 위협 받는다.

공기 입자 하나에서부터 콘크리트로 지어진 건물까지. 나뭇잎 하나에서부터 다이아몬드까지 모든 게 연결되어 있다. 사랑한다는 건 아주 단순하다. 모든 게 하나로 연결되어 있다는 걸 깨닫는 거다. 세상의 한 곳이 너무 아프면 곧 내가 서 있는 자리도 위태로울 것이라는 사실을 아는 것이다.

전혀 만나본 적도 없었던 높은 굴뚝 위의 아슬아슬한 노동자도, 불타는 공장 속의 캄보디아 여공들도, 삶으로부터 쫓겨난 억울한 모든 이들과 아픔을 겪는 이들도 모두 지금의 나와 연결되어 있다는 것을 아는 거다. 언제든 그러한 일이 내게도 일어날 수 있다고 느끼는 것이고, 그들이 느끼는 아픔을 나도 느끼는 거다. 단지 그거다.

모두 연결되어 있다는 것을 당연한 감각으로 인식하기까지는 오래 걸릴 수도 있다. 사람들은 연대를 공감이나 이해로 생각하지만, 또 그러기 위해 연민이라는 감정을 가져야 한다고 생각하지만, 사랑이라는 것을 이해하면 그러한 연민조차 필요치 않다.

세상은 긴밀하게 연결되어 있어서, 한쪽이 균형을 잃어도 다른 쪽에 꼭 영향을 미친다. 끝도 없는 부를 이루었던 탐욕의 제국 리먼 브라더스가 무너진 까닭은 바로 가난한 사람들이 쓰러졌기 때문이었다. 노동자들이 제대로 된 임금을 받지 않으면 소비할 수가 없어 돈이 돌지 않는다. 지갑을 열어줄 소비자들이 없어진 상태에서는 기업이 아무리 마케팅을 해도 물건을 팔 수가 없다.

'가난한 자에게 하는 건 하나님에게 하는 것'이란 예수의 말은 가난한 자를 위해서가 아니라 바로 당신을 위해서 한 말이었다. 이 세계라는 당신의, 가장 아픈 곳의 상처를 돌보지 않으면 당신의 몸이 아플 거라는 경고이다.

연결되어 있다는 것을 아는 것은 내가 감싸 안고자 하는 세계가 확장된다는 것을 뜻한다. 내가 생각하는 세계가 조금, 커지는 것이다. 그것은 아주 단순한 물음에서도 시작된다.

'그럼 그 사람들은?'

조금 된 일이다. 강남의 어느 아파트에 "우유와 신문 배달원은 엘리베이터를 이용하지 말라"는 공고가 붙었다고 했다. 그 사실은 인터넷을 통해 널리 퍼졌고, 사람들은 분노했다. 그러나 한편 아파트 주민의 입장에서 쓴 글도 설득력이 있었다. 배달원이 엘리베이터를 매층 붙들어놓기 때문에 급한 볼일을 봐야 하는 주민들이 제때 움직일 수가 없고, 엘리베이터 고장도 잦아 불편이 말이 아니었다는 것이다. 어찌 보면 특별한 강남 주민 텃세도 아니고, 낡고 오래된 아파트의 평범한 주민들의 평범하고 합리적인 결론일 수도 있었다. 대책 회의를 하다 보니 그런 결론밖에 나오지 않았던 것이었다. 그러나 그들이 실수한 분명한 지점이 있었다. 그들은 회의를 하면서 단지 한 가지 생각을 놓친 것이다.

"그럼 그 배달원들은 어떻게 다니지?"

만약에 이 한 가지 질문만 누군가 던지고 해결책을 만들었다면, 그들은 그토록 욕을 먹지 않았을 것이다. 단 한 가지 질문만 더 했다면.

"그럼 그 사람들은 어떡해?"

그 누가 되었든, 어느 어떤 순간에 이런 질문을 던졌어도, 용산 참사도, 쌍용자동차 해고자 사태도, 세 모녀 사건도, 그리고 세월호도 일어나지 않았을지도 모른다.

'그럼 쫓겨나는 사람들은?'

'그럼 해고되는 사람들은?'

'그럼 저 배 안에 있는 사람들은?'

'그럼 이 배를 탈 승객들은?'

개발이 이루어질 때, 해고를 할 때, 삶으로부터 쫓겨나는 이들을 누군가는 분명히 본다. 개발을 지시하고 해고를 지시한 사람들은 대부분 그들의 존재를 보지 않고 알 필요도 없었다. 오로지 똑같이 약한 사람들, 철거할 건물 안의 사람들을 나오게 하려고 너구리 잡듯이 불과 연기를 지피는 용역깡패들, 공장 안 노동자들의 물과 전기를 끊고 스티로폼을 녹이는 독성 최루액을 뿌려댔던 경찰들은 보았을 것이다. 행여 누군가가 '그럼 저 사람들은 어떡하지?'라는 생각을 했다면, '그건 저 사람들이 알아서 하겠지'라는 대답을 할 수밖에 없었을 것이다.

세월호 참사가 일어난 이후에, 차를 타고 가다 길에 무언가 굴러다니는 걸 보고 남들이 다칠까봐 치웠다는 어떤 분의 글을 보았다. 이전에는 그저 지나쳤을 일이지만, 참사 이후에 조금 다르게 생각하게 되었다는 것이었다. 앞으로 마트를 가지 않고 동네 슈퍼를 가겠다는 분의 이야기도 보았다. 아주 사소해 보이지만, 난 바로 그게 중요한 것이라는 걸 알 수 있었다. 남들이 다칠까봐 길에 굴러다니는 물건을 치우는 마음가짐은 건설과 개발로 상처받는 이들을 생각하는 것과 근본적으로 다르지 않다. 마트를 가지 않고 동네 슈퍼를 가겠다는 마음가짐을 가진 사람은 대기업과 중소기업의 상생을 위한 정책을 펴는 것과 근본적으로 다르지 않다. 사소하지만 청소하는 사람이 힘들까봐 재활용 쓰레기를 씻거나 나눠 버리는 행위는, 그것이 커지면 노동자의 인권과 복지 정책을 펴는 것과 다르지 않다. 또한 수십 개의 계단을 오르내리는 배달원을 생각하는 사람은, 임대료를 올리기 위해 힘 없는 이들을 쫓아내는 건물주는 되지 않을 것이다. 함께 살기 위한 감각은 그렇게 작은 것에서부터 시작된다. 만약 그러한 감각이 당연한 상식이 된다면, 세상은 지금과 같은 모습을 하고 있지는 않을 것이다.

우리나라에는 기초생활수급제도라는 것이 있다. 말 그대로 스스로의 힘으로 최소한의 먹고 살 도리가 없는 이들의 생활을 국가가 지탱해 주는 제도이다. 그러나 가족 중 한 사람이라도 그들을 먹여살릴 수 있다고 판단되면 국가는 손을 뗀다. 부모나 가족이나 친척 중에 집이나 여윳돈이 있는 사람에겐 지급되지 않는다. 설령 집이 수익을 전혀 내지 않는, 거주용이어도 수급 혜택을 받을 수 없다. 집은 자산으로 분류되기 때문이다. 또한 가족 중에 아르바이트를 하는 가난한 학생이 있어도, 직업을 못 갖고 신용불량자라 해도, 마찬가지다. 나이가 건장하면 '일할 능력이 있는 근로자'로 분류되기 때문이다. 이것은 강제로 친척이나 가족에게 이 사람을 먹여 살려라라고 하는 것이나 마찬가지이다. 설령 그 사람이 부양자를 먹여 살릴 수 없다 해도 말이다. 그래서 어느 장애인 기초생활수급자인 분은 안면식이 없어도 온갖 서류를 떼기 위해 연락을 하지 않던 가족과 친척까지 돈이 없다는 것을 증명하기 위해 온갖 고충을 겪기도 했다.

보통 사람들은 복지 기준이 말이 안되고 엄격하다고 생각할 수 있다. 기준을 조금 더 관대하게 풀어줘야 하지 않느냐고 항의할 수도 있다. 그런데 우리가 쉽게 잊는 사실이 있다. 복지 제도의 기준이 엄격해진 까닭은 그만큼 복지 제도를 남용하는 사람들이 있었기 때문이다. 내가 이 복지 제도가 꼭 필요치 않은데 어떤 틈새나 기준을 이용해서 혜택을 받는다면, 그리고 그런 나 같은 사람이 많다면, 제도는 자연스럽게 엄격해진다. 사실 우리는 이런 식으로 복지 제도를 이용하는 것에 대해 그다지 특별히 가책을 느끼지 않는다. 법에 어긋나는 것도 아니고 특별히 피해를 보는 사람이 없다는 생각 때문이다. 그런데 이렇게 아무 생각 없이 복지 제도를 살짝 살짝 남용하는 사람들이 여럿 생기면 자연스럽게 법으로 통제할 수밖에 없게 된다. 그러면 결국 정작 받아야 할 사람들이 혜택을 못 받게 되는 상황이 생기는 거다. 아주 사소한 것이지만 내가 하는 행동이 제도적 장치에 영향을 미칠 수 있다. 우리는 가난한 이들에게 복지 혜택이 충분히 돌아갈 수 있는 세상을 만들 수도 있고, 그것을 더 어렵게 만들 수도 있다. 만약 모든 사람이 복지 제도를 정직하게 이용하면 시스템은 사람들을 신뢰할 것이다. 그러나 당장에 그 누구에게도 영향을 미치지 않을 아주 사소한 위법이 여러 차례 반복되면, 사회는 사람들을 신뢰하지 않게 된다. 세상이 사람들을 신뢰하지 않게 되면 정작 필요한 사람들에게 주어야 할 것을 주지 못하게 된다. 그들은 스스로의 정직함을 끊임없이 증명해야 하고, 때때로 그것을 충족시키지 못하게 되기 때문이다.

아파트의 난방비 사건은 이것을 상징적으로 보여준다. 난방비는 그때그때 아파트 한 동의 사용량을 계량해서, 이것을 한 동에 있는 가구수 n분의 1로 나눈다. 그런데 어느날 한 집의 아파트 계량기가 우연히 고장난다. 당연히 그 집의 사용량은 계량이 되지 않고, 대신 다른 가구에 사용량이 가산된다. 그 집은 다른 선택을 할 수 있었다. '우리 집 계량기가 고장났어요, 우리 집이 안내면 다른 집들이 내야 하니까 계량기를 고쳐주세요'라고. 하지만 대부분의 '평범한' 사람들은 그런 선택을 하지 않는다. 아무도 눈치채지 못할 것이고, 이것은 수백 가구 중 하나의 계량기이므로 전체에 큰 영향을 미치지 않을 것이기 때문이다. 이것은 정말 작고 작은 소소한 도둑질이다. 하지만 만약 고장나는 계량기가 생기는 가구들이 또 생기고, 그 사람도 같은 판단을 하고, 또 고장나는 계량기가 생기고 또 같은 판단을 한다고 생각해 보자. 즉, 고장난 계량기를 고치지 않는 가구들이 늘어난다면? 실제로 아파트 주민들 다수는 계량기를 고치지 않았고 심지어 계량기를 고장내면 난방비를 안 내도 된다고 서로 좋은 것을 발견한 듯 속삭이는 이웃들이 생기게 된다. 이렇게 되면 난방비를 내는 사람만 바보가 된다. 정직한 사람이 손해를 보게되면, 아무도 정직하려 하지 않을 것이다. 결국 심각한 불균형이 생기게 된다.

사소한 위법, 사소한 도둑질 하나는 물론 세상에 아무런 영향을 미치지 않는다. 하지만 그것이 번지면 도둑질이 당연한 일이 된다. 결국 전체의 신뢰가 깨지고 정직한 이들이 점점 더 어렵게 스스로의 정직을 증명하게 만든다. 그러나 어디서든 위법이 발견되지 않으면 진짜 필요한 이들에게 혜택이 보다 쉽게 돌아간다. 사소한 편법도 영향을 미치지만, 사소한 정직도 반드시 영향을 미친다. 당신이 하는 정직한 일은 단순한 양심의 문제가 아니다. 만약 정직할까 위법할까를 망설이게 된다면 당신과 같이 행동할 사람이 많아지는 세상을 상상해보길 바란다. 사소한 정직을 행한 당신은 후회하지 않을 것이다.

지금 세상의 모습엔 반드시 당신이 참여한 행동들이 담겨 있다. 세상은 연결되어 있기 때문이다.

제2장

사랑을
오해하는
욕망들

"사람을 사랑하는 것이 아닌데 사랑이라 말하지 말라"

연애와 착각

남들이 보면 별거 아닌 것에 대해 기뻐하고, 남들이 보면 큰일날 것에 대해 두려움이 없고, 남들이 보면 부족해 보이는 것에 대해 부족함이 없고, 남들이 보면 용서할수 없는 일에 대해 용서할 수 있고, 남들이 보면 힘든 일에 대해 감사하고, 이것을 남들이 보면 '미쳤다'고 한다.

이 미친다는 것이 바로 사랑이었다.

나는 두 번의 오랜 연애와 한 번의 짧은 연애를 했다. 사람들은 보통 연애에서 사랑을 찾지만 연애는 그 자체로 사랑이 아니었다. 연애가 사랑이 되기까지는 부단한 노력이 필요했다. 연애는 사랑보다는 사랑을 담보로 한 게임에 좀 더 가까웠다. 사랑받고 싶은 욕심은 정착하지 못하고 이리저리 떠돌다 나도 모르는 사이 누군가에게 상처를 주었다. 집착하면 떠나갔고, 나 또한 상처를 받았다. 연애에서 번번이 상처를 받는 이유를 나는 고민했고 찾아야만 했다.

　'내가 준 사랑만큼 꼭 돌려받지 않아도 좋습니다' 서명.

　결국 나는 스스로에게 이러한 계약서를 쓰기로 마음을 얻었다. 이 마음을 가졌을 때, 나는 내가 진짜 원하던 그 사람의 마음을 얻었다.

　사랑과 욕망의 차이를 구분하는 데 꽤나 오랜 시간이 걸리고 많은 상처를 겪었다. 욕망은 상대를 죽이고, 사랑은 상대를 살렸다. 사랑해서 두려워지는 경우는 그것이 사랑이 아니라 욕망이기 때문이었다. 이 세상에서 어떤 것을 하든, 사랑해서 하는 것이라면 두렵지 않은 법이다.

　진짜 사랑은 게임하지 않는 것이었다. 진짜 사랑은 두려워하지 않는 것이었고, 욕망하지 않았고 집착하지 않았다. 진짜 사랑은 조건 없이 좋아하는 것을 말했다. 그것은 너와 나의 단순한 애정보다 큰, 조금, 아니 아주 커다란 영혼이었다.

　그것은 영화에서 보는 남녀 간의 사랑보다는, 예수라는 사람이 말했던, 그 사랑에 좀 더 가까운 것이었다. 그저 인간을 너무 사랑해서 인간의 죄를 뒤집어쓰고 희생했다던 그 사람이 숱하게 외쳤던, 그 사랑이었다. 그런데 그 사랑이 뭔지 몸으로 느끼고 알게 되기까지, 참으로 오랜 시간이 걸렸던 것 같다. 그것은 아프리카 땅에서 언어도 그 무엇도 통하지 않는 어린 여자아이와 나누었던 반짝임으로부터 시작해서, 5년 뒤 조선소의 크레인이 보이는 아스팔트 길바닥에서 다시 마주하게 된 진실이었다.

일그러진 사랑

사랑은 그 방향이나 대상이 잘못될 때 심각한 오류를 겪는다. 사랑이 사랑이 아니게 되는 경우는 그 대상이 살아있는 영혼이 아닐 경우다. 우리는 사람을 사랑해야 하며 이념을 사랑할 수는 없다. 기계나 물건이나 체제를 사랑할 수는 없다. 사람을 조건 없이 사랑한다는 것, 그 사랑을 뛰어넘는 이념은 없다. 가족을 사랑하는 것이 다른 가족에게 폭력이 된다면 그것은 멈춰야 한다. 집단을 사랑하는 것이 다른 집단 구성원에게 폭력이 된다면 그것도 멈춰야 한다.

개인을 사랑하는 것과 사회를 사랑하는 것에는 큰 간극이 있다. 이 차이를 이해하지 못하면 우리는 사랑을 잘못 사용하게 된다.

나는 애국을 외치는 사람들이 숱하게 사람들에게 희생을 강요하는 것을 보았다. 그리고 그러한 사람들이 놀랍게도 순수하게 신념을 갖고 그런 탄압을 저지르기도 한다는 사실을 알았다. 그들은 나라의 경제 발전을 위해서 노동자들이 희생해줘야 한다고 했다. 개발을 위해서 버려지는 사람들이 있는 건 어쩔 수 없다 했다. 군사기지를 짓기 위해 사람의 피눈물을 담보로 하는 것은 모두 나라를 지키기 위해서라고 했다. 우리보다 힘이 센 미군 기지를 위해 한 마을 전체가 처참한 폭력에 시달리며 쫓겨났다. 그리고 또 다른 군사기지를 세우는 걸 막기 위한 사람들이 쇠사슬을 목에 걸고 싸우다 감옥에 갔다. 나라에 효율적인 전기 공급을 위해서 탑을 세워야 하는데, 할머니들이 나를 죽이고 세워라 하면 그들을 밟고 지나갔다. 전체를 지켜야 하니 소수가 희생해야 한다고 한다.

사람들을 '무조건 상처 입혀도 되는' 정당한 경우란 없다. 냉정하게 따져서 그 누가 무엇을 하든 죄가 없는 이들을 폭력적으로 달려들어 끌어내고 함부로 할 권리는 없다. 다수의 이해관계를 위해 소수가 '무조건' 희생해줘야 하는 경우는 더더욱 없다.

그 일이 정당하고, 반드시 해야 하는 일인데 누군가의 삶을 침범하는 일이라면 허락을 구해야만 한다. 만약 진실로 그것이 모두를 위한 것이라면 누구든 설득할 수 있을 것이다. 희생이 필요한 것이라면, 희생은 강제가 아닌 자발성에서 나와야만 한다. 만일 인간에게 꼭 필요한데 그게 누가 됐던 사람을 상처주고 밟고서 지어져야 하는 거면 그걸 만든 인간이 죄악이다.

사람이 소리치는 건 아프기 때문이고, 우는 건 억울하기 때문이다. 억울함을 씻어 주는 애국은 왜 안되는가?

국가는 땅도 아니고 고층빌딩도 아니고 IT 강국이라는 네이밍도 아니다. 국가는 GDP도 아니고, OECD 순위도 아니고, 무기 보유량도 아니다. 국가의 상징은 월드컵 대표단의 가치도 아니고 삼성도 아니고 김연아도 아니고, 싸이도 아니고 대통령도 아니다. 나라의 스펙이 국가가 아니다.

국가는 사람이다. 여기 살고 있는 사람이다.

'어째서 나라의 스펙을 사랑하는 이들은 나라의 구성원들에겐 그토록 폭력적인가'라는 질문을 오랫동안 던졌다. 나라를 사랑한다는 것과 나라의 구성원에 대해 사랑을 품는 것은 그토록 다른 문제다. 나라를 사랑하고 시스템을 사랑한다는 많은 이들은 시스템의 질서를 흔드는 것을 용서치 않는다. 시스템으로부터 상처 입은 이들이 싸우기 시작하면 사람들은 그들을 죄인으로 만들어버린다. 사람을 상처 입히지 말라고 항의하면 항의하는 사람들조차 유죄로 만들어 버린다.

정말 옳은 일 중에 사람의 욕망과 싸워서 해야 하는 일은 있어도 사람을 짓밟고서 해야 하는 일은 없다. 그게 강제로 해야 하는 일이라면 이미 옳은 일이 아니다.

나라의 스펙이 오르면 구성원들도 행복해질 거라는 착각, 국가를 개인들의 단순한 총합으로 생각해서 벌어지는 착각은, 애국을 말하는 그 당사자도 모른다. 사람보다 국민소득과 경제발전을 더 걱정하면, 폭력에 희생되는 사람들을 잊게 된다. 국가의 GDP가 성장하면 사람들도 행복해질 거라는 믿음에 집착하면, 경제성장과 함께 자살하는 사람들이 그만큼 늘었다는 사실과, 우리나라가 '구성원이 불행한 부강한 나라'가 되었다는 사실도 잊게 된다. 그리고 경제 발전을

너무 숭상한 나머지, 부자들에게서 돈을 더 뜯어낼까봐 걱정하느라,
열심히 일해도 빚을 갚을 수 없어 죽어가는 사람들을 애써 잊는다.

사람을 사랑하는 것이 아닌데 사랑한다고 말하지 마라.

남의 원수를 용서할 자격은 내겐 없다

예수가 말했다. '원수를 사랑하라'고. 그런데 왜 사랑을 표방하는
사람들이 머리에 띠를 두르고 '싸워야'만 하냐고, 당신들에게 폭력을
행사한 권력자를 용서하면 안 되느냐고 하면, 나는 이렇게 대답하겠
다. '내 원수를 용서하는 건 사랑이지만, 남의 원수를 용서할 자격
은 내겐 없다'고.

영화 〈밀양〉의 여주인공 신애는 하나뿐인 가족인 아들을 유괴로
잃는다. 아들을 살해한 유괴범은 감옥에 갔지만 신애는 깊은 좌절에
방황한다. 종교적 위안을 통해 어렵게 상처를 극복하기 시작한 신애
는 용기를 내어 그를 '용서'를 하기로 결심한다. 그녀는 자신의 아들
을 죽인 유괴범을 찾아간다. 쉽지 않은 일이라는 주변의 조언에도 불
구하고 신애는 용서로 자신의 치유를 완성할 수 있을 거라 믿는다.

'이미 용서 받았습니다'

'...누구...한테?'

'하나님으로부터요.'

감옥 속에서 평온한 웃음을 지으며 대답하는 유괴범을 본 순간,
자신이 용서하기 전에 하나님이 먼저 용서해버린, 그 죄인을 본 순간

신애는 다시 나락으로 떨어진다. 형언할 수 없는 상처로 다시 휘청거린다. 신애의 상처는 그렇게 치유의 길을 영원히 잃는다.

한때 총리 후보자로 지명되었던 사람이 일제 강점 시대를 두고 그렇게 말했다. '깨달음을 위해 우리에게 주신 시련이자 하나님의 뜻이었다'고.

사람들은 종종 어떤 시련을 겪으면 다 하나님의 뜻이라고, 인생의 수업료를 냈다고 생각하며 심지어 감사하기도 한다. 참으로 바람직하다. 그러나 그 말은 오로지 그 시련을 경험한 이만 말할 수 있는 것이다. 그 시련을 겪지 않은 이가 그것을 입 밖에 내는 순간 시련의 당사자에게는 폭력이 된다.

〈밀양〉의 그 한 장면은, 상처를 경험한 사람과 범죄자를 용서하는 이가 다를 때, 그것이 어떻게 당사자에게 폭력이 될 수 있는지를 잘 보여준다. 마찬가지다. 가해자를 용서할 권리와 과거와 화해할 권리, 그리고 잊을 권리는 오로지 피해자에게만 있다. 상처를 입지 않은 이들은 지켜볼 의무, 공감할 의무, 기억할 의무, 반성하고 단죄할 의무만 있다. 그게 상처받은 이를 위한 유일한 사랑의 의무다.

그 총리 후보는 억울할 수도 있을 것이다. 시련을 고맙게 생각하고 극복하고 한 걸음 앞으로 나아가자고, 했을 뿐인데 왜 그리 비난을 받아야 하는지 아직도 알지 못할 수도 있다. 하지만 그는 분명 큰 착각을 했다. 그의 잘못은 개인의 자기계발에나 쓰는 긍정주의를 사회 전체에 적용했다는 데에 있다. 즉 개인과 사회의 본질을 혼동했다는 것이다.

개인은 자신의 상처를 자신이 잊을 수 있지만, '사회'에서는 상처를 입은 사람과 상처를 잊자 하는 사람이 다르다. 상처를 입은 이들과 용서하자 하는 이들도 다르다. 상처를 잊어서 좋을 사람이 상처를 입은 사람이 아닐 경우도 있고 어느 순간 구성원의 많은 이들이 자신도 모르게 가해자일 수도 있다. '위안부' 할머니들에게는 아무런 사과도 보상도 되지 못한 '담화'[5]를 체결하고는 해결이다 말하고, 일제 강제 노동 피해자들에게 돌아갔어야 할 '사과'는, 철강 대기업의 설립 자금으로 돌아갔다. 그렇게 상처는 결코 치유되지 않는다.

국민 통합이든 화해든 이루어지면 얼마나 좋은가. 하지만 우리는 역사가 상처입혔던 이들에게 아무것도 해준 게 없다. 가해자들에 대한 단죄도 처벌도. 화해하자고 말하고 싶으면 먼저 상처받은 이들에 대하여 무엇을 했는가를 보아야 한다. 용서? 용서는 가해자가 당사자에게 용서를 구할 때나 이루어질 수 있는 거다.

만약 당신의 친구가 한낱 '개새끼' 때문에 울고 있다면 똥 밟았다 생각하고 "잊어 버려라"라고 말할 수 있다. 당신의 친구가 깨끗이 과거를 털고 일어서는 멋진 모습을 응원해 주어도 좋다. 하지만 당신의 친구가 시스템에 의해 상처 받은 것이라면 절대 시스템을 용서하지 마라. 같이 싸워 주어야 한다.

---

5 '한일 청구권 자금'은 1965년 한일협정의 결과로, 식민지배와 일제 강제징용 피해자들에 대한 배상을 명목으로 받은 것이다. 그러나 이 자금은 정부가 개인을 대신하여 일괄 배상받고, 대부분 고속도로 건설과 포스코(구 포항제철) 설립 자금으로 쓰였다.

내가 내게 잘못한 이를 용서한다는 것은 훌륭한 일이다. 그러나 내 이웃에게 잘못한 사회는 용서해서는 안 된다. 전쟁과 폭력이 기록한 역사를 잊어선 안되며, 피해 입은 이들을 끊임없이 호명하고 가해자를 철저히 단죄한 후 비로소 한 걸음 치유가 가능하다. 이것이 개인과 사회의 차이다.

아이러니하게도 그렇게 우리는 시스템을 사랑하는 순간 구성원에게 폭력을 행사하게 되고, 개개인을 사랑하는 순간 시스템을 증오하게 된다. 시스템이 사람을 지키지 않는데 당신이 사랑하고 있다면 분노할 것이고, 시스템이 사랑이라는 가치를 버렸는데 당신이 사랑하고 있다면 감옥에 갈 일이다.

개인은 이타적이지만 사회는 이기적이고, 개인은 사랑과 용서를 할 수 있지만 사회와 사회 간에는 어렵다. 사회는 개인의 단순한 총합이 아니다. 사회의 상처를 치유하기 위해서 우리는 가장 냉정하고 잔인한 태도를 가져야 할지도 모른다. 잊지 말아야 할 사실은, 사회 안에서 상처 받은 이들과 상처를 잊자 하는 이들은 언제나 다르다는 것이다.

제3장

사랑은
아름다운
정치다

'정치는, 사랑을 잊게 하는 것들로부터 온 힘을 다해
사랑을 지켜내는 것이다'

왜 사랑은 정치적인가

나는 왜 사람들이 예수님을 십자가에 매달았는지 깨달았다.

사랑이 지나치게 혁명적이었기 때문이다. 내 이웃을 내 몸과 같이 사랑하고 원수를 사랑하고 사람을 용서하라니. 우리에겐 사실 그것을 실천할 용기도 무엇도 없기에 부끄러웠기 때문이었다. 세상에 명예와 권위를 쥐고 있는 그 누구도 그것을 실천할 자신이 없었기 때문이었다. 그리고 그것은 권력이나 돈으로도 다루어지거나 얻어지는 게 아닌 마법 같은 것이었기 때문이다. 사랑은 통제로 이루어지는 것이 아니라 오로지 자발성으로 이루어지는 것이기 때문이다. 사랑은 너무 뛰어난 힘이어서 무기로도 흔들 수가 없었기 때문이었다.

나는 결코 '정치적인' 사람이 아니었으나, 가장 '정치적인' 행동을 한다는 말을 많이 들었다. 서른이 넘도록 나는 뉴스도 잘 보지 않았다. 정치 이야기를 해본 적도 별로 없고 정치인들이나 여러 사회 문제들에 대해 관심도 없었다. 정치는 양복입은 아저씨들이 뉴스에 나와 싸우곤 하는, 나와 하등의 관계없는 그런 것이라 생각했다. 나는 그저 연애했고 사랑했고 탐구했고 그림을 그리고 글을 쓰고 멋진 미래를 꿈꾸는, 철 들지 않은 '서른살 소녀'였을 뿐이다.

지금도 그때와 많이 다른가 하면 다르면서 다르지 않다. 나는 여전히 사랑하고 연애하고 탐구하고 창작을 즐기고 있다. 여전히 멋진 미래를 꿈꾸지만 달라진 게 있다면 혼자의 미래보다 함께 사는 미래를 생각하게 되었다는 것이다.

'그건 정치적인 거잖아. 그건 정치적이어서 안 돼요.'

문득 의문이 생겼다. '정치적'이라는 것이 무엇이길래, 툭하면 정치적이어서 나쁘다는 것일까? 왜 정치적이어서 불순하다는 것일까? 정치적인 것은 무엇이고 순수한 것은 무엇이란 말인가?

3년 전, 내가 가장 열심히 사랑했던 시기, 나는 '정치적'이라는 비판에 부딪혔다. 그때 나는 사랑하는 사람을 지키고 싶어서 열심히 싸웠을 뿐이었다. 그게 전부였다.

나만 잘 사는 거에 신경 쓰면 제 앞가림 잘한다는 소리를 들었지만, 나와 관계없는 다른 이들까지 걱정하면 사람들은 정치적이라 했다.

혼자만의 성공을 꿈꾸었을 땐 꿈이 크다 칭찬받았지만, 다 같이 잘 사는 세상을 꿈꾸니 정치적이라 했다.

내 가족만 잘 챙기면 책임감 있다는 소리를 들었지만, 다른 이들의 가족까지 생각하면 정치적이라 했다.

내 회사만 신경쓰는 사람에겐 능력 있는 CEO라 하지만, 다른 회사까지 걱정하는 이에겐 정치적이라 했다.

혼자를 위해 돈을 잘 벌면 부러워했지만, 다른 이들과 공정하게 나누어 버는 방법을 생각하면, 그건 정치적이라 했다.

그랬다. 사람들은 대부분 그랬다.

누군가 혼자 잘 사는 법을 외치면 사람들이 구름 떼처럼 몰려왔고, 함께 살자고 외치면 가장 먼저 경찰이 달려와 잡아갔다.[6]

돈의 편이 아닌 사람의 편에 서면 종북좌파라 하고, 자기 일과 상관없는데도 남의 고통을 모른척 않고 도우러 가면 외부세력이라 하고, 자신을 전부 희생해 탄압받는 이웃을 위해 싸우는 사람들에겐, 전문 시위꾼이란 낙인을 찍었다.

2014년 4월, 청와대 게시판에 올라간, '당신이 대통령이어서는 안 되는 이유'라는 글을 썼을 때도 마찬가지였다.

---

6 2013년 대한문에서 쌍용자동차 사태의 희생자들을 위한 분향소가 차려졌고, 당시의 농성 구호가'함께 살자'였다. 분향소는 공무원과 경찰에 의해 강제 철거되고, 그 자리에 화단이 설치되었다.

미안해서였다. 미안해서 못 견딜 것 같았기 때문이었다.

너무 미안해서, 다시는 이런 일이 일어나지 않게 더 안전한 세상을 만들어주고 싶었다. 그런데, 지금 대통령을 그대로 둔 채 더 안전한 세상을 만드는 방법을 나는 단지 알 수 없었기 때문이었다.

미안하다는 마음이 어떻게 그렇게 '정치적'인 판단을 할 수 있느냐. 그러면, 좋든 싫든 안전을 책임지고 있는 곳이 정부이고 대통령이었기 때문이라고 말하고 싶다. 최소한, 안전에 관심이 없는 수장은 걸림돌이 될 뿐이니까. 만약 대통령을 바꾸지 않는다면 다만, 안전한 세상을 만드는 일이 좀 더 오래 걸리고 아주 힘든 싸움이 될 것이라는 생각에서였다.

나 혼자만이 아닌 내 이웃까지 생각하는 일이 정치적인 것이라면, 나는 기꺼이 정치적일 것이다.

모두가 연결되어 있고, 내 이웃의 불행에 나는 빚지고 있고, 이웃이 아프면 결국 나도 균형을 잃을 수 있다는 감각을 갖고 사는 것이 정치적인 거라면, 나는 기꺼이 정치적이도록 하겠다.

열심히 사랑하는 일이 그토록 정치적인 것이라면, 나는 기꺼이 정치적이겠다.

돈

제 4 장

세상이
돈에
미치다

돈은 필요한 거지, 소중한 게 아니잖아요

"돈이란 사람을 갖고 노는 물건입니다. 그러나 애초 돈은 사람과 사람 사이 물건을 사고 파는 거래의 수단이고, 약속일 뿐이기에 돈보다 사람이 먼저였습니다.

어릴 적부터 기타 기술을 배우기 시작한 저는 덕영이란 회사에 입사해서 결혼하여 두 딸의 아버지로 알뜰살뜰하게 행복하게 살았습니다. 그러다 덕영은 콜텍으로 인수됐고, 저 역시 콜텍의 노동자가 되었습니다. 이것도 돈이 한 일이었습니다.

콜텍으로 회사 이름이 바뀌었지만 여전히 저는 저축도 하고 보험도 들고, 자동차도 운전하고 여행도 다니며 살았습니다. 그러다 7년 전 회사는 아무 소식 없이 문을 닫았습니다. 돈 때문이었습니다. 그 후 저축 한 돈 다 쓰고, 보험도 해약하고, 중류층에서 빈곤층으로 제 삶은 그렇게 변해갔습니다.

해고는 살인이었습니다. 특히나 장기 해고 노동자에게는 더욱 모진 살인이 었습니다. 딸들은 학자금 대출 받아가며 학교를 졸업했습니다. 대출금도 갚 아야 하는데…, 한 남자가 가정도 책임지지 못하면서 살고 있습니다. 모두 돈 이 한 일입니다.

돈으로 할 수 없는 것이 있다고 믿었습니다. 그런데 공기, 물, 나라, 달과 태 양도 돈으로 살 수 있다는 이야기를 들었습니다.

모든 걸 살 수 있고, 할 수 있게 해준다는 그 돈이 저에게 왕창 생긴다면 몇 달 동안 술 마시고, 자유를 누리고 싶습니다. 나라를 사고, 세계에서 가장 평 등한 차별이 없는 나라를 만들고 싶습니다.

그리고 돈을 던지고 싶습니다.

돈은 웬수입니다."

— 콜트콜텍 해고자 임재춘의 농성일기[7]

기타 공장에서 해고되어 8년 넘게 농성을 이어가고 있는 한 노동 자의 일기다. 돈에 관해서 이토록 담백하고 정확하게 쓴 글을 나는 보지 못했다. 달과 태양도 돈으로 살 수 있다는 건 이 세상에선 은유 를 넘어 머지않아 사실이 될지도 모른다.

임재춘씨가 다녔던 기타 공장은 더 싼 값에 사람을 쓰기 위해 공 장을 해외로 옮기고 문을 닫았다. 기타 공장의 주인은 재계 120위의 부자였다. 매출도 충분했는데 공장을 옮겼다. 열심히 살았는데 영문 모르고 해고된 사람들의 삶이 나락으로 떨어졌다. 공장 주인은 수많 은 사람들의 삶 대신 이윤을 선택했다.

같은 공장에서 일했던 또 다른 노동자인 김경봉씨가 한 말을 잊

7 '임재춘의 농성일기 두 번째', 2013년 5월 31일, 오마이뉴스

지 못한다.

'돈은 필요한 거지, 소중한 게 아니잖아요.'[8]

그렇다. 그런데 사람들은 필요한 것과 소중한 것을 착각해 버렸다. 지금은 돈이 사람의 주인이 되었다.

돈보다 사람이 중요하다고 외치는 사람들이 있었다. 사람을 살리라고 파업을 하면 신문에는 '영업 손실 몇십 억'이라는 기사가 떴다. 그 사람들이 밤에 잠을 자게 해 달라고, 기계가 아닌 사람으로 대우해 달라고 파업을 하면 공권력은 그들을 복날 개 패듯이 패고 끌고 나왔다. 그리고 다음날 공권력 강제집행 덕분에 그 회사 주식이 오를 것이라는 뉴스가 떴다.

경제성장이 멈추는 건 두려워하는데, 사람이 죽는 건 두려워하지 않았다. 주가가 몇 포인트 떨어지는 것에는 호들갑을 떨지만, 사람들의 삶이 나락으로 떨어지는 건 중요하지 않았다. 신문을 보면, 언론을 보면 그랬다. 그게 한국이었다.

그 누구도 돈보다 중요한 게 있다고 가르쳐주지 않았다. 돈이 사랑의 자리를 차지해 버렸다. 그래서 우리는 돈을 벌고 성공하는 것을 미덕으로 삼느라 사랑하기를 가르치는 걸 잊었다.

예전에는 돈이 없다고 사람 노릇 하지 못할 일은 없었다. 그런데 지금은 돈으로 모든 것을 산다. 예전에는 돈으로 바꾸지 않았던 수많은 것들이 '상품'이 되었다. 축하도 돈으로 사고 예의도 돈으로 갖

---

8 다큐멘터리 〈남은 자들의 노래〉 (이수정 감독) 中 김경봉 인터뷰

추고 사람을 살리고 먹이는 많은 것들을, 돈으로 하게 되었다. 돈을 벌어야 효도도 할 수 있고 봉사도 할 수 있다고 했다. 돈이 있어야 가족들을 먹여 살릴 수 있고, 주변 사람들에게도 나눌 수 있다고 했다. 우리는 심지어 돈을 벌어야 사랑할 수 있다고 가르쳤다. 그리고 그렇게 알고 있다.

그러나 돈을 벌어야 사랑할 수 있다는 건 틀린 믿음이다. 그런 건 존재하지 않는다. 예전에 돈으로 사지 않아도 되었던 것들을 너무 많이 돈으로 사야 하는 상품으로 바꾸어 버렸기 때문에, 사랑도 돈이 있어야 할 수 있다고 느끼게 된 것 뿐이었다.

세상에 돈이 전부가 되어 버렸다. 돈으로 사지 못하는 가치들도 있다는 사실을 사람들은 잊었다. 자연히 '돈을 많이 버는 일'이 '가치 있는 일'이 되었다. 그러나 돈을 많이 버는 일과 가치 있는 일은 같지 않다. 그리고 '돈이 되는 일'과 '우리에게 필요한 일'은 다르다. 우린 그렇게 많은 똑같은 커피전문점이 필요치 않다. 한때 전국 어느 동네를 가도 볼 수 있었던 스텝을 밟으며 춤추는 오락 기계를 기억하는가? 그것이 돈이 된다고 하니 너도 나도 그 기계를 깔아 두었다. 한 블럭 걸어가면 눈에 띄던 그 기계는 유행이 지나자 거짓말처럼 사라졌다. 아파트 상가에는 공인중개사만 다섯 개씩 있었다. 사실 우리에게 그렇게 많은 공인중개사는 필요치 않다. 다양한 가게들이 있었던 어떤 거리는 올해를 지나면서 술집이 늘어났다. 슈퍼 두 군데가 전부 술집으로 바뀌었고 음식점도 술집이 되었고 까페도 김밥집도 꽃집도 참기름집도 세탁소도 술집이 되었다. 월세와 권리금이 미칠 듯이 올랐고 술을 팔아야 높은 월세를 감당할 수 있기 때문이었다. 무언가 하나가 돈이 된다고 하면 똑같은 것이 우후죽순 생겼다. 사람들은 내가 잘 하는 일과 가치 있는 일과 공동체에 필요한 일을 찾는 대신 '돈이 되는 일'만 선택했다. 그 결과 무언가를 연구하고 생산하는 사람들은 점점 줄어들고 무언가를 파는 사람들만 늘어났다. 살림과 생활에 필요한 것들과 사람의 정신과 영혼을 살리고 먹이는 것들은 사라졌다. 결국 우리에게 꼭 필요한 일이 아닌, 돈을 찍어내는 일만 남아있게 되었다.

사랑과 돈의 차이

인생에서 가장 중요한 게 두 가지 있다고 생각한다. 돈과 사랑이다. 사람들은 돈 때문에 혹은 사랑 때문에 상처받고 행복해한다. 인생의 가장 큰 위기도 대부분 돈 아니면 사랑 때문에 온다. 사람들은 대부분 돈을 혹은 사랑을 제대로 다루지 못해 인생의 벽에 부딪히곤 한다. 그런데 우리는 이 둘을 다루는 법을 학교에서 한 번도 배우지 못했다. 인생에서 가장 중요한데 따로 가르쳐주는 이도 없다. 돈이, 그리고 사랑이 정확히 무엇인지도, 우린 배우지 않는다. 그런데 돈과 사랑을 다루는 지혜를 알지 못하면 우리는 이것들을 평생 쫓다가 잃어버린다. 둘 다 잘못 다루거나 함부로 다루면 우리는 지배당하거나 얽매여 버린다.

그런데 이 둘의 공통점이 있다. 둘 다 가지려 하면 할수록 도망간다는 것이다. 그리고 집착이 클수록 잃는다는 점이다. 둘 다, 본질적으로는 소유하는 성질의 것이 아니다. 사랑은 소유하면 사라지고 돈은 소유만 하고 있으면 그 의미가 사라진다.

꽃을 그대로 두고 보면 향기를 맡을 수 있고 아름다움을 감상할 수 있지만 꺾어서 내 손에 넣으면 금방 시든다. 사랑도 마찬가지다. 우린 사랑이라는 에너지를 타고 흐를 순 있어도 가두거나 움켜쥘 수는 없다. 사랑을 갖거나 움직일 수 있다고 착각하는 사람들만 단지 있을 뿐이다.

돈은 우리가 '소유' 할 수 있다. 일시적으로 말이다. 하지만 돈은 본질적으로 '물질'이 아니라 '흐름'이다 이 흐름에서 우리가 잠시 맡았다가 흐르게 하는 '역할'을 할 수 있을 뿐이다. 부자가 된다는 것, 돈을 많이 가진다는 것은 그만큼 돈을 다양한 곳으로 많이 흘려 보낼 수 있다는 것을 의미한다. 또한 선택권이 많아진다는 것을 의미할 뿐이지, 부자가 더 부자가 된다는 것이 세상을 특별히 이롭게 하는 것은 아니다.

나는 사랑과 돈은 따라오는 것이지 인위적으로 만들어내는 것이 아니라는 사실을 배웠다. 무엇이 되었든 돈을 만드는 것이 목적이 되었을 때 본래의 목적은 흔들리곤 했다. 사랑 또한 인위적으로 얻을 수 있는 게 아니었다. 사랑은 내가 사랑하는 순간 그 에너지를 만드는 것이며 사랑의 에너지가 있는 곳에 사랑이 따라온다는 것을. 그리고 사랑과 돈 둘 다 통제하는 것이 아니라 조심스럽게 불러들여야 하는 것이고 또 가지면 나눠야 하는 것이라는 사실을 깨달았다.

둘의 차이가 있다면 돈은 얻는 데 대가를 치루지만 사랑은 대가를 치루지 않는다는 것이다. 사랑은 조건을 제시하거나 돈으로 살 수 없다. 사랑은 대가 없이 존재할 때에만 진짜이기 때문이다. 사랑은 '이유 없이 주는 것'이고 '이유 없이 얻는 것'이다. 돈은 수단이고 사랑은 목적이다. 돈은 필요한 것이지만 사랑은 소중한 것이다.

그리고 돈은 한계가 있지만, 사랑은 무한하다.

사랑과 돈, 둘 다 세상을 바꾸는 힘이 될 수 있다. 하지만 근본적으로 이 두 가지의 힘이 만드는 세상은 아주 다른 모양을 한다. 사랑은 자발적이고 자연스럽게 세상을 바꾸고 돈은 인위적으로 세상을 바꾼다. 착한 세상을 만들기 위해 돈을 주된 수단으로 사용할 때, 필연적으로 한계를 가질 수밖에 없다. 돈으로 사람을 움직이면 탐욕이 얽힌다. 사랑이 동기가 되고 돈은 수단으로써 역할을 할 때 가장 올바른 방법으로 세상을 바꿀 수 있다.

제 5 장

괴상한
시스템,
돈

돈은 무엇인가

도대체 돈이 무엇이길래 이토록 우리의 삶을 쥐었다 놓았다 하는 것일까? 돈은 얼마나 벌어야 충분한가? 돈이 많다는 것은 무엇을 의미하나? 내가 돈을 벌면 지구 저편에 무슨 일이 벌어지는가?

돈을 정확히 이해하지 못하면 돈으로부터 자유로울 수도 없다고 생각한다. 그래서 돈이 무엇인지 보다 정확하고 냉정하게 보고 싶었다. 내가 돈을 벌고 쓸 때 무슨 일이 벌어지는지, 어떤 사람이 부자가 될 때 세상에 어떤 일이 벌어지는지 투명하게 알고 싶었다.

돈은 약속이다

단순하게 말하자면, 돈은 '약속'이다. 만약 내가 당장에 빵을 먹고 싶어 빵을 만드는 사람에게 빵 5개를 얻는다. 대신 나중에 내가 옷을 만들어 그것을 갚겠다고 약속하면서 표지를 하나 만들어준다. 이 약속이 돈이다. 그러므로 그 표지는 빵 5개와 옷 1벌의 가치가 있는 가격이라 할 수 있다. 그것은 내가 발행한 '돈'이다. 허공에서 발행했지만, 그것은 약속이므로 내가 옷을 짜고 만들어서 갚아야 할 것이다. 그래야 그것이 다시 내게로 돌아온다. 돈은 약속이며, 그 약속의 형태가 화폐라고 할 수 있다. 그래서 화폐는, 사람들이 약속하기만 하면 누구나 만들 수 있는 것이다. 그리고 그것을 받아들이기로 약속하지 않으면, 그 화폐는 아무리 많아도 아무 짝에 쓸모가 없다.

북아메리카 원주민들에게 백인들이 금과 은을 가져가서 말했다. "우리가 금 이만큼을 줄 테니, 당신네들 땅을 주시오." 그러자 원주민들은 말했다. "우리에겐 금과 은이 아무 짝에 쓸모가 없소. 그리고 땅을 어떻게 사고 판단 말이오? 그건 어머니와 같은 것이고 신이 준 선물이지, 공기를 어떻게 사고 판단 말이오?"[9]

백인들은 결국 그들로부터 땅은 '사는 데' 실패했다. 원주민들은 백인들이 땅의 한 귀퉁이에 함께 살 수 있도록 자리를 마련해주었다. 백인들이 그렇게 땅에 살게 된 대가로 지불해야 할 것은 금과 은이 아니라, 같이 살면서 지켜야 할 예의와 존중, 함께 사는 규칙 등이었다.

이 이야기는 뒤에 또 하기 위해 잠시 접어 둔다. 단지 돈은 약속이며, 따라서 사람들이 약속을 다르게 하면, 새로운 화폐를 만들 수

---

9 〈나는 왜 너가 아니고 나인가〉 (류시화, 김영사) 中에서, 시애틀 추장의 말.

있고 교환되는 가치도 바꿀 수 있다는 사실을 기억해두길 바란다.

돈은 구매력이다

'돈이 많다'라는 것은 무엇을 말하는가? 단순히 통장에 찍힌 돈이 많다는 것일까?

그렇지 않다. 만약 어떤 사람이 지금 마늘밭에 현금 1억 원을 묻어두고 30년 뒤 회심의 미소를 지으며 땅에서 현금을 파내 시장으로 간다면 무엇을 살 수 있을까? 자동차? 스마트폰? 가방? 아마 가방 밖에 못 살 수도 있다. 당신이 돈을 모으고 벌어도, 지금의 1억 원은 10년 뒤의 1억 원과 가치가 다르다. 그래서 현금을 얼마나 갖고 있느냐 하는 것으로는 부자인지 아닌지를 말할 수 없다. 사실 '돈이 많다' 라고 하는 건 더 많은 물건을 살 수 있는 능력, 즉 '구매력'이 크다는 것을 말한다. 같은 돈이라도 시장에 가서 살 수 있는 물건이 많으면 부자라고 느낄 것이고, 시장에서 살 수 있는 물건이 거의 없으면 가난하다고 느낄 것이다. 돈을 번다는 것은, 물가 상승 속도 이상의 속도로 더 빨리 벌었을 때 비로소 번다고 할 수 있다. 즉 월급이 오르는 속도가 물가가 오르는 속도보다 느리다면 돈을 잃고 있는 것과 마찬가지이다.

돈을 번다는 것의 핵심은 곧, 속도다. 이렇게 물가와 서비스의 값이 조금씩 오르는 동안 자신이 버는 돈이 먼저 오르는 사람은 부자가 되었다고 느낄 것이고 더 늦게 오르는 사람은 가난해졌다고 느낄 것이다. 이러한 '속도의 차이'를 통해 누군가는 돈을 잃고 누군가는 돈을 번다.

예를 들어, 어느 월급 생활자가 2003년에는 한 달 100만원을 받았고 2008년에는 300만원을 받았다. 그런데 2003년에는 100만원으로 새우깡 3,000개를 먹을 수 있었지만, 2008년에는 300만원으로 새우깡 2,970개를 먹을 수 있다.[10] 70년대에는 경찰 월급 7만원으로 130원짜리 짜장면 540그릇을 먹을 수 있었지만, 지금은 150만원 경찰 월급으로 짜장면 430그릇 밖에 먹지 못한다(실제로 한국의 실질임금은 1998년 이후 노동 생산성 증가를 따라가지 못했고,[11] 2007년 이후 실질임금은 계속 하락했다는 통계가 발표되었다[12]).

경제는 성장하는데 사람이 가난해진 이유 중 하나는 사람에게 가는 돈은 줄어들고 물건과 땅과 아파트로 가는 돈이 늘어났기 때문이다. 통장에 찍히는 돈은 늘어났으나 살 수 있는 것들은 줄어들었다. 그리고 돈을 갖고 있어도 은행이자만 받고 사는 사람들은 살기 힘들어졌다.

가난한 사람으로부터 있는 사람에게 부가 옮겨가는 과정은 대부분 눈에 보이지 않게 이루어진다. 노동으로 돈을 버는 사람에게서 물건과 부동산과 이자로 돈을 버는 사람들에게로, 낮은 이자를 받는 사람들에게서 높은 이자를 받는 사람들에게로 부는 조금씩 옮겨갔다. 그 모든 것보다 사람의 가치가 가장 늦게 올랐다. 경제는 그렇게

---

10 www.emptydream.com 〈빈꿈〉의 웹툰에서 인용

11 《분노의 숫자》 새로운 사회를 여는 연구원, 동녘

12 〈임금없는 성장의 국제비교〉 보고서, 박종규, 한국금융연구원 연구위원, 2014

조금씩 당신의 부를 훔쳐갔다.

돈이 구매력이라는 이토록 당연한 이야기를 굳이 하는 이유는 통장에 찍힌 돈의 액수는 실제로 그렇게 큰 의미를 갖지 않기 때문이다. 당신의 저축으로 10년 뒤 몇 억을 만들어 '돌려드린다'는 광고는 넘쳐나지만, 10년 뒤 그 몇 억이 물가로 따졌을 때 같은 크기가 아니라는 것, 그리고 그 사이에 그 사람들이 당신의 몫을 얼마나 훔쳐가는지 대부분 잘 인지하지 못하기 때문이다.[13]

우리나라의 정규직 임금은 대체로 물가 상승률에 따라 오른다고 알려져 있다. 그런데 실제로 임금 생활자들은 가난해진다. 그 이유는 물가 상승률이 우리가 실제로 구매하는 물건들의 값을 반영하지 않는 이유도 있다. 단순히 전국의 모든 짜장면이 3,000원이었다가 3,300원으로 오르는 것을 반영해 10퍼센트라고 계산하면 안 된다. 실제로 벌어지는 일은 인테리어를 조금 더 하여 짜장면을 4,000원에 파는 가게가 전보다 조금씩 더 늘어나는 거다. 그리고 예전에는 10,000원 주고 샀던 화장품이 대체로, '더 고급스런 가게에', '더 고급스런 포장으로', '더 비싸게' 나온다. 그리고 더 고급스럽고 비싼 것들이 매대의 자리를 조금씩 더 많이 차지하는 것이다. 더불어 예전엔 없던 신

---

13 《월급전쟁》(원재훈, 리더스북) 에서 저자는 보험사들이 '저축형 보험상품'을 만들어 파는 행태를 지적한다. 만기에 원금과 이자를 돌려주기 때문에 마치 보험도 들고 돈도 돌려받는 것처럼 느껴지게 하지만, 실제로는 보통 7년 이상 넣어야 원금을 겨우 돌려받기 시작하고 그 동안의 기회비용은 대부분 사업비라는 명목으로 보험사가 가져가는 것이다. 정기예금보다도 손해인 상품이다.

기술과 서비스가 매해 조금씩 생활에 없어서는 안되는 부분을 차지한다. 예전에는 핸드폰 없이도 살 수 있었지만 이제는 핸드폰 값을 매달 지불해야 한다. 그것이 스마트폰으로 바뀌면서 더 비싼 값을 지불하고, 인터넷 없이 살 수 있었지만 지금은 인터넷에도 어쨌든 돈을 지불해야 한다. 결정적으로는 생활에 없어서는 안 되는 '집'의 값에 지불해야 할 돈이 너무 많이 커졌다. 평균적인 월급을 받는 직장인이 생활비 쓰고 남은 저축만으로 서울에 평균적인 집을 사려면 1998년에는 11년 정도가 걸렸지만 2014년 최근엔 27년이 걸린다.[14]

임금이 오르는 속도가 늦는 것도 마찬가지다. 이는 어떤 사람의 연봉이 동결되거나 깎이는 것을 말하지 않는다. 정상적인 임금을 받는 일자리가 줄어들고, 더 싼 가격에 똑같은 일을 하는 일자리가 늘어난다. 이러한 방식으로 우리나라 전체를 보면 물건과 부동산과 임대료의 값은 빨리 올랐고, 사람의 가치는 가장 늦게 올랐다.

돈은 약속이고 빚이고 구매력이다. 그런데 그 구매력을 잔뜩 모아 두어서 무엇을 하는가? 돈은 갖고 있는 것만으로는 아무런 생산이나 행복에 기여하지 않는다. 돈은 무엇과 교환될 때에만 가치가 있다. 그러나 사람들은 구매력과 약속을 잔뜩 쌓아 두고는 구매력을 더 갖기 위해 구매력을 쓴다. 사람들은 왜 이런 모순되는 일에 매달리는 것일까?

사람들은 구매력을 잔뜩 모아 권력을 만들고, 그 권력을 유지하

---

14 《분노의 숫자》 새로운 사회를 여는 연구원, 동녘

기 위해 그 '구매력'을 쓴다. 그 사이에 사람을 행복하게 하거나 필요
한 물건을 만들어내는 것도 아니다. 만약에 내가 그 '약속의 표식'을
갖고 있지 않아도, 혹은 화폐로 교환하지 않아도 같은 값어치를 다르
게 얻어낼 수 있다면, 나는 부자가 아닌가?

노동 소득과 화수분 소득

우리가 사는 세상에서 돈을 버는 방법은 크게 두 가지가 있다. 내
가 맨 몸으로 일하거나 물건을 생산해 팔아 돈을 버는 방법과, 화수
분을 사서 돈을 버는 방법이 있다. 화수분은 신비한 단지로 옛 소설
에 종종 등장하는 소재다. 무언가 복제하고 싶은 물건을 이 단지에
넣기만 하면 꺼내고 꺼내도 계속 나온다. 사람들은 돈을 많이 벌면
보통 화수분을 산다. 한 번 사면 끊임없이 매달 돈을 찍어내는 화수
분 말이다. 건물이나 주택을 사서 월세를 받고 혹은 채권을 사서 매
달 이자를 받는다. 어떤 종류의 주식을 사면 기업이 매 분기 내는 이
익에서 정기적으로 배당금이 나온다. 화수분에는 수많은 종류가 있
는데, 돈을 은행에 '저축' 해 두고 이자를 받는 것도 화수분의 하나
다. 저축이나 재테크도 일종의 이자 소득이라는 화수분을 마련하
는 것이다.

먼저 이야기한 소득을 '노동 소득' 이라 하고, 이 화수분을 '자본
소득' 이라 한다. 이 두 가지가 우리가 사는 자본주의 세상의 큰 특
징을 말해주고 있다.

노동 소득은 내가 일하면 벌고 일하지 않으면 돈이 나오지 않는

다. 그러나 화수분은 가만히 앉아 있어도 돈이 끊임없이 나온다. 화수분의 또 하나의 특징은 샀다가 되팔 수 있다는 점이다. 비슷한 가격에 혹은 더 높은 가격에 되팔 수도 있지만 자칫하면 본전도 못 채우는 낮은 가격에 팔게 되기도 한다. 그래서 일확천금을 노리는 데 이용되기도 하지만 똑같이 리스크도 크다. 또한 화수분 자체가 갖고 있는 리스크도 있는데, 부동산은 공실에 대한 리스크가, 채권은 돌려받지 못하는 것에 대한 리스크, 그리고 주식은 회사가 도산하면 휴지조각이 될 리스크가 있다. 혹자는 화수분 소득이란 이러한 리스크에 대한 대가라고 말한다.

당신은 빚을 빨리 갚아야 성실한 경제 구성원이라 여길지도 모르지만 은행과 신용카드사는 당신이 결코 빚을 빨리 갚길 바라지 않는다. 빚을 빨리 갚아버리면 그들의 화수분 하나가 없어지기 때문이다. 은행이나 대부업체, 혹은 채권자들은 당신이 이자로 원금을 다 갚고 나서도 더 오래 이자를 내 주길 바란다. 이 빚을 당신이 갚아버리면 그들은 재빨리 새로운 '고객님'을 또 찾아야 하기 때문이다. 그것은 월세방이 공실이 되면 재빨리 또 세입자를 구해야 하는 것과 같다.

화수분은 물건이나 서비스를 생산하지 않는다. 화수분은 돈을 생산한다고 여겨지는데, 사람들은 '돈이 돈을 낳는다' 라는 표현을 쓰곤 한다. 하지만 정확히 말하면 이 표현은 틀렸다. 돈이 돈을 낳는 것이 아니다. 화수분은 다른 누군가로부터 돈을 가져올 뿐이다. 이자, 지대, 월세, 배당금 전부 다른 이의 돈을 끊임없이 지속적으로 가져오는 것이다. 화수분은 스스로는 그 어떤 것도 생산하지 않는다. 무언가를 생산하는 것은 사람의 노동뿐이다.

그래서 화수분의 가장 큰 특징 중 하나는, 끊임없이 물을 공급해 주는 영양 공급원이 필요하다는 것이다. 화수분은 결코 스스로 돈을 찍어낼 수 없다. 주식은 이윤을 내어 주는 노동자와 소비자가 있어야 하고, 부동산은 입주할 세입자가 있어 주어야 하고, 채권은 이자를 내어 줄 사람이 있어야 한다. 결국 화수분의 함정은 결코 스스로 돈을 찍어낼 수 없고, 전부 노동 소득으로부터 그 수익의 원천이 나온다는 점이다.

사람이 만든 생산물로 나온 소득으로부터만 이자, 지대, 이윤, 월세 그 모든 것을 나눠 받을 수 있다. 앉아서 돈을 버는 사람은 일해서 돈을 버는 사람 없이는 살 수 없다. 자본 소득만으로 구성된 경제는 돌아가지 않는다.

자본 소득은 노동 소득 없이 존재할 수 없다.

세상 전체의 눈으로 돈을 바라보기

사람들은 대부분 돈을 '벌어야 하는 것'으로 생각한다. 그리고 그게 누가 됐든 돈을 버는 것은 좋은 것이라 생각한다. 뉴스에서는 매일같이 100억짜리 부자가 탄생하고 사람들은 그들을 따라하기 위해 끊임없이 그와 같은 기사들을 핥는다. 그러나 세상에 부자가 생긴다는 것 자체는 세상 전체의 입장에서 보면 좋은 것도 나쁜 것도 아니다. 돈의 지도가 조금 바뀐 것 뿐이다.

나는 돈이 어디서 오는가를 가만히 생각해보았다. 그리고 내가 돈을 꺼내 쓸 때 이 돈이 어디로 가는가에 대한 질문을 던지기 시작했다. 한 사람의 입장에서 보면 돈을 버는 것은 그저 돈을 버는 것일 뿐이다. 없는 돈이 생기고, 나는 또 그것을 쓴다. 돈은 쓰면 없어지는 것일 뿐이다. 그러나 세상 전체의 입장에서 돈을 생각해보면, 이 돈은 생기지도 없어지지도 않는다. 세상은 모두 연결되어 있고, 시선을 조금 높여 세상 전체의 입장에서 돈이 어떻게 도는가를 바라보면 돈을 번다는 것이 아주 다르게 보인다.

세상에 대한 균형 감각을 갖는 것은 나 자신을 키워 세상 전체의 입장에서 바라보기를 한다는 것이다. 아주 큰 영혼의 입장에서 바라보면 이기심이 어리석다는 것을 종종 깨닫곤 한다. 그게 무엇이 되었든 말이다. 돈도 마찬가지다. 크게 보면 놀라운 사실들이 보인다. 여기에 세상 전체의 눈으로 돈을 바라보는 방식으로 작은 이야기를 해볼까 한다.

어느 작은 마을에서 마을 사람들의 물건을 고쳐주고 돈을 버는 A가 그 마을의 단골 음식점에서 7,000원을 주고 맛있는 요리를 사먹었다. 단골가게 사장님 B에게 7,000원이 생겼다. 이럴 때, 마을 전체엔 얼마가 더 늘어났을까? 답은 0원이다. 마을 전체 입장에서 돈을 바라보면, A에게서 음식점 사장님 B에게로 7,000원이 **'옮겨간'** 것일 뿐이다. 그런데 마을의 '주민총생산'은 얼마가 늘었을까? 7,000원이다. 7,000원짜리 요리와 맛있는 '즐거움'이 생긴 것이다. 하지만 마을 전체에 7,000원이 '더' 생긴 것은 아니다.

만약 마을 사람들 전체가 돈을 더 많이 벌고 싶다면, 마을 바깥에서 가져오면 된다. 다른 마을에 물건을 팔아 돈을 버는 것이다. 그러면 마을 사람들의 통장에 돈이 쌓일 것이다. 그런데 나라 전체에서 보면 이 마을에서 저 마을로 옮겨간 것 뿐 나라에 새로운 돈이 '생긴 것'은 아니다.

경제 주체에는 가계, 기업, 정부가 있다고 교과서에서 배웠다. 만약 무역이 없다고 가정했을 때 한 나라 전체의 입장에서 보면, 국민총생산이 얼마 늘어나던 간에, 돈은 기업, 가계와 정부 사이에서 계속 옮겨다니는 것 뿐이다. 빚 또한 기업이 지거나 가계가 지거나, 아니면 정부가 떠안아야만 하는 것이다.

은행은 돈을 부풀린다

그런데 왜 국민소득은 자꾸 늘어나고 세상에 돈은 자꾸 늘어나는 걸까? 왜 물가는 자꾸 오르는 것일까? 그 비밀은 은행에 있다. 은행은 돈을 부풀리는 역할을 한다. 물론 진짜 돈이 아니라 빚을 부풀린다. 예를 들어 마을의 A씨가 은행에 10,000원을 예금했다고 가정하자. 그 중 9,000원을 마을에 있는 음식점 주인 B씨가 대출하여 밀가루집 주인 C에게 9,000원을 주고 밀가루를 사면, 밀가루집 주인은 9,000원의 소득을 올린다. 그리고 밀가루집 주인은 9,000원을 다시 은행에 예금한다. 그러면 은행에는 19,000원의 예금이 생긴다.

A는 여전히 통장에 10,000원을 '갖고' 있다. 그리고 밀가루집 주인은 9,000원의 소득을 올렸다. 애초에 마을에 없는 돈 9,000원이 생

긴 것이다. 은행은 밀가루집 주인이 예금한 이 9,000원의 90퍼센트인 8,100원을 다른 주인 D씨에게 다시 대출해 줄 수 있다. D씨가 이 돈으로 또다른 누군가의 물건을 사면, 8,100원이 마을에 또 '생긴다'. 이 사람이 또 그것을 은행에 예금하면 은행은 또 누군가에게 대출한다. 이런 식으로 원래 있는 돈의 10배가 넘는 돈이 마을 전체에 돌아다니게 된다. 그러면 마을 전체는 애초 A씨가 가지고 있던 10,000원의 10배에 달하는 10만원을 번 것일까? 그렇지 않다.

여전히 음식점 주인 B씨는 9,000원의 '빚'을 갖고 있다. 그리고 8,100원을 대출한 D씨도 여전히 빚을 갖고 있다. 마을 전체에서는 처음 돈의 10배가 넘는 돈이 돌아다녔지만 누구는 소득을 얻고 누구는 빚을 졌다. 만약 마을 사람들의 전체 소득과 전체 빚을 계산하면, 그 중 빚이 아닌 진짜 돈은 여전히 10,000원 밖에 없다.

빚은 A씨가 저축한 돈을 통장에서 꺼내어 B씨에게 주고 음식을 먹고, 밀가루집 주인이 저축한 9,000원을 꺼내어 D씨의 물건을 살 때에만 사라진다. 다시 말해서, 저축한 이들이 돈을 꺼내어 대출한 사람들의 물건과 서비스를 살 때에만, 마을의 빚이 청산된다.

마을 사람들의 통장에 모두 10,000원씩 쌓이는 일은 없다. 모든 사람들이 풍요를 몇 차례씩 생산한다고 해서 그것이 모두의 통장에 돈이 쌓인다는 것을 의미하는 것은 아니다. 돈은 풍요를 생산할 때 쓰이는 도구다. 풍요를 사는 구매력이고 풍요의 수요가 되어주는 것 뿐이다. 돈이 한 번 통과될 때마다 풍요가 생산된다. 돈이 음식점을 거칠 때, 이발소를 거칠 때, 상점의 돈 통을 거칠 때, 사람의 노동력을 거칠 때 풍요가 생산된다. 돈이 나와서 돌아다니지 않고 은행이나 주머니에서 잠자고만 있다면 그 어떤 풍요도 생산되지 않을 것이다.

풍요란 사람이 자신을 먹이고 가꾸고 에너지를 재생산하기 위해 누리는 모든 재화와 서비스다. 빵, 밥과 집, 에너지, 따뜻한 옷, 교육, 휴가와 놀이, 문화와 예술 그 모든 것이다. 우리는 풍요를 생산하기 위해 일을 하는 것이지, 돈을 생산하기 위해 성장을 목표로 하는 것이 아니다. 풍요를 창출하는 것과 돈을 창출하는 것은 다르다. 사람들은 행복하기 위해 돈을 벌고 풍요를 샀는데, 언제부터인가 통장에 찍히는 금액의 숫자가 늘어나는 것으로 행복감을 느끼기 시작하면서부터 돈에 종속되기 시작했다.

세상 전체의 눈으로 돈을 바라보면, 누군가 '돈을 번다'는 것은 돈이 새로 생기는 게 아니다. 이 사람에서 저 사람으로 옮겨가거나, 이 동네에서 저 동네로 옮겨가거나, 가난한 나라에서 부자 나라로 옮겨가거나, 하는 것뿐이다. 존재하는 돈의 총액은 같다(정확히 말하면, 존재하는 '구매력'의 총액이 변하지 않는다는 말이다. 지폐에 쓰여진 액수는 물론, 인플레이션에 따라 변한다). 그런데 세상에 돌아다니는 돈이 자꾸 늘어나는 이유는 단지 은행이 통화 창조라는 이름의 **빚**을 통해 돈을 불리기 때문이다.

빚이 진짜 돈으로 바뀔 때는 오로지 그 돈이 가게 주인의 요리가 되거나, 어부의 물고기가 되거나, 누군가의 노동이 생길 때만 바뀐다. 즉 빚은 최종적으로 재화나 서비스로 바뀌어야만, 그게 진짜 돈이 된다. 만약 빚이 늘어나는 속도가 사람들이 풍요를 생산하는 속도보다 빠르면 그 빚은 영영 갚기 어렵다. 왜냐하면 풍요로 교환될 때에만 빚이 없어지기 때문이다.

빚을 최종적으로 진짜 돈으로 바꾸어주는 것 중 가장 큰 부분을 차지하는 것이 소비다. 투자가 경제를 살리는 것이라고 하는데, 사실 투자에 대한 회수금을 돌려주는 것은 소비뿐이다. 기업들이 천사처럼 건전한 목적으로 공공 인프라에 투자하는 게 아니라면, 회수에 대한 기대감이 없다면 투자도 이루어지지 않는다.

즉 경제가 돌아가는 데 가장 핵심은 풍요를 '생산'하고 '소비'하는 행위이다. 그 소비와 생산을 동시에 하는 건 자본이 아니라 사람이다. 소비자이자 노동자인 사람들이다. 그들은 생산물을 만들고, 생산물을 구매한다. 사람에게로 가는 돈이야말로 돈을 흐르게 하는 주축이 된다는 사실, 이것을 많은 이들은 애써 외면하고 있다.

돈은 어디서 오는가?

빌딩 하나를 두고 돈이 어떻게 도는지 생각해보자. 빌딩을 살 수 있는 돈은 어디서 나올까? 예를 들어 톱스타 광고 모델이 빌딩을 샀다고 해 보자. 광고 모델이 통신사 광고로 10시간 동안 버는 수억 원은 어디서 오는가? 통신사의 마케팅비에서 온다. 마케팅비는 어디에서 오는가? 이윤에서 투자된다. 마케팅비가 천문학적으로 들수록 이윤을 많이 내야 하고, 소비자들로부터 더 많은 요금을 걷어야 한다. 즉 천문학적인 모델료와 광고비에 수 많은 소비자들이 조금씩 더 내는 쌈짓돈이 흘러들어가는 셈이다. 광고 모델과 에이전시가 번 돈은 종종 빌딩과 오피스텔로 들어간다. 그리고 그것은 그들의 화수분이 되어 다시 집이 없는 사람들로부터 돈을 다시 옮겨 온다.

그렇다면 빌딩 자산가들이 얻을 수 있는 상가 월세는 어디서 올까? 자영업자들의 소득에서 온다. 그것은 치킨을 사 먹는, 커피를 사 마시는, 술을 마시고 식사를 하는 사람들의 주머니에서 나온다. 이 것은 대부분 일해서 돈 버는 사람들의 월급이기도 하다. 자산가나 부자들이 자영업자들의 가게를 전부 돌며 모든 음식과 커피를 사 마시진 않으니 말이다. 그럼 일해서 돈 버는 사람들의 월급은 어디서 오는가? 기업에서 온다. 기업이 월급을 줄 수 있는 돈은? 기업의 물건을 사 주는 소비자들로부터다. 소비자들은 누구인가? 역시 대부분은 근로 소득자들이다. 자산가들 부자들이 세상의 모든 서비스를 이용하고 세상의 모든 음식과 물건을 사 주진 않는다. 부자들의 돈은 대부분 '화수분'으로 들어간다. 주식, 채권, 부동산, 그 밖의 금융 투자다. 화수분은 다시 없는 이들로부터 부자들에게 배당금, 이자, 월세 등으로 돈을 '옮겨가는' 역할을 한다.

나의 지출은 다른 이의 소득이다. 세상의 돈은 여기서 저기로 옮겨 간다. 세상 어느 한 쪽에 큰 부자가 생기면 반드시 생존조차 어려운 가난한 이들이 생긴다. 만약 노동하는 사람들의 월급이 줄어든다면 치킨 가게와 커피 가게 또한 수입이 줄어들 것이다. 그러면 높은 월세를 감당하지 못하고 나갈 것이고 빌딩 상가도 텅 비게 될 것이다. 돈이 돌아다니는 세상은 전부 연결되어 있다. 불편한 진실은, 시스템이 균형을 잃고 쓰러지기 시작할 때, 가장 힘 없는 이들부터 쓰러진다는 것이다.

당장 내일 얼마를 더 벌 것인가만 생각한다면 이 게임이 어리석은 게임인지 현명한 게임인지 알 길이 없다. 뺏고 뺏기는 게임의 전체 판을 그려 보았을 때, 어째서 돈은 한쪽으로만 몰리는지, 왜 불평등은 커져만 가는지, 사람들이 전부 구매력을 쌓아두기만 했을 때 어떤 일이 벌어지는지가 보인다.

1971년 돈이 금과 교환되는 금 태환제가 폐지된 후 미국 연방 준비 은행에서는 모노폴리 게임에서 종이돈을 더 만들어 그리듯 돈을 찍어냈다. 그렇게 찍어낸 돈으로 2008년 파산 위기에 놓인 은행들을 구제했다. 그것은 미국 국민들이 일해서 갚아야 하는 빚이 되었다. 그리고 아무도 왜 허공에서 찍어낸 돈에 이자를 갚아야 하는지 묻지 않았다. 세상은 그렇게 돈을 찍어내서 빚을 늘리고 서로 돈을 넣고 뺏고 불리며 잔치를 했는데 아무도 그 끝이 어떤 모양을 하고 있을지 말하지 않았다.

세상 전체의 눈으로 돈을 보면, 돈이 다르게 보일 것이다. 그리고 돈이 어디로부터 오고 어디로 가는지 생각해보는 것은 중요한 일이다. 만약에 쉽게 돈을 벌 수 있는 방법을 아는데 그 돈이 사실은 세상의 가장 가난한 사람들로부터 가져오는 것이라면 당신은 그것을 선택할 것인가?

빚이 돈으로 바뀌고, 돈이 풍요를 생산하는 과정을 좀 더 쉽게 이해해보기 위해 더 단순한 모델을 생각해보자. 다시 작은 마을로 가서, 돈이 어떻게 도는지 간단한 사고실험을 해 보자. 그래서 돈이 어디서 생기고 사람들의 통장에 어떻게 돈이 쌓이는지, 그리고 과연 모두가 다 함께 부자가 되는 것은 가능한지 하는 것 말이다.

모두가 부자가 될 수는 없다

외부와의 거래가 없는 어느 작은 마을이 있다. 여기에 빵집 주인과 옷 만드는 사람과 물고기 잡는 어부와 이자가 없는 은행이 있다. 어느날 빵집 주인이 은행에서 만원을 빌려 옷 만드는 사람에게 주고 옷을 한 벌 샀다. 옷 만드는 사람은 그 만원으로 물고기를 먹고 싶어 어부에게 만원을 주고 물고기 두 마리를 샀다. 어부는 만원이 생기자 빵이 먹고 싶어 만원으로 빵 10개를 사 먹었다. 그렇게 만원을 번 빵집 주인은 다시 은행에 만원을 갚는다. 그러면 마을은 다시 균형으로 되돌아간다. 만원이 한 바퀴 도는 동안 옷집 주인은 10,000원어치 옷을 생산했고 빵집도 10,000원어치 빵을, 어부도 10,000원어치 물고기를 생산했다. 각자 적절히 노동하고 필요한 물건을 구매하고 누렸다. 누구도 빚지지 않았고, 누구도 이윤을 남기지 않았다. 이 하루 동안에 마을에선 총 30,000원어치의 부가가치를 생산했다. 이것이 마을 총생산, 즉 '마을의 GDP'다.

그런데 하루에 옷 한 벌 만들던 사람이 자신의 시간을 더 투자해 미싱을 새롭게 개량해서 하루에 옷 두 벌을 만들게 되었다. 빵집 주인도 오븐을 개량하고 크기를 늘려서 20개씩 만들고 어부도 기술을 늘려서 네 마리씩 잡는다. 그러자 빵집 주인도 옷이 한 벌이면 되었으나 하루에 20개씩 팔수 있기 때문에 두 벌씩 사 입고 싶어졌다. 옷집 주인은 빵 10개만 먹으면 충분했으나 왠지 빵도 사고 물고기도 먹고 싶었다. 그래서 마을 전체는 이제 하루에 옷을 두 개, 빵 20개, 물고기 4마리를 생산하고 소비하게 되었다. 이렇게 하루에 총 60,000원어치의 부가가치가 생산된 것이다. 총생산과 소득이 늘어나는 것, 이것이 경제성장이다. 기술 개발 등으로 같은 시간과 노력으로 생산되는 물건의 양이 늘어나는 것을, 우리는 생산성이 늘어났다고 말한다.

그렇게 빵집 주인은 내년엔 하루 30개씩, 그 다음 해엔 40개씩, 이렇게 늘려 간다. 옷집 주인도 어부도 더 빨리 더 많이 생산한다. 그렇게 마을 사람들은 더 많이 먹고 더 많이 사 입고 쓰고 버리게 되었다. 그런데 이 사람들에게 하루에 소비할 그토록 많은 빵과 그토록 많은 옷과 그토록 많은 물고기가 과연 필요할까? 오히려 똑같은 양을 생산하면서 조금 더 적게 일할 수는 없을까? 그러면 조금 더 행복해지지 않을까?

아마도 이들이 행복해지기 위한 시나리오는, 빵집 주인과 옷집 주인과 어부가 늘어난 기술력을 활용해서 이전과 똑같은 양을 생산하고 덜 일하는 대신 남는 시간에 셋이 함께 좋은 날 산과 바다로 놀러 가는 것일 것이다. 하지만 실제로 현실에서 벌어지는 일은 다르다. 진짜 우리가 살아온 세계의 경제는 끊임없이 성장했고 더 많이 일했고 더 빨리 일했다.

처음에 빵집 주인과 옷집 주인과 어부는 '더 많이' 생산해서 '더 많이' 팔았다. 빵집 주인은 하루에 사람들이 먹을 수 있는 빵의 양은 한계가 있으므로 조금 다른 걸 팔기 시작했다. 빵을 좀 더 맛있게 구워 먹기 위한 후라이팬과 빵을 직접 배달해주는 배달서비스도 시작한다. 꼭 필요하진 않지만 있으면 편리한 것을 개발한 것이다. 이것이 시장 개척이다. 옷집 주인은 내년엔 유행이 달라지므로 예전 옷을 입으면 시대에 뒤처지니 내년에 새 옷을 반드시 사야 한다고 끊임없이 소문을 퍼뜨리고 다녔다. 이것이 광고다. 많이 생산된 옷을 팔아야 하므로 대폭 할인, 지금 아니면 못 산다는 문구를 붙였다. 이것이 할인의 시작이다. 물고기 잡는 어부는 물고기를 손질까지 해서 깔끔하게 포장해 조금 더 비싸게 받았다. 손질하는 것을 부가가치에 포함시킨 것이다. 그래서 사람들은 집에서 번거롭게 손질하는 시간을 절약한 대신 좀 더 비싸게 주고 사게 되었다. 세 사람은 어쨌든 다른 사람들로 하여금 '더 많이 소비하게' 머리를 쓴 것이다.

이것이 지금 우리 세상의 경제의 상황과 비슷하다. 사람들은 엄청난 기술 진보로 '덜' 노동하고 풍요를 누릴 수 있게 되었으나 우리는 더 빨리 더 많이 노동하고 더 많이 생산하고 더 많이 쓰고 광고하고 소비하는 것을 선택했다. 끊임없는 '경제성장'을 선택했다. 그런데 어째서 행복해지는 대신 더 많이 일하고 쓰고 버리는 삶을 선택한 것일까.

그것은 경쟁 때문이다.

경쟁을 만드는 검은 구멍 – 이자

왜 끊임없이 경쟁할 수밖에 없을까? 사람들은 그것이 탐욕 때문이라고 말한다. 물론 탐욕 때문에 끝없는 성장을 선택하기도 한다. 하지만 만약에 사람들이 '어쩔 수 없이' 경쟁을 하고 있는 것이라면? 더 빼앗지 않는다면 생존할 수 없는 환경이라면? 탐욕을 선택하지 않은 사람들이 성장을 멈추거나 경쟁을 그만둘 자유조차 없는 것이라면? 다음 이야기를 보자. 만약 최초의 마을처럼 빵집 주인이 만원을 빌려 옷을 사고 옷집 주인이 물고기를 사고 물고기를 산 사람이 그대로 빵집 주인에게 만원을 쓰면 마을은 균형 상태로 되돌아갈 것이다. 그들은 경쟁할 필요가 없다.

그러나 여기에 우리가 사는 현실 세계와 다른 점이 있다. 이자다. 이 마을의 은행에는 아직 이자가 없다. 은행에 이자가 있다고 생각해보자. 은행에 이자가 생기면 이 작은 마을에 상상치 못했던 일이 일어난다.

다시 처음으로 돌아가 빵집 주인이 만원을 빌려 어부에게서 물고기 두 마리를 사먹었다고 하자. 그는 만원에 1,000원이라는 이자를 더 내야 한다. 빵집 주인은 다시 빵을 열심히 만들어 만원 이상의 빵을 팔기로 결심한다. 그래서 마을에 있는 모든 돈을 다 벌어들이기로 작심하는데, 어부는 이미 옷집 주인에게서 옷을 구매했기 때문에 빵을 살 돈이 없고, 옷집 주인만 만원어치 빵을 살 수가 있다. 그래서 빵집 주인은 옷집 주인에게 빵을 팔아 다시 만원을 벌었다. 그런데 1,000원이라는 이자는 더 벌 수가 없었다. 왜냐하면 마을 전체에 돈이 만원

밖에 없기 때문이다! 이자라는 것은 애초에 존재하지 않는 것이다.[15]

빵집 주인이 1,000원이라는 이자를 은행에 갚으려면 다른 누군가가 은행에서 돈을 또 빌려야 했다. 빵집 주인은 옷집 주인을 꼬드겨 이번밖에 먹을 수 없는 특별한 빵이 나왔다며 돈을 빌리게 한다. 그래서 옷집 주인은 은행에서 1,000원을 빌려서 빵 1,000원 어치를 산다. 이제 옷집 주인은 돈을 벌어 1,000원과 100원을 더 갚을 궁리를 해야 한다. 빵집 주인은 이미 은행에 돈을 전부 갚은 상태라 아무것도 구매할 수 없다. 그래서 어부를 꼬드겨 당신이 입고 있는 옷이 헤졌다며 옷을 수선해줄 테니 돈을 빌려서 자신에게 지불하라고 한다. 그래서 어부는 은행에서 1,100원을 빌린다. 그런데 섬의 또 다른 누군가 빚지지 않고서는 어부가 이것을 갚을 수 있는 방법은 없다. 이때 어부가 몸이 아파 노동을 멈추면 어부는 1,100원의 빚을 진 채 파산하게 된다.

평화롭던 마을은 이제 서로 살아남으려고 경쟁하게 된다. 누군가 파산하거나 나가떨어지지 않으면 나는 살아남을 수가 없는 것이다. 한 자리가 모자라는, 의자 뺏기 게임이나 폭탄 돌리기 게임이 되는 것이다. 사람들은 파산하지 않기 위해 끊임없이 생산해서 다른 누구

---

15 이것은 'EBS 자본주의'에서 소개한, 〈새로운 천년을 위한 통화 시스템〉, 로저 랭그릭, 2012의 '섬 이야기'를 참조한 것이다. 외부와 단절된 섬에 은행, 어부 A 그리고 B가 있다. 어부 A는 은행으로부터 5퍼센트 이자로 10달러를 대출하여 B에게 배를 사서 고기를 열심히 잡는다. A가 고기를 열심히 팔아 섬에 있는 돈을 전부 벌어도 그것은 10달러밖에 되지 않는다. 이자 50센트는 어디에서도 벌 수 없다.

의 돈을 계속해서 가져와야 한다. 마을 전체가 빚과 이자를 갚으려면 빚을 더 내서 또 생산물을 만들어야 하고, 그 빚을 갚으려면 빚을 또 내서 더 많은 생산을 생산을 해야 한다. 이것이 자본주의가 '끊임없이 경쟁해야만' 하는 이유다.

경쟁을 만드는 검은 구멍 – 이윤

두 번째 이유는 이윤 때문이다.

맥도날드에서 한 시간에 햄버거 수십 개를 만드는 아르바이트생은 왜 1시간 일해서 빅맥 세트 하나를 사먹을 수 없는 것일까? 그 사이에 무엇이 있길래 이러한 상황이 벌어졌을까? 그 많은 돈은 다 어디로 갔는가?

사실 기업이 만들어내는 '풍요'와 '이윤'은 서로 다른 이름이다. 기업은 생산물로 풍요를 만들고 그 생산물을 통해 벌어들인 돈을 분배한다. 그 돈을 투자자, 설비 제공자, 재료 상인 그리고 노동자 모두가 나누어 받는 가운데 투자자가 가져가는 돈의 이름이 이윤일 뿐이다. 만약 투자자들이 이윤을 남겨 설비를 사고 사람을 고용해서 풍요의 생산을 계속한다면 기업은 경제에 기여하는 기계로써의 역할을 충실히 하는 셈이다. 그런데 기업의 목적이 풍요를 생산하기 위해서가 아니라 이윤을 내는 데 있다고 착각하는 사람들이 많다.

기업이 생산이 아니라 이윤을 위해 존재한다고 하는 것은, 기업이 경제를 돌리는 기계가 아니라 투자자의 자산을 불리는 도구라고 하는 것과 마찬가지이다. 기업이 생산이 아니라 이윤을 최우선으로 할 때 어떤 일이 벌어지는가? 주주는 과연 '이윤을 위한 이윤'을 남기고, 쌓고 불릴 수 있을까?

이제 우리가 살고 있는 세상과 조금 더 가까운 마을을 상상해 보자. 기업이 있고, 자본이 있고, 노동하는 사람들이 있는 세상이다.

10명의 사람들이 사는 폐쇄된 마을이 있다. 이 마을엔 사람들이 먹고 입고 소비하고 휴식하는 그 모든 재화와 서비스를 생산하는 우주물산이라는 기업이 있고, 주주 1명과 9명의 고용된 노동자로 이루어져 있다. 노동자 한 사람의 월급은 10만원이고 한 사람당 한 달에 12만원어치 재화를 생산한다.

그렇게 주주는 한 사람을 고용하여 2만원씩의 이윤을 남기기로 목표를 삼는다. 이 마을에서 사람들은 한 달 동안 보통 수준의 생활비로 10만원을 쓴다. 한 달이 지나고 노동자들이 한 달 동안 각자 10만원을 벌고 우주물산에서 생산한 10만원어치의 재화를 소비했다. 그래서 우주물산은 90만원의 매출을 달성했다. 그런데 9명이 각자 12만원어치의 재화를 생산했으므로 우주물산은 총 108만원어치의 재화를 생산했고, 90만원어치를 팔았으므로 18만원어치의 재화가 팔리지 않고 재고로 남았다.

주주는 인건비로 90만원을 지출했으니, 18만원어치의 재화를 다 팔아야 이윤을 남길 수 있다. 나머지 18만원의 재화는 누가 사는가? 아, 한 사람이 남았다. 주주 자신이다. 주주 자신도 한 달 생활하는데 10만원을 사용하므로 10만원어치 재화를 구매할 것이다. 그렇게 우주물산은 100만원의 매출을 달성한다. 그런데 나머지 8만원어치의 재화는 누가 사 주는가? 주주 자신의 생활비를 제외하고 한 푼도 쓰지 않고, 8만원을 남겨 쌓아 두고 싶다면, 이 이윤은 어디서 올 것인가?

9명의 노동자들은 한 달에 10만원이 버는 전부이므로 10만원어치의 재화만 구매할 것이다. 그렇다면 그 8만원어치의 재화를 더 구매할 수 있는 사람은 주주 자신밖에 없다.

즉 원하는 매출과 이윤을 달성할 수 있는 방법은 주주가 남은 재화 18만원어치를 전부 구매하는 방법밖에 없다. 생산성을 늘려서 만약 한 사람당 20만원어치의 재화를 생산한다 한들, 노동자들이 쓸 수 있는 돈은 여전히 전부 90만원이다. 만약에 한 달에 200만원어치를 생산한다고 하면, 주주가 나머지 110만원어치의 재화를 전부 소비해야 한다.

그렇지 않다면, 그 '이윤'은 어디서 오는가? 주주는 공장에 투자한 것이므로 예전보다 더 부자가 되어야만 했다. 자기가 생활에 필요한 만큼만 소비하고, 이윤을 그냥 얻을 수 있을까?

나는 이윤이라는 '검은 구멍'─재화를 생산하기 위해 임금을 지불한 것과 재화를 팔아 남기는 돈의 차이─을 어디서 만들 수 있는가를 알기 위해 찾고 찾고 또 찾았다. 나는 이 딜레마에 대한 답을 알 수 없었다. 만약 노동자나 생산재를 파는 사람들이 자신이 번 돈보다 덜 쓴다면 기업은 영원히 투자한 돈보다 더 많이 거둘 수 없다. 논리적으로 이윤이 생겨날 수 있는 곳은 없었다. 세계가 주주와 노동자만 존재하는 하나의 경제 시스템이라면 말이다.

기업이 계속해서 이윤을 낼 수 있는 까닭은 무엇인가? 그래서 한국 경제성장의 과정도 관찰해 보았다. 수십 번 고민해본 끝에 얻어낸 결론은, 의외로 간단했다. 이윤은 없다. 돈은 새로 생겨나는 것이 아니다.

우주물산에 고용되어 있지 않는, 건축가 한 사람이 더 살고 있다고 가정해 보자. 이 건축가가 나머지 8만원어치를 구매해줄 것이다. 건축가는 은행에서 8만원을 대출하여 한 달 동안 우주물산에서 생산한 재화들을 소비하며 먹고 살았다(이자는 없다고 가정한다). 그리고 집을 하나 지었다. 자, 이제 이 집을 살 사람이 필요하다.

90만원의 인건비를 주고 108만원어치의 매출을 달성한 주주는, 자신의 생활비를 제외한 8만원이라는 잉여의 돈을 쓸 곳을 찾는다. 그는 현명한 이기심을 발휘해 소비에 낭비하지 않고 부동산에 '투자'하기로 결심한다. 그는 8만원의 이윤을 건축가에게 주고 집을 산다. 건축가는 이 8만원으로 그동안 생활비로 쓴 8만원을 은행에 갚는다. 자, 주주는 8만원을 소비한 것이 아니라, 현금을 자산의 형태로 가진 것이다. 이제 주주는 이 자산을 가만히 두지 않고 굴릴 것이다. 때마침 일하고 있는 노동자들이 독립하여 월세방을 구하고 있었다. 그래서 노동자들 9명은 주주가 소유한 집에 한 달에 만원씩 내고 살기 시작했다. 주주는 이제 한 달에 9만원의 수익을 더 올린다.

그런데 우주물산의 매출에 변화가 생겼다. 노동자들이 한 달에 만원씩 월세를 내기 시작하자, 우주 물산의 재화를 살 수 있는 돈이 10만원에서 9만원으로 줄어든 것이다. 그래서 우주 물산의 매출은 108

만원에서 99만원으로 줄어든다.

주주가 계속해서 이윤을 내고 자산을 불릴 수 있을까? 논리적으로 이것은 불가능하다. 그 모든 것을 사줄 사람이 없기 때문이다. 물론 건축가의 사례처럼 또다른 은행원이나 법률가, 의사와 같은 다른 전문직의 존재도 상상할 수 있다. 그러나 결론은 같다. 주주들이나 노동자들이 그들의 서비스를 구매할 때에만 그들도 우주물산의 재화를 살 수 있기 때문이다. 주주는 자신에게 들어온 모든 돈을 온전히 세상으로 다시 내보내야만 원하는 매출을 달성할 수 있다.[16]

만약 실제처럼 기업이 하나가 아니라 여럿인 마을이면 어떨까? 주주 셋이 세 개의 기업을 세웠다. 그리고 노동자들이 각각의 기업에 전부 고용되어 있다고 생각해보자. 주주들은 이윤을 내기 위해 다른 기업의 노동자들에게도 자신의 제품을 팔아야 할 것이다. 아니면 돈을 많이 버는 주주들이 돈을 다 써서 서로의 재화를 전부 사 주어야 할 것이다. 하지만 주주들이 그렇게 돈을 다 쓸 생각이 없을 경우를 보자.

만약 한 기업이 이윤을 내면 다른 기업은 반드시 손해를 보게 되어 있다. 제품을 사 줄 수 있는 소비자들이 버는 돈은 한정되어 있기

---

16 자본론II 3편 〈사회적 총자본의 재생산과 유통 − 제20장 단순재생산〉에서 칼 마르크스는 이와 같은 순환을 보다 현실에 가까운 정교한 모델로 설명한다. 마르크스의 모델에는 생산재를 위한 자본과 소비재를 위한 자본 두가지가 존재하는데, 두 자본간에 화폐가 순환하는 구조에도 화폐는 새로 생겨나지 않는다. 각 주체들이 화폐를 전부 유통으로 흘려보내야만 다시 회수할 수 있음을 증명하고 있다.

때문이다. 즉 기업들이 팔 수 있는 시장의 소비자들은 모든 기업들이 충분히 이윤을 낼 수 있을 만큼 계산된 소비자들의 수보다 적다. 이곳에도 의자가 부족한 것이다. 그래서 기업들도 필사적으로 '더 팔고', '더 경쟁할' 수밖에 없다.

한 기업을 보면 물론 인건비에 지출한 돈보다 매출액이 더 많아야 하지만, 한 나라 전체를 놓고 보면, 기업들에서 지출한 돈은 매출액보다 많다. 어떻게 이런 일이 생길 수 있을까? 그 말은 기업들 모두가 투자금을 회수할 수 없다는 말이며, 기업들은 반드시 누군가를 시장에서 탈락시키면서 이윤을 내고 있다는 것이다. 물건을 사 줄 사람들을 빼앗기 위한 치열한 경쟁이 있다는 말이다.

이 딜레마는 다음과 같은 방법들로 밖에 해결할 수 없다.

첫 번째는 마을 밖의 사람들에게 재화를 팔아 벌어들여 이윤을 내는 것이다. 즉 다른 마을에서 돈을 '빼앗아' 오는 것이다.

두 번째는 소비자이자 노동자인 사람들이 자신의 임금보다 더 많이 소비하게 하는 방법 밖에 없다. 신용카드와 할부를 쓰게 만드는 것이다. 이것은 물건을 생산하는 가장 큰 대기업들이 일반적으로 신용카드회사를 가지고 있고, 자동차를 파는 기업들이 캐피탈을 갖고 있는 이유와 무관하지 않다.

결국 기업이 투자한 돈보다 많이 수확하는 방법은, 다른 곳에서 가져오거나, 누군가를 빚지게 만드는 방법밖에 없다. 이윤은 그 어디서도 스스로 생기지 않는다.

그렇다면 7~80년대 우리가 '경제성장으로 행복했던' 그런 시기는 도대체 어떻게 된 것인가? 지금껏 이룩한 경제 발전에 성과가 분명히 있는데 그것은 기업의 이윤이 만들어낸 것이 아니란 말인가 하는 의심이 드는 것도 당연하다. 아이러니하게도 우리나라 경제가 성장해 온 과정은 위의 딜레마를 그대로 증명하고 있다.

그때는 왜 잘 살았나?

1970~1998 / 일하고 저축하자

한국이 이룩한 1970년대에서 1995년에 이루는 고속 성장은 말 그대로 '파이가 커졌기' 때문이었다. 정확히 말하면, 한국 내의 파이가 커졌기도 하지만, 전 세계의 파이가 커졌기 때문이다. 물론 경제성장은 한 가지 요인만으로 판단할 수 없지만, 파이의 크기는 무시할 수 없는 사실이다. 기업이 적절한 이윤을 내고 사람들이 많이 벌고 또 많이 저축할 수 있었던 것은 나라 밖으로 엄청나게 수출을 했고 또 미국이 큰 시장이 되어 주었기 때문이었다. 즉 앞서 말한 사고 실험에서 마을 사람들이 바깥에서 돈을 가져온 것과 마찬가지이다. 미국은 세계에서 가장 큰 무역 적자국이다. 또 중동과 독일 등으로 노동자들이 나가 외국의 돈을 많이 들여왔다. 그리고 국산품 애용 운동으로 사람들은 철저하게 국산품만 소비했다. 그때 사람들이 '돈을 벌고', '저축할 수 있었던' 이유는 바깥에서 가져올 돈이 많았기 때문이다. 그 많은 돈은 어떻게 생겨났는가? 미국에서 사람들이 열심히 일해 축적한 부인가?

답은 미국이 돈을 그냥 찍어냈기 때문이다. 다시 말해서 돈의 규칙이 바뀌었기 때문이다. 미국의 달러는 본래 그 가치가 금으로 고정되어 있었다. 그래서 세상에 존재하는 금만큼 달러가 존재했으나, 정확히 1971년에 달러를 금으로 바꾸지 않아도 된다고 규칙이 바뀌었다.

이것이 의미하는 바는 달러를 앞으로 '무한정', '필요하면' 찍어낼 수 있다는 의미였다. 그런데 여기에 한 가지 함정이 있었으니, 미국이 그렇게 돈을 찍어내면 자연스럽게 돈 가치가 하락하게 된다. 그러면 아무리 돈을 많이 찍어내도 물가가 오르기 때문에 돈을 찍어낸 효과가 없어진다. 그런데 돈을 많이 찍어내지만 돈 가치가 하락하지 않도록 할 수 있을까? 방법은 있다. 답은 그 돈을 필요로 하는 사람이 많아지는 것이다. 그 돈을 쓰겠다는 사람이 많아지면 돈이 늘어난 만큼 수요도 늘어나기 때문에 신기하게도 돈 가치가 유지되는 현상이 발생한다. 실제로 파이가 커지는 것이다.[17] 그래서 미국은 달러를 전 세계로 흘려보내는 방법을 취했다. 신흥 아시아 국가들의 상품을 지속적으로 사들였고 또 그 상품의 주 원료가 되는 석유를 오로지 달러로만 결제할 수 있도록 규칙을 만들었다.[18]

---

17 vivitelaeti.wordpress.com / 경제위기의 본질(3) 〈미국이 선택한 트리핀의 딜레마 해결 방법〉에서 논증한 내용

18 vivitelaeti.wordpress.com / 경제위기의 본질(4) 〈페트로달러와 화수분〉

정확히 1971년부터다. 우리나라가 엄청난 경제성장을 이루기 시작했던 시기와 일치한다. 우리나라의 경제성장은 미국이 돈의 규칙을 바꿈과 동시에 생긴 필요성과 우리 나라의 성장 노력이 적절히 맞물렸기 때문에 이루어진 것이다.

우리는 강력한 통치자가 경제개발계획을 세우고 노동자들이 열심히 일한 덕분에 눈부신 경제성장을 이룩했다고 생각한다. 어느 정도는 사실이다. 그것은 오로지 전 세계에 돈이, 다시 말하면 달러가 넘쳐났기 때문에 가능했다. 만약 주변에 돈을 가진 사람이 없다면 내가 아무리 남들보다 열심히 품질 좋은 상품을 잘 개발해도 사 줄 사람이 없어서 부자가 될 수 없다. 열심히 일한 효과는 오로지 바깥에 팔 곳이 많을 때 그 효과가 살아난다. 쓸 돈이 있는 사람들이 10명 있고 팔 사람들이 20명이 있다면 20명 중 10등 안에 들 정도로 경쟁력이 있어야 돈을 벌 수 있을 것이다. 하지만 대부분 가난하고 쓸 돈이 있는 사람이 1명 뿐이라면, 아무리 예전보다 몇 배 뛰어난 경쟁력을 가져도 물건을 팔기 어려워질 것이다.

다시 말하면 제아무리 박정희가 몇 사람이 나와서 새마을운동을 백 번을 하고 근검절약하며 일해도, 그때와 같은 경제성장은 지금은 이룰 수 없을 것이란 말이다. 전 세계에 돈이 부족하기 때문이다.

어른들은 누누이 이야기했다. 공부를 열심히 하고 일도 열심히 하고 저축하면 잘 살 수 있다고. 그리고 열심히 돈을 모아 자수성가한 사람들의 소위 '자기계발서'가 쏟아져 나왔다. 바로 이 시대의 끝무렵의 얘기이다.

1998~2008 / 제발 소비해주세요

1998년 IMF에 의해 강제로 '신자유주의적' 시스템이 정착되었다. 이때부터 생산성이 올라가면 성장의 열매가 임금 상승이 아니라 이윤 증가로 돌아서기 시작했다. 일하는 사람들을 위한 기업이 아닌 주주를 위한 기업이 되었다.

생산성이 올라가 시장에 물건과 서비스는 넘쳐나는데 물건을 사야 할 사람들의 임금은 그만큼 오르지 않았다. 그러니 소비 수준을 똑같이 맞춰줄 방도가 필요했다. 사람들이 물건을 많이 사 줘야 기업이 계속해서 이윤을 낼 수 있기 때문이다. 그것이 2000년 전후에 엄청나게 신용카드가 만들어진 이유이고, 마케팅이 활성화 된 이유이다.

임금 수준이 생산성을 따라가지 못하자 그 간극을 빚으로 메꿔 준 셈이었다. 그 간극만큼 이윤이 증가되었고 그만큼 노동하고 소비하는 사람들로부터 자본가들에게로 부가 옮겨가기 시작했다.

'이거 사면 오른대'의 시대

이때부터 시장은 하나의 마법을 부리기 시작했다. 주식과 부동산이었다. 1999년부터 주식 붐이 일었다. 임금으로 차곡차곡 꾸준히 저축해 온 사람들이 모은 돈으로 주식과 아파트를 사기 시작했다. 고도 성장의 열매가 아파트로 흘러들어가기 시작한 것이다.[19] 이때부

---

19 《아파트 게임》, 박해천, 휴머니스트

터 임금 상승이 아니라 자산가치라는 이름으로 경제성장이 시작되었다. 주가나 집값이 오르면 돈을 번 것 같기 때문에 사람들은 더 소비를 했고 아파트 가격이 오르면 더 많은 대출을 받을 수 있기 때문에 더 소비를 했다.

그래서 기업들이 실제로 사람의 값을 싸게 만들면서 이윤을 늘렸는데도, 사람들의 소비는 쉽게 줄지 않았다. 주식과 부동산이라는 이름의 자산가치라는 마법이 부족한 수요를 채워주었기 때문이었다.

그렇게 소비했다. 기업들의 물건과 서비스를 사줄 수 있었던 구매력은 실제 노동해서 번 돈이 아니라 자산가치라는 이름의 거품으로부터 발생한 것이다. 사람들은 실제로 통장에 쌓인 돈이 많을 때 뿐만 아니라 스스로 갖고 있다고 믿는 재산이 많아도 소비를 한다. 소비가 늘자 당연히 기업도 투자를 더 한다. 그런데 이상하게 고용이 늘지 않았다. 이때부터는 임금 상승이 아니라 주가와 집값 상승으로 사회가 버텼던 것이다.

실제 돈이 아니라 '자산가치' 상승으로 버틴 경제는 무너지게 되어 있다. 자산가치가 경제성장률보다 과도하게 빨리 오르면 당연히 버블은 꺼질 수밖에 없다. 결국엔 사줄 사람이 없기 때문이다.

이때 이후로 부동산과 주식으로 돈을 번 부자들의 소위 '자기계발서'가 쏟아져 나왔다. 슈퍼개미, 빌딩부자, 월세의 여왕. 당신도 그렇게 될 수 있다고 말했다. 이 시대 끝물의 얘기다. 다시 말하면 절대 예전 시절의 그들과 똑같이 해도 똑같이 될 수 없는 시대에 말이다.

2008~2014 / 일하지 말고 건물주나 되자의 시대

그리고 더 이상 그 이전과 전혀 같지 않은 세상이 도래했다. 일하는 사람이 더 이상 앉아서 돈을 버는 건물주보다 현명하지 않은 시대가 된 것이다.

서로 각기 자영업을 운영하는 한 부부는 2년간 두 매장 합쳐서 4천만원을 모았다고 한다. 그런데 두 사람 매장에서 2년간 나간 월세가, 한 사람은 6,480만원 그리고 아내는 4,800만원을 냈다고 한다. 그러니까 두 사람이 총 1억 좀 넘는 월세를 건물주에게 2년간 주고 4천만원을 번 것이었다. 이 사실을 인터넷에 올린 이 자영업자는 "생각하면 짜증나기 때문에 술만 마신다" 라는 말로 짧게 심경을 덧붙였다.

MBC PD수첩 〈돈으로 보는 대한민국〉 2부에서는 '임대업이 꿈인 나라' 라는 제목으로 부동산 부자를 꿈꾸는 사람들과 건물주와 작은 상가 자영업자들의 현황을 취재했다.

"저희들의 상가들이 다 비어 있다고 생각을 해보세요. 불 꺼져 있고 파리 날리고, 인테리어도 예쁘게 안 되어 있고. 그 사람들이 과연 이 건물 사고 싶었을까요? 제가 365일 열심히 일한 것은 무슨 의미인지 모르겠어요. 제가 잘못한 게 없잖아요."

계약기간이 채 끝나기 전에 건물주로부터 나가달라는 통보를 받은 가로수길의 한 옷가게 주인은 억울함을 호소했다. 그녀는 최소한의 권리를 보호받을 수 있을까 하여 변호사를 찾아갔으나 부정적인 답변만 들었다고 했다.

"그 누가 과연 열심히 일해서 돈을 벌고자 하겠어요?"

열심히 장사하는 사람들이 건물을 활기 있게 해 놓음으로써 사람들이 찾아와 건물 가치가 올라가면 건물주는 장사하는 사람들을 쫓아내고 월세를 올려 버린다. 이러한 문제를 여러차례 상담했던 변호사는 말했다. 임차인의 영업가치라는 것이 있다. 임차인이 없으면 건물은 그냥 텅 빈 죽어 있는 네모난 상자일 뿐이다. 그런데 건물의 가치가 올라간 것에 대한 혜택은 오로지 건물 주인만 가져간다. 장사하는 사람들이 만들어낸 가치와 건물주의 소유권이 서로 부딪히면 법은 소유권만을 보호한다고 했다. 국가가 사람을 보호하지 않고 사람의 재산만을 보호하는 셈이었다.

한 부동산 업자는 이런 말을 남겼다.

"그런 빌딩을 어떻게 사냐구요? 받아야죠. 그걸 어떻게 일해서 벌어서 사요."

사다리가 사라졌다. 자산가치 상승에 의존해 성장한 경제에서는 더 이상 일해서는 세상의 물건들을 살 만큼 충분한 돈을 벌 수가 없다. 집도 살 수가 없다. 대박을 터트리거나 일확천금을 얻지 않으면 미래가 보이지 않는, 그런 세상이 되었다. 누군가에게 받거나 하늘이나 땅에서 솟아나는 돈이 생기지 않는 이상 생존조차 어려워져 버렸다. 그렇다고 근로소득으로 열심히 벌어 화수분을 획득하기도 어려워졌다. 자산의 가격이 높아질 대로 높아졌기 때문이다. 일을 열심히 하는 것이 근로소득에서 자산소득으로 옮겨가는 사다리가 되어주지 않는다는 것이다. 왜냐하면 지금과 같은 이윤 중심의 경제로는 근로소득이 영원히 물가 상승과 경제성장률을 따라잡기조차 힘

겹기 때문이다.

그런데 근로소득자들이 힘들어지면서 돈이 돌지 않자 전체적으로 경기가 나빠지고, 경기가 나빠지자 자산에 대한 수요도 줄었다. 그러자 경제 관료나 정치인들은 딜레마에 부딪힌다. 자산소득이냐 근로소득이냐, 이윤이냐 사람이냐를 선택해야 하는 것이다. 누군가 하나는 죽이고 하나는 살려야 하는 기로에 처해 있다. 엄청난 금광을 더 발견하거나 다른 나라를 완전히 경제 식민지로 만들어 빼앗아오지 않는 이상 수요를 늘리기도 어려운 것이다. 경제 관료들은 환율정책이나 수출정책으로 이웃 나라를 거지로 만들거나 자국민들을 호구로 만들면서 다른 나라에서 돈을 더 들여오려 할 테고 혹은 정부 지출을 더 해서 빚을 다음 세대로 떠넘기며 애써 소비를 부양할 것이다. 혹은 자산가치를 띄우는 게임을 더 해서 가짜 소득을 만든 뒤 소비를 살려 경제를 살리고자 할 것이다.

그렇게 누군가의 피해를 담보로, 누군가의 실패와 좌절을 담보로, 우리나라 사람들만이라도 혹은 지금 살고 있는 사람들만이라도 좀 살아 보자고 하는 게 '경제 살리기'다. 이 게임의 승자는 과연 누구인가?

의자놀이 게임과 폰지 사기

세상의 돈은 한정되어 있다. 돈을 더 찍어내면 돈 가치가 떨어진다. 그러므로 세상이 나눌 수 있는 구매력이란 계속 제자리일 수밖에 없다. 풍요는 계속 생산할 수 있지만 돈은 계속 생겨나지 않는다. 우린 빚이라는 이름으로 빚이 풍요로 바뀔 때까지 돈을 잠시 보관할 수 있을 뿐이다.

내가 적게 일하고 많이 벌면, 세상에는 반드시 많이 일하고 적게 버는 사람이 존재한다. 이러한 세계 안에서 은행은 돈에 이자라는 마법을 붙였고, 없는 돈을 만들어내는 것처럼 보였다. 그러나 그것 역시 진짜 돈이 아니다. 이자는 누군가의 부를 훔치는 것일 뿐이다. 누군가 이자를 벌어 기존의 돈을 갚으면 누군가는 파산해야만 한다.

어떤 기업이 이윤을 크게 남기면 반드시 손해를 보는 기업이 생긴다. 만약 손해를 보는 기업이 없다면 그 빚은 소비자에게로 넘어간다.

자본주의는 의자놀이 게임과 같다. 결코 모두가 행복할 수 없는 시스템이다. 의자의 한 자리는 늘 모자라기 때문에 경쟁에서 지면 탈락한다. 필연적으로 누군가는 살 수 없는 상태에 놓이게 된다. 우리는 반지하방에서 스스로 목숨을 끊은 세 모녀와 같은 사람이 나오지 않도록 막을 수도, 영영 구할 수도 없는 것이다. 지금과 같은 시스템에서는 말이다.

경제성장이 이 마이너스섬에 마법을 부리는 이유는 미래에 대한 기대감 때문이다. 즉 실체 없는 심리적 요인 때문이지, 실제로 풍족한 부가 있어서가 아니다.

월급이 올라가고 직장이 안정적이라고 생각하면 사람들은 할부로 차를 구입할 것이고 미래의 소득을 땡겨 지불할 것이다. 매출을 올린 기업은 당연히 구매가 더 있을거라 생각하고 대출을 더 끌어들여 투자를 하고 일자리도 늘린다. 그런 심리적인 이유 때문에 누군가가 계속 끊임없이 빚을 낸다. 이것이 경제를 굴러가게 만든다.

그러다, 어느 순간 생산성이 임금을 너무 많이 추월하면서, 세상에 물건은 넘치는데 대부분의 사람들의 구매력은 줄어드는 현상이 발생한다. 사실 사람들이 물건을 살 여력이 없어졌다는 사실은 금방 드러나지 않는데, 그 이유는 경기가 활황일 동안에는 주식이나 부동산과 같은 자산이 당분간은 오르기 때문이다. 그러면 임금이 오르지 않아도, 내가 산 자산의 값이 오르기 때문에 부자가 되었다고 느끼고, 소비를 줄이지 않는다. 하지만 이 역시 심리로 인한 자산 버블 게임의 일종일 뿐이다.

자산 버블을 연구한 경제학자들은 이러한 현상이 폰지 사기와 본질적으로 같다고 보았다.[20]

1960년 영국의 희대의 사기꾼 찰스 폰지는, 아무런 생산적 활동 없이 새로운 투자자의 돈으로 기존 투자자들에게 수익금을 돌려주는 방식으로 돌려막기 사기를 쳤다. 이 방식은 오로지 앞선 투자자보다 더 많은 투자자가 있어야만 계속될 수 있었다. 이 시스템이 유지되려면 투자자의 수도, 갚아야 할 금액도 기하급수적으로 늘어나게 된다. 자본주의 세상 안에서 폰지 사기와 비슷한 형태는 두 가지 핵심적인 시스템에서 발견된다. 하나는 은행의 부채와 이자 시스템이고, 또 하나

---

20 ≪화폐의 전망≫ 필립 고건, 세종연구원

가 자산 버블 게임이다.

은행의 대출자가 돈과 이자를 모두 상환하기 위해서는, 시스템 전체에서는 새로이 빚을 내는 사람이 있어야만 기존의 빚과 이자를 갚을 수 있다. 그리고 은행은 경제를 살리기 위해 돈을 찍어낸다. 그러나 모두가 빚과 이자를 갚으려면 새로 더 많은 빚을 내야만 한다. 왜냐하면 이자는 시스템 내에 존재하지 않기 때문이다. 물론 이 돈은 금방 고갈되지 않는다. 계속 새로 찍어내면 되니까. 다만 빚이 계속 늘어날 뿐이다.

자산 버블도 마찬가지이다. 주식이나 부동산 가격이 실제 가능한 배당금이나 받을 수 있는 월세에 비해 비합리적으로 높은 가격에 거래되기 시작하면 그때부터는 자산은 도박의 칩이 된다. 그렇게 되면 오로지 더 많은 돈을 내고 사 줄 새로운 사람만이 나의 투자금을 회수해준다.

행운의 편지를 기억할 것이다. A가 B, C에게 편지를 보내 B, C로부터 얼마의 돈을 입금 받는다. B, C는 각각 D, E, F, G에게 편지를 보내 A에게 보낸 돈의 몇 배를 입금 받는다. 결국 그들이 자신이 보낸 돈보다 많은 돈을 돌려받는 방법은 이 게임에 참여할 또 새로운 순진한 사람들을 찾는 것뿐이다. 물론 정말로 통장에 돈이 쌓일까 하는 기대감도 있었을 것이다. 그리고 운이 좋게도 실제로 통장에 돈을 입금한 순진한 사람들로부터 돈을 받은 몇 명은 실제로 돈을 벌었을 것이다. 누가 보아도 어리석은 장난에 불과하지만 실제로 경제를 들었다 놨다 하는 모든 형태의 버블은 이러한 매커니즘과 다를 바 없었다. 사람들은 실제로 통장에 돈이 쌓이는 걸 확인하면 그 때부터 광기가 생긴다. 너도 나도 이 게임에 참여하기 시작하면 그때부터는 행운의 편지와 같은 게임은 실제로 돈을 만들어내기 시작한다. 그러나 결코 지속될 수 없다. 참여자는 기하급수적으로 늘어나야만 하는데, 그것은 불가능하다. 끝내 피라미드의 끝자락에서 내 돈을 돌려달라고 아우성치는 사람들의 행렬은 상상도 못하게 불어나 있을 것이다.

어느 한 사람에게 경이로운 시세차익을 가져다줄 수 있어도 모든 사람에게 부를 줄 수는 없다. 그러나 재빨리 들어왔다 재빨리 이길 때 빠져나오는 도박꾼이 되는 것은 누구나 꿈꾸는 것이다. 적어도 나만 횡재하면 괜찮은 것, 수 많은 순진한 사람들이 더 생기길 바라며 도박 칩을 구매하는 그 욕망으로, 폰지 사기는 아슬아슬하게 유지된다.

'주식이 오른다, 집값이 오른다.' 사람들은 마치 기계가 값을 올리거나 기온이 오르락 내리락 하는 것처럼, 혹은 날씨가 흐렸다 맑아지다 하는 것처럼 이야기한다. 하지만 이것은 기계도 운도 날씨도 아니다 오로지 값이 오르느냐 아니냐는 사람들의 이성과 심리에 달려 있을 뿐이다. 얼마나 많이 믿느냐, 얼마나 많이 신뢰하느냐, 사람들이 얼마나 냉정한가 혹은 광기에 휩쓸리는가. 이것은 다른 사람들의 판단과 우리의 의지에 달려 있다. 사람들은 이 규칙이 공정한지, 어리석은지 더 이상 묻지 않게 되는데, 그것은 자신들한테 이익이 돌아오기 때문에 혹은 더 돌아올 것이라고 기대하기 때문이다.

그래서 집값이 오르길 바라는 사람들은 끊임없이 오를 것이라는 예측성 기사를 쏟아낸다. 행운의 편지와 같은 얼토당토 않은 게임도 실제로 참여하는 사람들이 늘어나면 그것은 한 순간은 진짜가 된다.

자산가치 상승의 거품이 꺼지니 타격만 남았다. 신용카드 한도가 다 되었거나 더 대출할 수 없는 사람들이 기한 내에 빚을 못 갚게 되면서 소비가 줄어든다. 매출이 오르지 않으면 기업들은 투자를 꺼리고, 사람들을 해고하게 된다. 빚을 내고 통화를 불려서 잔치를 하던 세상은 실제로 위기를 맞게 되었다. 이제 적은 일자리와 임금으로 고통받는 사람들의 고통이 서서히 전체 경제에 영향을 미치게 되었다. 기업들은 궁금할 수밖에 없다. '왜 안 팔릴까.'

돈의 시스템은 매우 불안정하고 불공정한 약속 위에 서 있다. 자본주의는 본질적으로 의자놀이 게임과 폰지 사기와 같은 시스템으로 이루어져 있다. 의자놀이 게임으로 끝없는 노동을 강요하고, 폰지 사기 게임으로 풍요롭다는 착각을 심는 시스템이다.

마르크스는 자본가가 노동자로부터 풍요를 어떻게 '훔쳐가는지' 수학적으로 증명했다. 자본론은 복잡한 수학공식과 어려운 용어로 쓰여 있는 두꺼운 분량의 책으로 무척 어렵다. 나는 만약에 자본론이 초등학생들도 이해할 수 있는 것이었다면, 사람들은 화가 나서 아마 기업과 이윤이라는 시스템을 그냥 두지 않을 것이라는 생각을 했다. 마찬가지로 경제 이론들과 금융 용어들은 무척 어려운 말들로 이루어져있다. 월가에서 파생 상품들을 만들어내던 어렵고 우아한 용어들은 그것이 공정한 것인지 불공정한 것인지 누구의 욕망을 위한 것인지 교묘하게 감추고 있었다.

"은행은 야바위 게임을 하고 있습니다."

— 엘렌 브라운, 미국 공공은행연구소 대표

"월 스트리트 전체가 폰지 사기다."

— 토머스 프리드먼(뉴욕타임즈 칼럼니스트)

"사람들이 은행과 금융 시스템을 이해하지 못하는 것이 좋다. 만약에 모두가 이해한다면, 혁명이 일어날 것이기 때문이다"

— 헨리 포드

바뀌지 않은 것은 탐욕뿐이었다. 서로 잡아먹고 빼앗도록 부추기는 자본의 규칙은 그대로이고, 싸움은 계속 되었으며, 사람들은 끊임없이 경쟁자를 탈락시켰다. 누군가 이자를 벌어 빚을 갚으면 누군가는 파산했다. 의자의 수는 계속 줄어들어 왔고 빈부 격차는 계속 확대되었다. 빚은 이자와 함께 끊임없이 불어나기만 했다. 지구상의 생산 속도를 전부 뛰어넘으면서 말이다.

경쟁이 계속되자 돈은 언제나 한쪽 방향에서 한쪽 방향으로만 흘러갔다. 자본은 커질수록 더 많이 버는 방법을 알았고, 가난한 사람들의 돈이 부자들에게로 흘러갔다. 부자들이 더 가져올 돈이 없을 때에는 가난한 사람들에게 빚을 내 주었다. 그렇게 생긴 돈을 또 가져갔고, 가난한 사람들의 신용 한도가 다 되거나 구매력이 한계에 다다르면 비로소 게임은 끝나고 불황이 오기 시작했다.

이렇게 자본주의는 성장이라는 이름 아래 몸집을 불림과 동시에 지속적으로 균형을 잃어 왔다. 자본주의 시스템 안의 사람들은 그때 그때의 경제 상황에 따라 곡예를 하며 매번 살아남을 방도를 찾아야만 했다. 깨진 균형은 사실 대부분 인위적인 조치와 충격적인 변화로 지탱되어 왔다. 기축 통화 제정, 양적 완화, 규제, 규제 완화, 무역 폐쇄, 개방. 정부지출 확대, 그리고 전쟁이 그러한 것들이다. 그리고 그것은 마치 터지려는 풍선에 계속해서 겨우 겨우 바람을 넣거나 상처에 반창고를 붙여 버티고 있는 것과 마찬가지이다.

이윤 없는 세상

일본의 어느 시골 빵집에서는 실제로 이토록 불합리한 '자본주의'적인 삶에 본격적으로 저항하기 위하여 새로운 실험을 시작한 사람들이 있다. 썩지 않는 돈이 아니라 자연처럼 썩어 본래 상태로 되돌아가는, '부패하는 경제'에 관한 실험을 시작한 것이다. 그것은 이윤을 남기지 않는 것이다. 축적하지 않는 것이다. 더 많이 더 빨리 생산하기 위한 노력을 하지 않는 것이다. 쌓아두면 썩어 없어지는 감자나 밀을 다루듯이 돈이 들어오면 곧바로 흘려보내는 것이다.

오랜기간 직장인으로 살던 와타나베 이타루는 직장을 떠나 시골로 가 아내와 함께 빵집을 연다. 그 시골 빵집에서는 대량 생산으로 가공된 게 아닌 '진짜' 재료만으로 오랜 시간에 걸쳐 정성들여 빵을 만든다. 대신 시중의 값싼 빵보다 조금 비싼, 정당한 노력의 대가를 받고, 매출을 직원과 골고루 나눈다. 그들은 일주일에 세 번을 쉬며, 직원들에게 적정한 월급을 주고, 딱 다음에 빵을 만들 수 있을 만큼만 돈을 번다. 이윤을 남겨 새 건물을 사고 빵집을 키울 수도 있었으나, 그들은 그렇게 하지 않는다. 그러면서도 그들은 먹고 살기에 부족함이 없고, 충분히 여가를 즐기며 직원들도 충분히 먹여 살린다. 적당히 소비하여 번 그대로 지역 경제에 돌려줌으로써 올바른 순환을 시키고 있다. 이 하나의 작은 경제적 실험은 자본주의 시스템에 잔잔한 파장을 일으키고 있다.[21]

21 《시골빵집에서 자본론을 굽다》, 와타나베 이타루, 더숲

제6장

벌거벗은
임금님

돈이 없는 것은 죄가 아니야

돈을 벌려고 혈안이 된 모습들을 천박하다고 하지만, 사람들이 왜 그럴까 물으면 사실 답은 너무나 지나치게 단순했다. 돈이 없기 때문이다. 아기에게 먹일 우유를 사는 데, 아프면 병원에 가야하는 데, 지친 몸 누울 집을 사거나 얻는 데 돈이 필요한 데 돈이 없다. 사실 특별히 윤택한 삶을 원하거나 사치를 부리기 위해서 돈을 벌려는 사람은 거의 없었다. 악착같이 돈을 모으는 이유는 대부분 두려움 때문이었다. 언젠가 아플 수도 있고 재산을 잃을 수도 있으니 돈을 모아둔다. 안전망이 전혀 없는 사회에선 돈에 매달릴 수밖에 없다.

가난의 실체는 사실, 벌레 나오는 좁고 오래된 집이나 낡은 옷, 반지하 월세방 같은 것만을 의미하진 않는다. 그것은 잠을 깨우는 카드값 독촉 전화 문자로부터 시작해서 이가 아플 때 치과에 못 가는 것, 뭐 하나 하려 해도 몇 천원을 따지고 계산하게 되는 것. 사랑하는 사람한테 못 해주는 죄책감, 지인에게 이번 한 번만 '구걸'해야 하는 비루함과, 자존감의 상실 그리고 두려움이다. 혹은 옳지 않고 쓸데 없는 일을 계속 해야만 하는 바보 같음, 그리고 거기서 한 발짝도 벗어날 수 없는 상태를 말한다. 자유가 없을 때, 선택권이 없을 때 우린 정말 가난하다고 느낀다.

과연 얼마만큼 벌어야 그 비루함을 끝낼 수 있을까? 가난의 실체는 자세히 들여다보면 정말 '없어서' 생기는 현상 자체가 아니다. 그것은 낮은 자존감과, 불확실함에 대한 두려움과 부자유 그 자체다. 이가 아플 때 치과에 갈 수 있는 돈은 따질 수 있을지언정 두려움에 지불해야 하는 값은 온전히 사람 자신에 달렸다.

심리적 노예 상태라면 돈의 많고 적음은 가난과 풍요에 영향을 미치지 않는다. 돈을 버는 대신 스스로의 도덕을 헌납해야 하는 상태라면 더더욱 그렇다.

중소기업을 다니는 어린 친구는 세금을 제하고 월 140만원 가량 받는다. 친구와 함께 사는데 월세로 30만원, 학자금 대출을 갚느라 30만원, 그리고 교통비로 7~8만원, 통신비로 8만원, 생필품과 음식을 위해 한 달에 두 번 정도 마트를 다녀오면 15만원 정도 깨진다. 친구를 만나거나 지인들 생일이나 어쩌다 경조사라도 있으면 만만찮은 비용이 든다. 저축은 꿈도 못 꾸고, 그저 딱 맞는 생계만 유지하는 셈이다. 그 친구는 그나마 나은 편이다.

'서울에서 숨만 쉬는 데 매달 75만원'이 든다는 최근의 기사는 매우 상징적이다.

학자금, 월세 그리고 통신비, 생리대와 같은 생활 비품, 밥값, 교통비 등을 정말 줄이고 줄였는데도 그렇게 나온다는 것이었다. 대학생 한 명이 그저 최소한의 인간적인 생활을 유지하는 데 드는 비용은 사실 그보다 조금 더 나온다. 그 학생은 성적 아니면 아르바이트를 포기해야 했는데, 당장 살아야 하니까 아르바이트를 포기하기는 힘들었다고 했다. 그러다 성적이 떨어지면 취업이 힘들어지는, 악순환이 계속된다.[22]

그렇다면, 어엿한 외국계 기업 정규직 남편에 용인의 40평대 아파트를 소유한, 내 친구의 경우는 어떨까 하고 물어봤다. 그녀는 누가 봐도 풍족하고 안정적인 중산층으로 보인다. 남편은 월 400만원 정도를 버는 직장인인데, 아파트 대출 원리금으로 70만원 가까이 나간다고 한다. 여기에 차를 거의 쓰지 않고 대중교통 요금으로만 월 15만원, 3살, 5살 아이 둘 양육에 60만원, 그리고 아파트 관리비로 20만원, 부모님 용돈으로 50만원, 마트 등 식비로 30만원, 경조사비로 30만원 정도 나간다. 보험금이나 적금 등으로 20만원. 다 제하고 나면 결국 60만원 정도의 기타 생활비와 용돈이 남는다. 기본적인 생활에 사람 노릇, 체면치레라도 하고 나면 딱히 사치를 부릴 돈도 여유도 그다지 없다. 그러다 아이 하나가 유치원에 다니기 시작하면서 적자가

---

22 KBS 뉴스 취재후기, 2015.1.13, 박예원 기자

났고, 급기야 보험 하나를 해약했다고 한다. 남들처럼 영어 유치원이니 뭐니 교육에 호들갑을 떤 것도 아니었고, 가장 기초적인 교육만을 받는 데 매달 60만원이 추가로 필요하다고 한다.

중소기업에 다니는 친구들은 주거에 드는 비용과 생활비를 대기에도 빠듯하다. 학자금도 갚아야 하기 때문에 결혼은 생각할 여유도 없다. 대기업에 다니며 결혼을 하고 가정을 꾸린 가장들도 아이 양육비와 아파트 구입 대출금과 차량유지비에 부모님 용돈 등 사람 노릇이라도 하려면 적자를 감수해야 할 지경이다.

표준 생계비는 '인간적으로 품위를 유지할 수 있는 정도'의 생계비를 말한다. 초등학생 자녀를 둔 4인 가구의 생계비는 2015년 현재 556만원이 조금 넘는다.[23] 우리나라 전체 노동자의 월 평균 임금은 312만원이다. 가장이 열심히 일해서 아내와 아이를 먹여 살릴 수 있는 금액에 한참을 못 미친다. 그런데 여기에, '평균'이라는 단어의 함정마저 존재한다.

"...그런데 완전히 틀렸다. 월 급여 200만원 미만은 결코 주변부가 아니었다. 10월 말 발표된 통계청의 '2014년 상반기 지역별 고용조사' 기사를 보고 나는 대경실색했다. 대한민국 임금근로자 1,800만 명 중 가장 많은 사람들이 받는 임금이 월 100만~200만원 미만이었다. 나는 그동안 월 300만원의 '고임금 근로자'들을 평균으로 착각하며 살아온 것이다."[24]

최저임금도 안 되는 월 100만원 미만의 임금근로자들까지 더하

---

23 2015 한국노총 표준 생계비
24 한국일보 〈월급 120만원과 세계의 비참〉 박선영 기자, 2014.12.4

면, 우리 나라의 임금 노동자 절반이 한 달에 200만원을 못 벌고 있다고 한다. 평균이라는 말은, 결코 중간층에 가장 많은 사람들이 존재한다는 뜻이 아니었다. 수 많은 평균 이하의 월급들과 소수의 고소득자로 이루어져 있다는 뜻이었다. 사회는 그렇게 수백만 명의 150만원 일자리를 양산하는 구조이지만, 한 사람의 생활비는 200만원이 조금 넘는다.[25] 이 차이를 어떻게 메꿔야 하는가. 바로 빚이다.

노동자 뿐일까. 작은 가게를 꾸린 자영업자들은 어떨까. 높은 임대료와 아르바이트생의 인건비가 또한 부담이다. 빚 내고 차 팔아 직원 월급 주는 중소기업 사장님들은 자본가가 아니다. 생산재를 소유한 노동자와 같다. 때때로 직원들보다 더 많이 일하고 자신이 손에 쥐는 건 직원들보다 적다.

그렇다면 그 많은 돈이 어디로 갔을까. 사내 유보금을 잔뜩 쌓아두고 있다는 대기업들을 자연스럽게 주목할 수밖에 없다. 그런데 아이러니하게도 그들이야말로 목에 칼이 들어와 있는 상태다. 수출 대기업들은 경쟁에 조금 뒤쳐지기만 하면 생존할 수가 없다는 사실 때문에 훨씬 큰 두려움에 직면해 있다. 불확실한 미래가 두려워 사실 돈을 쌓아 두어도 충분치가 않다.

지금 가난하지 않은 이 누군가? 누구나 돈이 모자란다.

사람들은 노숙자나 가난한 사람들이 게으르거나 일을 하지 않아서 돈이 없다고 말했다. 그런데 새벽시장에 가보면 새벽 네 시부터

---

25 한국노총 표준 생계비, 2015년 — 1인 가구 216만원

사람들이 분주하게 트럭에서 물건을 내리고 열심히 좌판을 까는 모습을 볼 수 있다. 청소 노동자 아주머니들은 누구보다 일찍 나와 일을 한다. 돈이 없는 것은 인건비가 비정상적으로 싸거나 그러한 일에 대한 대우를 제대로 하지 않아서이지, 사람들이 일을 하지 않아서가 아니다.

지금 시대 돈이 없는 건 죄가 아니다. 아무리 부지런히 잠 안자고 일해도 겨우겨우 빚도 메꿀 수 없는 신기한 경험을 할 것이고 아무리 높은 스펙을 쌓고 열심히 공부하고 노력해도 적절한 직장에 취직할 수 없는 신기한 경험도 할 것이고 많이 버는 것은 같은데 그저 인간 노릇 좀 하고 꼭 필요한 생활비만 쓰는데 귀신처럼 돈이 사라져 버리는 경험을 할 것이다.

아무리 부지런히 일해도 저축은 꿈도 꾸지 못할 것이고 빚을 내지 않으면 월세도 낼 수가 없고 빚을 내지 않으면 월급도 줄 수가 없다. 빚을 내지 않으면 집도 차도 살 수 없고 교육도 할 수가 없다. 그것이 지금 '대한민국'의 흔한 삶이다.

턱없이 높은 집 대출금과 월세를 내기 어려운 것은, 당신의 잘못이 아니다. 사람들은 우린 돈이 없다는 이유 하나로 쉽게 자존감이 낮아지거나 가까운 사람들에게 죄인이 되곤 한다. 하지만 돈이 없는 것은 당신의 죄가 아니다. 돈이 없고 빚이 많은데, 나만 그러면 내 문제다. 근데 내 주변도 다들 그렇다면 이건 사회의 문제다. 그럼 전전긍긍하거나 걱정할 문제가 아니라 싸워야 할 문제다. 투기나 도박으로 돈을 잃은 것이 아니라면, 당신이 그저 하루하루를 최선을 다해 살고 있다면 당신은 비난 받을 이유가 없다.

빚을 지고 있는 것도 죄가 아니다. 카드사에서 전화 온다고 주눅들 일이 아니고 수치스럽게 생각할 일도 아니다.

당신이 게을러서가 아니라, 지출해야 하는 돈이 너무 많기 때문이다. 집값은 비정상적으로 올랐고 사람의 값은 너무 싸기 때문이다. 당신이 성실히 일해서 받는 임금보다 물가가 더 빨리 올랐기 때문이다. 그리고 세상에 돈이 절대적으로 부족하기 때문이다. 앞서 이야기했지만, 자본주의는 의자놀이 게임이다. 의자의 수는 사실, 점점 줄어들고 있다.

왜 이토록 살기 힘든가

'눈부신 경제성장', '국민소득 2만 달러' 숱하게 많이 들었던 말이다. 새마을운동 당시 어느 전단지에는 함박웃음을 짓고 있는 철수와 영희가 자동차에 몸을 싣고 푸르른 언덕을 달려가는 그림이 그려져 있었고, '각 가정마다 차 한 대씩!'이라는 문구가 선명하게 박혀 있었다.

그때 당시엔 그것이 꿈 같았다. 정말 그게 현실로 다가와 이제 우리가 다 같이 부자가 된 것처럼 느껴졌다.

사실이었다. 우리 나라는 '성장'했다. 쑥쑥 올라만 가는 GDP 숫자와 경제성장률은 우리의 행복을 말하는 지표인 것만 같았다. 진짜로 사람들은 차를 쉽게 가졌고 단단한 콘크리트 벽에 깔끔하고 고급스럽게 마감이 된, 이제는 벌레도 안 나오는 깨끗한 화장실과 부엌을 가진 집에서 살게 되었다. 모든 게 편리해졌다. 옛날엔 밭에서 풀 뜯어 먹고 쌀밥 먹기도 힘들었다는데 지금은 마트만 가면 너무 쉽게 깔끔하게 포장된 쌀과 반찬을 살 수 있다. 심지어 요리할 필요도 없다.

그러나 단지, 늘 더 많이 일해야 했다. 잠을 잘 수 없었고 아이와 놀아주지도 못하게 되었다. 사랑하는 사람과 저녁을 나누지도 못하고 늘 시간에 쫓기게 되었고 휴식은 없었다. 빚을 빚으로 메꿀 수밖에 없게 된 우리는 사실, 행복하지 않다.

'국민소득 2만 달러'와 함께 얻게 된 또 하나의 지표가 '자살률 1위'다. 그리고 세계 최장 노동시간이라는 타이틀도 가졌다.

이처럼 편리하고 부유한 세상을 위해 우리가 도대체 무슨 대가를 치루었길래, 이토록 살기 힘든 것일까? 세상은 너무 부유한데 우리 자신은 너무 가난하다.

어째서 월급은 늘 통장을 스쳐만 가는가? 마이너스 통장은 왜 절대 0이 되지 않는 것인가? 편리한 기술과 넓은 집 따위 없었던 예전엔 그나마 저축이라도 했는데 지금은 왜 저축도 할 수가 없는가.

그 못 살았다던 예전엔 맞벌이를 하지 않아도 아이를 몇 명씩 낳아 기를 수 있었는데, 지금은 맞벌이가 아니면 살 수가 없고 아이 한 명 낳으려면 어째서 이토록 많은 용기가 필요한 건가.

도대체 왜 이토록 모자라고 쪼들리는 것일까. 경제가 성장했다는데 말이다. 월급도 꼬박꼬박 나오고 물가상승률에 따라 임금도 착실히 오르고 있는데 이런 질문을 던질 상황이라면, 대부분은 아마도

'모자라니까, 그럼 돈을 더 벌어야지' 라고 생각해 버린다. 하지만 이렇게 된 건 당신이 일을 덜 해서도 아니고 게을러서도 아니다.

문제는 돈이 없다는 사실이 아니라, 돈에 대한 의존도가 너무 높아졌다는 사실이다. 물건과 풍요가 모자라서가 아니라, 세상에 물건은 넘치는데, 구매력이 없기 때문이다.

조금, 더 들여다 보면 알아차릴 수 있을 것이다. 우리는 분명 예전보다 돈을 더 많이 '쓰고 있다'. 물론, 물가가 오르는 속도보다 더 빨리 생활비가 늘어나고 있다. 물가가 오른다는 것은 늘 사먹던 그 배추가 오르거나 어제 샀던 똑같은 화장품의 가격이 변동되었다는 게 아니다. 문득 지금은 당연하게 여기는 서비스들이 예전에는 전혀 불필요했었던 것임을 알아차릴 수 있을 것이다. 당신의 월급이 왜 이토록 빨리 빠져나가는지 조금만 관찰해보면 알 수 있다. 다음 두 가지 경우를 생각해 보자.

하나는 어떤 물건이나 서비스가 조금 더 근사해지고 조금 더 고급스러워지면서 조금 더 비싸게 지불하게 된 경우다. 두 번째는 일상적으로 지출하는 것들 중에 돈이 아니었던 것들이 돈이 되어버리는 경우다.

생필품이나 통신요금 그리고 육아 등에 들어가는 돈을 살펴보면, 예전엔 돈이 들어 갈 필요 없던 것들이 돈을 내야 하는 서비스가 되었다는 사실을 알 수 있다.

이를테면, 마늘 하나를 보아도 그렇다. 예전에는 마늘을 사서 직접 깠다. 요즘엔 마트에 '깐마늘'이 나와 있다. 물론 그냥 마늘보다 조금 비싸다. 그러다 보니 깐마늘을 사는 게 조금 당연해졌다. 이제 예전에는 상품이 아니었던 '마늘을 까는 노동'이 상품이 된 것이다. 그 집에서 반찬을 만들던 노동은 마트에 완제품으로 포장된 '반찬'으로 상품이 되었다. 요즘에는 집에서 그렇게 수고롭게 노동하며 차리지도 않는다. 우리는 그 모든 것을 '편리해졌다'고 한다.

우리는 예전보다 모든 것을 비싸게 쓰고 있다. 주목해야 할 사실은, 더 좋고 더 비싼 상품이 나오는 속도는 사람의 임금이 올라가는 속도보다 훨씬 빠르다는 사실이다. 그것이 바로 '경제성장'이란 지표로 돌아왔다. 그렇게 '편리하고 좋은 서비스'를 '비싸게' 이용하게 되면서 우린 그 대가를 치루고 있다. 학생들은 대학에 새로 신축된 학생회관 건물과 깨끗해진 화장실을 이용하며 리모델링된 학생식당에서 맛있는 밥을 먹지만, 인상된 등록금을 걱정하며 어떤 알바를 더 해야하나 알아보고 있다. 회사원들은 광속으로 빨라진 스마트폰을 두드리며 최신식 모바일 서비스를 이용하며 다음달 가장 먼저 빠져나갈 카드값과 적지 않은 통신 요금을 계산해본다. 깔끔하게 단장된 마감재에 아이 키우기 좋은 산책길과, 편리한 양문 냉장고가 완비된 신축 아파트 단지에 입주한 주부는, 매달 빠져나가는 만만찮은 관리비와 더불어 집 대출 원금과 이자를 갚아나갈 생각에 걱정이다.

대형 할인 마트가 들어서면서 우리는 모든 것이 싸졌다고 믿었다. 그래서 1개에 1,000원 하는 상품을 5개 묶음으로 사면서 4,500원을 지불했다. 500원 싸게 샀다. 하지만 실제로 5개가 필요해서 그렇게 사는 건 아니다. 대부분 2~3개는 냉장고에서 썩곤 한다. 하지만 싸게 사려면 묶음으로 사야 된다. 사람들은 이제서야 조금씩 깨닫고 있다. 작은 동네 슈퍼를 가면 필요한 것만 사지만, 마트를 한 바퀴 돌면 늘 10만원에 육박하는 돈을 쓰고 온다는 것을.

어떤 기업이 더 많은 '팔리는' 생산물을 만들어내면 국민소득은 증가한다. 그리고 더 많은 생산물을 팔기 위해 사람들에게 더 많이 사달라고 광고하고, 당신들은 이것을 꼭 사야만 한다고 말한다. 그래서 꼭 필요하진 않지만 필요하다고 생각되는 것들을 사기 시작했다. 사람들이 필요 없다고 사지 않으면 몇 개씩 묶어서 싸게 팔았다. 사람들이 지금은 필요 없다고 말하면 지금만 할인한다고 유혹하며 사두어야 한다고 말했다.

그래서 냉장고엔 필요 이상의 음식들이 가득 찼고 먹지도 않고 버려지는 음식이 늘어났다. 전자제품은 사람들이 한 번 사고 오래 쓰면 다음 해에 팔 수가 없기 때문에 빨리 망가지게 만든다. 업그레이드를 한 뒤 옛 것을 버리고 새 것을 사라고 유혹한다. 사람들이 새 것을 사게 만들기 위해 경품을 걸고 이벤트를 한다. 기업들은 사람들이 지속적으로 끊임없이 소비해주어야만 살 수 있다. 그래서 '삶과 생활에 꼭 필요하진 않지만 있으면 좋은' 것들이 꼭 필요하다고 느끼게끔 광고하고, 버리지 않아도 될 것들을 버리게 만든다.

그만큼 사람들은 더 빨리 더 많이 일했다. 적은 인원으로 더 싸게 더 많은 생산물을 만들었다. 당연히 국민 총생산이 늘어나기 시작했다. 그것이 만들어지고 팔리고 그만 버려져도, 돈으로 교환되는 것은 전부 GDP가 되었다. 국민소득이 빠르게 증가한다는 것은 우리가 더 많이 더 빨리 일하는 것을 의미한다. 밤을 새서 일해서 생산량을 늘려도 늘 시간이 부족하다. 아무도 그 생산물이 의미가 있는지 묻지 않았다. 멈추면 넘어지는 쳇바퀴를 끊임없이 돌리면서, 아무도 왜 쳇바퀴를 돌려야만 하냐고 묻지 않았다. 기업들의 매출이 증가하고 사람들이 쓰는 돈이 늘어나면 그만이었다.

편리한 세상을 얻은 대신에 김치를 만드는 걸 배우지도, 나무로 뭔가를 만드는 걸 배우지도 않았다. 요리사나 재봉사나 목수가 될 필요는 없지만, 주위에 널린 재료를 이해하고 손으로 무엇을 만들거나 스스로 먹고 사는 문제를 해결하는 것에서 돈의 도움 없이는 점점 아무것도 못 하는 사람이 되어 가고 있었다. 돈으로 해결사를 부르거나 마트에 가서 뭔가를 집어 오는 것 말고 스스로 필요한 것을 충족시키고 대체할 수 있는 그런 생각 자체가 사라져가고 있었다. 우리 내면의 힘이 사라지는 것보다 돈을 갖지 못하는 데에 대한 두려움이 더 커져 가고 있었다.

사람의 노동이 상품이 되고 자연이 상품이 되었다. 물도 그렇고 흙도 그렇게 되었다. 자연으로부터 얻던 깨끗한 식수는 매달 임대료를 납부하는 정수기로 대체되고 슈퍼에서 사오는 페트병이 되었다. 하루는 작은 식물을 키워보려고 씨앗을 받았는데 문득 동네 주변을 둘러보니 어디서도 흙을 퍼올 수 없다는 것을 깨달았다. 사람들은 사람들에게 지속적으로 생명의 끈을 공급해주던 자연을 전부 갈아엎고 아파트와 백화점과 흙 없는 놀이터를 세웠다. 공평하게 주어지던 자연은 돈으로 사야 하는 상품과 건물이 되었다.

아이를 낳고 키우는 일도 어김없었다. 아이 낳은 후 몸조리하는 것도 상품으로 바뀌었다. 산후조리원은 십수 년 전 만 해도 찾아보기 힘든 곳이었다. 산후조리원에 들어가는 비용은 평균 200여만원에 달한다. 돌잔치도 업체의 도움을 받아 '패키지' 서비스로 일사천리로 이루어지게 된 것도 최근의 일이다. 비싼 유모차를 사고 아주 어릴 때부터 돈을 주고 교육을 받는 것은 언제부터 그렇게 '필수'가 되었나? 사람들은 세상의 모든 것들에 미친 듯이 돈이라는 태그를 붙였다. 돈이 없으면 이제는 밥을 짓지도, 상추를 키워 반찬을 만들지도, 어린 아이들이 스스로 놀게 하지도, 가르치지도 못하게 되었다.

돈이 아니었던 것을 돈이 되는 '상품'으로 만드는 것을 경제 발전, 경제성장이라 했다. 자연을 있는 그대로 쓰던 것을 가난이라고 불렀고, 자연을 전부 돈으로 사는 상품으로 바꾼 것을 부라고 불렀다. 그런데 자연을 그대로 쓰던 때보다 몇 배 더 많은 노동을 해야 자연을 상품으로 바꾼 것을 살 수 있게 되었다. 그게 자본주의다.

우물에서 샘물을 퍼 오던 시절 누구도 샘물에 임대료를 내지 않았다. 물이 오염되어 임대료를 내고 정수기를 쓰게 되면, 그것은 경제성장에 포함되었다. 온통 살아있는 생명체의 천국인 숲 속에서 아이들이 뛰노는 것은 경제 활동에 포함되지 않지만, 그 숲을 밀고 박제시켜 박물관을 만들고 입장료를 받으면 그것은 경제성장이 되었다. 풀과 공차기와 흙과 벌레와 새와 노는 데서 얻는 즐거움을 돈을 주고 사는 게임기가 대체하면 경제성장이 되었다. 살아있는 병아리를 키우는 대신 돈을 주고 게임기를 사서 가상의 병아리를 키우면 새로운 시장 개척이 되었다. 만약 이런 현상이 계속되면 관계와 관계를 잇는 데, 사람을 안고 보듬는 데, 사랑을 나누는 데도 로봇이 필요하지 않을 것이라고 누가 장담하겠는가.

아이를 직접 키우면 경제활동에 포함되지 않지만 엄마가 밖에 나가서 일을 하고 대신에 돌보미 아주머니를 쓰면 경제성장에 포함되었다. 더 많이 일하고 더 많이 벌려다 스트레스 때문에 병에 걸려 번 돈을 병원에서 다 쓰게 되면 그것도 경제성장이 되었다. 너무 많이 사 먹어 살이 찌고 헬스장에 가서 돈 들여 다시 살을 빼면 그것도 경제성장이 되었다. 심리적 압박을 받아 돈을 주고 심리 상담을 받으러가면 그것도 경제성장이었다.

그러다 시간을 사기 위해 과하게 일하고 행복해지기 위해 행복을 포기하고, 돈으로부터 인간을 구하기 위해 돈을 써야 하는 처지가 되었다.

"손이 필요할 때 도움을 청할 수 있는 사람들도 없어졌다. 급한 일이 있을 때 아이를 돌봐줄 사람, 이사를 도와줄 사람, 공항까지 차를 태워 줄 사람, 아플 때 먹을 것을 가지고 와줄 사람, 집을 며칠 비우게 됐을 때 우편물을 챙기고 개를 산책시키고 화분에 물을 줄 사람, 이제 우린 마땅히 도움을 청할 수 있는 사람이 없어졌다.

대신 그 자리를 시장이 메웠다. 우린 누군가를 고용해서 애완동물을 봐주고, 심각한 문제에 대해 상담을 해주고, 이삿짐을 날라주도록 할 수 있다. 또 다른 사람을 고용해서 아이를 돌보고 놀아주게 할 수도 있다. 한때 공공시설이나 이웃이나 친구들이 제공해주던 기증들이 이제는 개개인이 알아서 구매하는 물건이나 서비스, 즉 상품이 되었다."

— 애니 레너드, 《물건이야기》 중에서

애니 레너드는 월마트가 진출한 미국의 어느 지역의 삶을 이렇게 묘사했다. 사람이 해주던 것들을 돈이 해준다. 인간은 아주 오랫동안 주변의 사람에게 의존했지만 이젠 돈에만 의존하면 된다. 우린 예전엔 사람의 소중함을 알았지만 이젠 돈이 소중하다. 삶의 모든 부분을, 사회의 모든 부분을 돈과 상품으로 바꾸어 가는 사회에서 과연 사람이 돈보다 더 대접 받을 수 있을까. 이윤보다 생명이 우선이 될 수 있을까.

돈의 영혼

송파구의 끄트머리에는 거여동 개미마을이 있다. 위용을 자랑하는 그 유명한 송파구의 아파트 단지 사이에 있는 작고 오래된 마을이다. 그 마을이 올해 재개발 결정이 났다고 했다. 나는 철거 직전인 이 무허가 판자촌에 가서 무언가를 보았다. 사람들이 스스로 지은, 가난하지만 아름답고 낡은 오래된 판자와 연탄과 꽃나무, 그 사이로 한없이 낙엽을 쓸고 있는 할머니 한 분이 보였다. 그곳엔 80년대에나 있었음직한 이발소가 아직 남아 있었고 서로 얼굴을 보면 인사하는 할머니와 할아버지들, 그리고 하나도 똑같지 않은 작은 집들과, 이미 사람이 가버린 오래된 사진관의 조금 깨진 유리문이 있었다.

그곳이 이제 곧 '푸르지오'나 '자이'가 될 것이다. 나는, 슬펐다. 왜 슬픈지는 알 수 없었다. 가난과 초라함 때문은 아니었다. 아니 그곳은 초라하지 않았다.

무언가 없어지고 있었다. 세상 안에서 무언가 없어지고 있는데, 그것이 뭔지 알 수 없었다.

조금 지나 알 수 있었다. 우리가 잃고 있는 그것은, 영혼이었다. 수많은 서로 다른 사람들의 삶과 개성과 우주와 역사라는 이야기였다. 마을에는 영혼이 있지만 아파트엔 영혼이 없다. 동네엔 영혼이 있지만 브랜드 단지에는 영혼이 없다. 도시계획가의 세련된 솜씨가 있을지언정 이제는 그것마저 모든 곳을 똑같이 찍어내고 있다.

경제성장은 엄청난 물질적 풍요를 가져다 주었지만 사람들은 늘 무언가 부족하다는 것을 느꼈다. 물질이 만들어주는 만족은 한계가 있었다. 상품에는 영혼이 없기 때문이다.

친구의 도움엔 관계가 있지만 서비스는 상품일 뿐이었다. 작은 가게엔 영혼이 있지만 마트엔 영혼이 없다. 작은 가게엔 고마워도 할 줄 알고, 돈이 없으면 달아두라 하고 호의를 표하면 기뻐하는 사장님이 있지만 마트와 프랜차이즈엔 본사 방침에 의해서만 움직이는 기계적인 미소들만 있다. 장인이 정성들여 만들던 물건엔 영혼이 있지만 대량 생산된 물건엔 영혼이 없었다.

사람들은 주중에 돈에 매달려 살다가 주말에 교회로 가서 빈약한 영혼을 채우곤 했다. 삶이 점점 더 돈과 상품으로 바뀌니 사람들의 영혼이 갈 데가 없었다. 그러나 세상은 아직도 더 많은 것을 돈으로 바꾸어야 했다.

그래서 사람들은 돈에 영혼을 만들기 시작했다. 그것이 브랜딩이다.

이것은 단순한 상품이 아니라 삶의 미학이라고 광고했다. 이것은 단순한 옷이 아니라 당신의 철학이라고 했다. 백화점은 당신의 품격이 되었다. 마케터들은 상품이 살아 있는 것처럼 스토리를 만들고 정체성을 만들었다. 나이키는 할렘가 흑인 청년들의 문화를 훔쳐와 자기 것으로 만들었다. 베네통은 혁명과 캠페인의 정신을 가져와 정체성을 팔았다. 사랑도 하고 관계도 맺고 정체성도 갖고 싶은 사람들은 디즈니 영화에서 본 인형을 샀고 락스타가 입고 있는 티셔츠를 샀고 조던의 영혼이 담긴 것 같은 운동화를 샀다. 정체성을 어디서 찾아야 할지 모르고 헤매던 영혼들은 상품이 만들어준 정체성을 입었다.

그렇게 상품은 당신을 아끼기도 하고, 보듬기도 하고, 당신의 정체성이 되고 사랑할 수 있는 주체가 되었다.

그러나 당연한 이야기지만, 장인이 정성들여 만든 물건이 아닌 그저 찍어낸 상품엔 본래 영혼이 없다. 당신의 품격을 높여주고 당신의 아이를 안전하게 지켜준다는 아파트는 그저 값싼 자재로 지어진 콘크리트 구조물일 뿐이다. 당신을 부자로 만들어주고 당신 곁을 지키고 있겠다는 신용카드는 그저 조금 일찍 원하는 물건을 손에 들려주고 한 달 뒤에 청구서와 독촉전화로 변하는 그런 것이다.

아름다운 국민 스타가 손에 들고 있는 핸드폰은 그녀의 향기가 배어 나오는 것이 아니라, 그저 일년 후면 고장 나는 콜탄 덩어리와 매달 10만원에 가까운 금액을 납부하게 만드는 도구일 뿐이다.

하지만 이렇게 근 십여 년 간 브랜딩은 사람들에게 가짜 영혼을 팔면서 엄청난 것을 손에 쥐었다. 바로 권력을 가져갔다는 사실이다.

갑 중의 갑, 슈퍼브랜드

우리가 배웠던 경제학이론에 따르면 수요가 많으면 가격이 올라가고, 가격이 어느 선을 넘으면 사람들이 사지 않기 때문에, 자연스럽게 가격 결정이 된다는 것이었다. 그래서 시장이라는 것은 자연스럽게 내버려두면 사람들은 늘 적정 가격에 물건을 살 수 있다고 배웠다. 그렇게 보이지 않는 손이 작용한다는 것이었다. 만약에 그 보이지 않는 손이 좀 더 훌륭하게 작동한다면, 사람의 가격도 노동의 가격도 물론 적정하게 결정될 것이다. 먹고 살 수 없을 정도로 임금을 싸게 부르면 그 일을 할 사람이 없을 것이고, 어떤 일을 해야 할 사람을 구하는 데 할 사람이 적으면 임금을 높게 부르게 될 것이다. 상점들은 경쟁할 것이기에 소비자들은 물건을 적절하거나 싼 값에 구매할 수 있을 것이다.

그런데 우리가 알던 그 법칙이 깨졌다. 1990년대 압구정에 커다란 M자가 생기고, 2000년대 스타벅스의 녹색 인어공주가 길 번화가 모퉁이마다 자리하고, 눈동자가 큰 짧은 머리 소녀가 알파벳 세 글자와 함께 모든 대학 새내기들의 스무살의 정체성을 가져가버린 그 때부터였을 것이다. 큰 팝콘과 콜라를 파는, 우주 놀이동산 같은 영화관이 생기고, 몇 년 사이에 서울 어디서든 맥도날드, 스타벅스, 파스쿠치, 핸드폰 대리점, 그리고 훼미리마트, 세븐일레븐이라는 똑같은 풍경을 보게 되기 시작하면서부터 기존의 규칙이 바뀌기 시작했다. 그리도 몇 년 후 전국에 커다란 E자의 노란 불빛이 곳곳에 박히면서, 게임은 끝났다.

'브랜드'는 더 이상 옷이나 신발이나 전자제품에 달린 품질보증표 같은 게 아니었다. 삶과 일상의 모든 것, 모든 장소가 브랜드가 되고 프랜차이즈가 되었다. 21세기에는 자본-노동이 아니라 자본-노동-브랜딩의 경제학이 지배했다. 자본의 이윤에서 상당 부분이 브랜드 마케팅에 들어가기 시작했다. 혹은 브랜딩 자체를 위해 이윤을 더 많이 내기 시작했다. 나이키는 천문학적인 돈을 브랜딩에 쏟아붓기 위해 생산을 담당하는 공장을 해외로 넘겼다. 브랜딩에 올인하기 시작한 기업들은 더 이상 생산에 에너지를 들이지 않았다. 생산은 더 싼 가격에 더 가난한 나라에서 이루어지기 시작했다.

브랜딩에 천문학적인 돈을 쓰는 이유는 그것이 권력이기 때문이다. 그들은 공장을 해외로 매각하고 임금을 낮춰 마진과 이윤을 더 남기고 브랜딩에 더 많은 돈을 쓴다. 그래서 글로벌 브랜드를 갖고 있는 기업들은 천문학적인 이윤을 남겨도 늘 부족하고 늘 모자라다. 이윤의 상당 부분이 브랜딩의 확장에 끝도 없이 투자된다. 임금이 차지하는 비용은 점점 줄어들었다. 1997년에 미국의 여러 공산품을 만들던 사라리Sara Lee라는 기업은 공장 13개를 하청업체에 팔고 광고비를 두 배로 늘렸다. 그러자 주가가 올랐다. 대신 그 기업을 위해 일하는 사람들은 예전과 똑같은 일을 하지만 임금은 절반 밖에 못 받게 되었다.[26] 그들은 사람을 점점 헐값에 고용하고 대신 권력을 확장하는 데 더 많은 돈을 썼다.

---

26 《슈퍼 브랜드의 불편한 진실》, 나오미 클라인, 살림Biz

보다 가격이 싼 것을 선택하고, 더 좋은 것을 비싸게 산다는 법칙은 깨졌다. 그것은 소비자가 스스로 꼼꼼히 판단할 정도로 이기적이고 주체적이거나, 소비자가 선택할 게 남아있을 때에나 가능한 것이다. 우리가 장을 볼 때 '그' 마트가 아닌 곳을 선택하기란 왠지 쉽지 않다. 슈퍼들이 대부분 편의점으로 바뀌어서 딱히 편의점이 아닌 작은 슈퍼를 찾기도 쉽지 않다. 커피점도 큰 도로에는 프랜차이즈 이외의 공간이 별로 남아 있지 않다. 사람의 가격도 노동의 가격도 마찬가지이다. 큰 마트에 물건을 납품하거나 입점하기로 결정한 자영업자들은 슈퍼갑이 원하는 대로 해줘야 한다. 그들이 원하는 대로 물건 값을 깎아줘야 하고, 시식코너를 만들어주어야 하고, 고객서비스를 해줘야 한다. 물론 슈퍼갑은 거기에 들어가는 비용 한푼 부담할 필요가 없다. 말을 듣지 않으면 내쫓거나 거래를 끊으면 된다. 왜냐하면 슈퍼갑에 속하기를, 슈퍼갑과 거래하기를 원하는 업체들은 줄을 섰기 때문이다.

"마트 점장님이 이렇게 말하더라고요. 시식 하나만큼은 다른 마트를 이기고 싶다고. 아까워하지 말래요. 근데 제가 일하는 마트에 노숙자가 많이 와서 한 끼 식사를 대신할 만큼 시식을 많이 하거든요. 그래도 점장님은 '혹시 아냐, 노숙자들이 소주 한 병이라도 살지' 그러시는데. 소주 팔면 마트는 이익이지만 제가 굽는 만두 장사는 손해잖아요."

한 마트 입점업체를 운영하고 있는 A씨의 인터뷰다. 원 플러스 원과 시식코너는 마트가 주는 게 아니다. 입점업체가 감당하는 소모분이다. 매출은 넉넉했으나 수익을 낼 수 없었다는 B씨는 대형마트에서 초밥, 활어, 치킨 등을 판매하다 2008년 폐업했다. 1,000원짜리를 팔면 25퍼센트는 마트에, 10퍼센트는 세금으로 떼였다고 한다. 직원을 최대한 많이 두도록 압박하기 때문에 직원을 줄일 수도 없었고, 마트에서 재료 일부를 의무적으로 구입해야 하는 할당량이 있어 재료비를 줄일 수도 없었다. 행사, 판촉은 마트에서 하라고 하기 때문에 울며 겨자 먹기로 할인행사를 한다. 밤에는 손님도 많지 않은데 다양한 종류의 제품을 골고루 깔아두어야 한다면서 음식을 만들라고 했다. 그래서 재고도 줄일 수 없었다.[27]

이러한 불공정 행위 중 일부분은 지난 2014년 공정거래위원회에서 시정조치를 취하기도 했다. 그러나 마트의 갑의 권력은 크게 변하지 않았다. 수많은 사례가 지금도 고발되고 있다.

불공정을 처음부터 인지하는 이들은 없다. 욕망은 힘을 쓸 수 있을 때까지 쓴다. 장사를 하는 사람들은 늘 자신들과 계약을 하는 이들도 이득을 본다고 세뇌시킨다.

"초기자본금 2,220만원부터 가맹점 개설이 가능하세요. 인테리어 비용이랑 집기 비용 본사에서 다 해주고, 물류비용도 따로 안 들어가니까요. 수익 배분이 65:35 정도인데 안정적인 수익을 내는 덴 문제 없으세요."

---

27 2010.12.16 국민일보 〈마트에서 생각하기. 과도한 친절에 담긴 불편한 진실〉 박유리 기자 인터뷰에서 발췌

어느 편의점 프랜차이즈 담당자와 곧 가맹점주가 될 사람의 대화 내용이다. 편의점 계약은 대표적인 불공정 계약이었다. 우월적인 지위를 이용해 본사는 리스크를 지지 않고 점주에게 전부 떠넘기는 계약을 할 수 있었다. 편의점 본사가 600억 원에 가까운 순이익을 남기는 동안 강제로 24시간 영업을 하던 편의점주들은 매출의 대부분을 로열티로 지불하고 나면 거의 생활비도 남지 않았다.[28] 이것은 과연 가맹점주가 단지 무지했기 때문이었을까? 아니면 가맹점주에게 별다른 선택권이 없기 때문이었을까? 이러한 갑의 횡포는 편의점주들이 줄줄이 자살하고 나서야 겨우 변했다. 사람이 죽어야 겨우 조금 바뀌었다.

영세 카센터들에게 대기업 간판은 유혹이자 악마였다. 대기업 손해보험사 간판을 달지 않으면 상대적으로 상권에서 밀리고, 간판을 달면 수익이 어려웠다. S사 고객이 들어오면 만원에 한 가지 서비스를 반드시 해 주어야 한다. 무료 세차와 픽업 서비스는 의무이고 22가지 무상점검은 필수다. 그 모든 노동에 대한 대가는 온전히 카센터 업체가 감당하는 것이었다. 여러분을 최고의 고객으로 모신다는 S화재는 실제로 고객님을 위해 아무 것도 희생하는 게 없다. 그렇다면 카센터

---

28 "빅3 편의점 운영기업(훼미리마트·GS25·세븐일레븐·바이더웨이)의 영업이익은 지난해 모두 2,044억 원에 달했으며 특히 업계 1위 훼미리마트는 657억 원의 순이익을 기록해 전년 대비 34.2퍼센트의 이익률을 기록했다"며 "이에 반해 점포당 평균 매출액은 2006년 5억 원에서 지난해 4억 9,600만원으로 오히려 하락세였다." 2011.9.20. 한나라당 박민식 의원 국감 보고서 발표

가 할인을 하지 않으면 되는 것 아닌가? 하지만 선택권이 없다. 영세 카센터가 할인을 하거나 서비스 노동을 더 하지 않으면 S화재 우수협력업체 간판을 내릴 수밖에 없다.

우리는 마트가 '싸기 때문에' 마트에 간다고 말한다. 하지만 그것은 오로지 마트의 납품 업체들이 싸게 납품하기 때문이다. 다시 말하면 대형 마트는 엄청난 저가에 납품하게 만들 수 있는 권력을 가졌다. 그리고 마트는 반드시 그 싼 것들을 '많이' 사가게 만든다. 그리고 그들이 브랜딩에 더 많은 돈을 쓸수록 물건의 값이 쌀수록 사람의 값도 싸졌다.

슈퍼브랜드, 대기업들은 매출 규모가 커진 만큼 많은 일자리를 외주로 돌렸다. 기존의 업무와 비슷한 일을 하지만 절반의 임금을 받는 사람들을 훨씬 많이 고용하기 시작했다. 대기업의 매출은 10년간 10배가 올랐지만, 정규직 일자리는 2.8퍼센트 밖에 늘지 않았다.[29] 그렇게 사람의 가격이 싸졌다. 슈퍼브랜드의 권력은 일하는 사람들로 하여금 노동한 대가보다 적게 받도록 조절할 수 있고, 사는 사람들로 하여금 적정 가격보다 비싸게 사게 할 수 있다. 그러면서도 "우리는 고객들이 원하는 대로 해 줄 뿐이다"라고 말한다. 그것은 사실 부인할 수 없는 정확한 말이다. 우리는 야간 노동을 없애고 사람을 쉬게 하기 위해 야밤의 편리한 서비스들을 포기할 수 있을까? 피자배달이 조금 늦어도 배달 알바생이 위험을 감수하고 과속하지 않게 좀 더

---

29 ≪이상한 나라의 경제학≫, 이원재, 어크로스

기다릴 수 있을까? 우리는 우리 같은 이웃들의 조금 더 나은 삶을 위해 불편해도 마트 대신 작은 가게를 이용할 수 있을까? 전자제품 AS 직원의 인권을 위해서 우린 기다리는 불편함을 참을 수 있을까? 자동차보험사와 계약한 영세 카센터가 인간답게 살 수 있다면, 공짜 서비스 혜택 없어도 별 불만을 가지지 않을 수 있을까?

백화점이나 마트에 납품하는 사람들이 조금 인간답게 살 수 있다면 할인에 목매지 않을 자신이 있을까? 사람이 사람답게 살 수 있다면 우리 조금, 불편하게 살 수 있을까.

사람들의 욕망이 아니면, 자본의 약자에 대한 횡포도 있을 수 없다. 불공평을 지탱하고 있는 것은 바로 평범한 고객님들인, 우리다.

브랜드가 원하는 목표가 물건을 팔고 이윤을 많이 남기는 것이라고 생각하면 오산이다. 슈퍼브랜드들의 진짜 목표는 사람들의 지갑을 여는 것이 아니라 사람들의 영혼을 지배하는 것이다. 그들은 경쟁에서 이기기 위해 마케팅을 하기도 하지만 권력 그 자체를 유지하기 위해 천문학적인 돈을 쓰기도 한다. 그들은 이기적인 고객님들을 길들이고, 자신들이 사람들의 꿈이 되길 바란다. 실제 브랜딩에 참여하는 사람들은 스스로 물건을 파는 사람이 아니라 라이프스타일을 창조하고 있다고 믿는다. 그런데 어째서 우리가 라이프스타일과 정체성까지 기업에 맡겨야 하는가?

브랜드는 꿈을 주는 것도, 라이프스타일을 만들어주는 것도 희망을 주는 것도 아니다. 브랜드는 단지 돈이 흘러가는 구조를 바꾼 하나의 권력일 뿐이다. 소비와 노동을 하는 사람들을 지배하는 권력이다. 브랜드와 마케팅이 지배하는 시대의 돈은 노동을 위해서도, 생산을 위해서도, 삶을 위해서도 쓰이지 않게 되었다.

슈퍼브랜드에게 고객님은 필요한 상품을 시키는 대로 사 줄 수 있는 에너지원이다. 시키는 대로 산다? 사실이다. 그들은 고객님이 그들이 원하는 상품만 그들이 원할 때 사게 할 수 있는 방법을 완벽하게 잘 알고 있다. 그들은 사람들의 소비를 조정하고 통제한다. 경품 이벤트나 반짝 세일은 그 수많은 방법 중 하나일 뿐이다. 중요한 건 상품이 얼마나 좋은 것이고 얼마나 사람들에게 필요한가와 관계 없이, 모든 수단을 동원해서 그들이 원하는 것만 원하는 시점에 사게 만들 수 있다는 것이다.

우리는 소비자이자 노동자이다. 이를테면 대형 마트의 5,000원짜리 치킨을 기억해 보자. 우리는 치킨을 5,000원에 구매하러 마트를 가지만, 언젠가는 내 가게를 차려 독립하는 대신 마트에 입점하면서 비싼 대가를 치루어야 할 것이다. 싸게 사는 것은 한 순간이다. 익숙한 편의점과 마트에서 소비하는 한편 그들에게 납품하거나 그들이 주는 일감을 싼 값에 받아 일하게 될 것이다. 만약 우리가 그렇게 오직 그들의 가게에서 구매하고, 그들의 물품만을 소비하며, 그들이 만든 음식과 그들이 만든 인터넷을 사용하며 그들이 만든 집에서 살게 된다고 생각해보자. 그들이 마련한 그 세상 외에 다른 선택지가 남김 없이 사라진다고 생각해보자.

그들이 주는 일자리 외에 다른 자리가 없다면, 그들이 주는 일감을 받지 않고서는 살아갈 수가 없다면. 매트릭스의 캡슐 속에 갇힌 채 에너지를 내주는 사람이나 다를 바가 없을 것이다.

결국 우리는 값싸게 일하고 비싸게 구매하며, 아무리 일해도 돈을 벌지 못한다며 스스로를 탓하게 될 것이다.

비로소 우리가 브랜드 왕국의 신민이 되어버린 걸 알고난 후 이것은 공정치 못하다고 시위라도 할 수 있을까. 부당하다고 힘껏 저항할 수 있을까.

대형 마트를 규제하면 납품업체들이 가장 먼저 힘들어진다고 한다. 그것은 사실이다. 삼성이 망하면 거래하던 수많은 중소기업들이 일감을 잃는다고 한다. 그것도 사실이다. 수많은 협력업체들이 인질이 되어 있는 셈이다.

한국에 삼성과 신세계와 현대와 LG와 CJ에서 주는 하청 혹은 하청의 하청이 아닌 일감이 존재하기라도 하는가? 그들이 주는 광고에서 자유로운 언론사가 있는가? 그리고 그들의 '횡포'에 항의하거나 혹은 그들의 잘못을 이야기하거나 그들의 눈 밖에 나는 행동을 할 수는 있는가? 행여 그들의 잘못을 외치는 친구 혹은 동료를, 외로운 저항자를 우리들이 지켜 줄 수는 있는가.

그들이 없어 일감이 없어지는 걸 두려워할 일이 아니라, 그들이 아니면 우리 스스로가 전혀 일감을 만들 수 없게 되는 현실을 두려워해야 한다. 그들의 세상에 편입되지 못할까봐 걱정할 것이 아니라, 의존도가 점점 커진다는 사실을 경계해야 한다. 우리는 그들이 원하는 사람이 되지 못할까봐 전전긍긍한다. 범람하는 면접 스터디와 성형외과와 갑과의 미팅 현장에서 말이다. 하지만 나 자신이 나로써 존재하지 못하고, 그들이 원하는 인간상이 되도록 맞추고 있는 나의 모습을 냉정하게 바라본 적이 있는가.

내가 스스로 사는 삶이 아니라, 그들이 만들어준 세상이 우리 안에 점점 커져가고 있다는 사실을, 더 두렵게 생각해야 한다.

영혼을 빼앗기면 괴물이 된다

브랜딩 현상의 하이라이트는 집까지 브랜드로 만들었다는 것이다. 이것은 아마도 우리나라에만 존재하는 것 같다. 어느 순간 래미안과 푸르지오 몇단지에 사는 누구가, 김 모모라는 정체성을 대신하게 되었다. 마치 삼성이나 현대 다니는 누구라는 명함과 지위가 정체성을 대신하듯이 말이다.

사람들이 자연을 상품으로 미친 듯이 바꾸었던 이유 중 하나는, 자연이 누구에게나 평등하다는 사실이 불편했기 때문이었다. 자연은 평등하지만 사람들이 인위적으로 만든 것에는 전부 계급이 있다. 사람들이 자연스럽게 세웠던 동네와 마을은 대부분 평등했고 누가 어느 집에 살건 누가 어떤 가게를 가건 궁금해하지 않았다. 브랜드는 영혼과 정체성을 만들어주면서 계급을 나누고 서열을 만들었다. 브랜드 아파트 단지는 1단지부터 5단지까지 나란히 배치하면서 어느 단지가 몇 평인지도 친절하게 알려주었다. 내가 어울려야 할 사람이 누군지, 어느 동네로 가야 어떤 사람들과 친해질 수 있을지도 알려주었다.

영혼을 지배한다는 것은, 사람들이 생각하는 옳고 그름의 기준을 그들이 가져간다는 뜻이다. 브랜드가 '선'이 되고 그들이 옳은 것을 정해 주었다.

우리는 어느순간 공장에서 파업한 사람들을 개 패듯 때리고 끌고 나오는 일이 있어도 주가가 올랐다고 좋아하게 되었다. 임대 아파트 사는 애와는 놀지 말라고 하고, 멸시 때문에 경비원이 죽으면 떨어지는 집값을 걱정하는, 그렇게 자신도 모르는 순간 사람을 함부로 부리고 이윤을 많이 남겼다고 좋아하는 괴물이 되어 버린 것이다.

그렇게 우린 브랜드라는 이름의 돈의 영혼을 샀다. 그들은 당신이 스스로 할 수 있는 삶의 많은 부분을 돈을 받고 대신 해주고, 정체성도 대신 만들어주었다.

그렇게 세상은 물을 오염시켜 정수기로 바꾸고, 들판을 없애고 놀이터와 사유지로 만들고, 시장을 없애고 쇼핑몰을 만들었고 이웃을 없애고 업체와 도우미를 보냈고, 관계를 없애고 비즈니스만 남겼다. 그리고 마지막으로 당신의 영혼을 지우고 가짜 영혼을 주었다. 사람의 존엄을 알고, 꽃과 나무의 생명을 읽어내고, 감사하고 감동하고 사랑하고, 누군가 아프면 아파할 줄 알고 다른 이와 그냥 나누고 기뻐할 줄 아는, 당신의 그 영혼 말이다.

이것이 경제성장이다.

돈에 대한 의존도가 커진다는 것은 가진 사람이 더 많이 가지는 세상에 복종하게 되는 것이다. 나와 같은 평범한 개인이 돈에 더 많이 의존 할수록, 가진 사람들에게는 더 많은 권력이 실린다.

그러한 세상이 내가 꿈꾸는 세상이 아니라면 돈을 더 버는 것이

답이 아니라 의존도를 줄이는 것이 답이다. 매일같이 소비하는 패턴에, 브랜드와 마트와 프랜차이즈에 대한 의존도를 조금씩 줄여가는 것이다. 비싸고 더 좋은 것에 대한 의존도를 줄이고, 아파트의 크기와 회사의 연봉과 세상이 부여하는 권위와 이를 바라보는 사람들의 시선 그 모든 것으로부터 자유로워질 때, 비로소 그들이 아니라 내게 힘이 실린다.

제로섬
희생 없는 공짜는 없다

할인과 이벤트와 시식코너 이 모든 것은 공짜가 아니었다. 원 플러스 원은 대리점 밀어내기 착취, 마트의 풍부한 시식코너는 입점업체 착취, 대폭 할인은 납품업체 단가 후려치기, 자동차보험의 편리한 부가서비스는 협력업체 착취라는 사실을, '고객님'들은 몰랐다. 이런 할인과 이벤트를 즐기고 소비할수록 작은 업체들의 희생은 커진다는 사실을 알기 전에는, 나도 '부자인 대형마트'가 선심을 쓰는 것이 아닐까 생각했다. 하지만 대형 브랜드는 결코 희생하지 않았다.

나는 여기서 한 가지 중요한 사실을 알게 되었다. 할인과 고객감동에는 반드시 그렇게 '희생'이 존재하는데, 희생을 제공하는 사람과 그 희생의 대가를 취하는 사람은 다르다는 것이었다.

대량생산과 유통을 담당하는 대형 브랜드들은 일하는 사람들과 납품업자를 희생시켜 싼 값과 좋은 고객서비스를 제공하게 하고, 사람들은 그러한 싼 상품과 대형 브랜드의 서비스에 깊숙이 길들여져 있었다. 사실 전자제품 대기업의 24시간 훌륭한 A/S 서비스에 감동받으면서도, 한 번도 그 서비스 노동자에게 찬사를 돌려본 적이 없다는 사실을 깨달았다. 찬사는 브랜드가 가져갔으나 사실 저렴한 임금에 24시간을 희생하는 사람은 노동자들이었다. 사람들은 풍부한 시식코너를 돌며 마트가 좋은 곳이라 찬사를 보내지만, 손해는 입점 업체들이 감당한다는 사실을 모르고 있었다. 감정 노동이라 하지 않는가. 불평불만과 욕설을 들어주고 고객님을 향해 미소를 짓는 이는 서비스 직원이지만, 우리는 그 백화점이 친절하다고 말한다. 좋은 고객서비스를 위한 희생은 우리 같은 사람들이 하고, 그 칭찬과 찬사는 대기업 브랜드에 돌아갔던 것이다. 즉 희생하는 사람과 칭찬을 듣는 사람이 달랐다.

아주 큰 사회, 그리고 그 사이를 거미줄처럼 잇고 있는 대형 브랜드는 사람과 사람이 마주보고 관계하는 대신 그 사이를 차지해버렸다. 대량 생산이 환경을 파괴한다는 건 알고 있었지만, 사람의 관계를 깨고 정신을 파괴할 수 있다는 사실은 놀라웠다.

나는 언제인가부터 한 동네 카페의 단골이 되었다. 그 까페는 늘 성심껏 로스팅을 하여 커피맛이 손에 꼽을 정도로 맛있다. 그런데도 커피값이 너무나 쌌다.

이 정도로 정성을 쏟은 카페가 이 가격에 살아남을 수 있을까 하는 생각이 들었다. 어느날 가격을 조금 인상해야겠다고 죄송하다고 사장님이 말씀하셨다. 어찌보면 당연하다는 생각이 들었다. 인상하시라고 그래야 나도 이 까페를 계속 올 수 있을거라고. 사장님이 매

번 원두를 하나하나 고르는 걸, 정성껏 로스팅 하는 걸 보았다. 나도 사람인 만큼 사장님도 사람인데, 그분이 충분히 노력에 대한 대가를 받길 바랐다.

그 가게는 가격을 인상했지만, 그래도 보통 프랜차이즈 커피 전문점보다 아직도 가격이 저렴하다(프랜차이즈 브랜드로 가는 거품이 없기 때문일 것이다). 나는 이 정도 가격에 이 정도 정성들인 맛을 즐길 수 있다는 사실이 아직도 행운이라고 생각한다. 손님은 가격 인상을 배려할 수 있고, 가게는 진심으로 손님에게 좋은 서비스를 제공할 수 있는 것. 그건 사장님과 내가 1대 1로 얼굴을 마주하는 사람 대 사람의 관계였기 때문이었다. 성의껏 만든 커피라는 수고로운 노력에 대한 단돈 삼천오백 원은 너무 적다. 만약 사장님의 실력에 대한 인정과 찬사 그리고 손님이 맛보는 기쁨이 그분께 직접 돌아가지 않았다면, 가게를 계속 운영하기 어려웠을 것이다. 사람과 사람의 관계에서는 돈 이외의 풍부한 가치가 거래된다. 그리고 그것은 돈으로 계산할 수 없다.

대가 없는 부는 없다

'1명의 부자가 있기 위해선 500명의 가난한 사람이 필요하다'

— 애덤 스미스

누군가 앉아서 돈을 벌면 그만큼 더 일하는 사람이 존재한다.

어떤 나라가 돈을 끌어들이면 다른 나라에서 돈이 빠져나간다. 선진국이 된 유럽이 쌓아올린 부는 식민지 국가들로부터 훔쳐본 것이었다. 환율 정책으로 수출 기업이 이득을 보면 그 나라 국민들은 손해를 본다.[30] 경제가 발전할 때 한 집단이 이득을 보면 반드시 다른 집단이 손해를 본다. 국가가 가진 빚은 정부가 떠안지 않으면 기업이 떠안고, 기업이 떠안지 않으면 가계가 떠안는다. 누군가 시세차익으로 얻은 막대한 부는 누군가에겐 고스란히 삶을 저당잡힌 빚이 된다.

한 세대가 호황을 누리고 경제성장으로 풍요를 누리면 다음 세대는 불황으로 그 대가를 치른다. 나라가 엄청나게 찍어낸 돈, 즉 빚으로 성장의 달콤한 열매를 맛본 시기가 지나면[31] 그 다음 세대는 더 적게 벌고 더 많이 일해야 하기 때문이다. 이전 세대의 빚을 이들이 갚는 것이다.

세상 전체의 눈으로 돈의 흐름을 보면, 매우 마음 아픈 진실에 접근한다. 모두를 행복하게 할 수 있는 자본주의는 존재하지 않는다. 무엇 하나를 선택하면 무엇 하나는 포기해야 한다. 누군가 이익을 보면 누군가는 손해를 본다.

대가 없는 부는 없고 희생 없는 이윤은 없다. 누군가 이익을 보면 반드시 누군가 손해를 본다. '한국 경제가 나아가야 할 방향', '나라의 경제를 살리는 정책' 그런 건 없다. 모든 경제 정책은 단지 이번엔 누구를 더 이롭게 할 것인가를 선택하는 정책일 뿐이다. 이번엔 누구

---

30 《부자 삼성, 가난한 한국》 미쓰하시 다카아키, 터즈맴
31 여기서 '찍어낸 돈'이란 미국이 1971년과 2008년 금융위기 이후 실시한 달러의 '양적완화'를 의미하는 것이다.

의 손해를 선택할 것인가를 묻는 것일 뿐이다.[32]

모두를 부자가 되게 할 수 있는 법, 그런 것은 없다. 그것이 자본주의다. 제로섬인 세상에서, 무언가 선택하면 무언가를 포기해야 한다. 그래서 우린 늘 질문을 던져야 한다.

이윤을 살릴 것인가 노동자를 살릴 것인가? 수출 기업을 살릴 것인가 국민을 살릴 것인가? 은행을 살릴 것인가 국민을 살릴 것인가?

그리고 가장 어려운 질문이 남아있다. 경제를 살릴 것인가 인간을 살릴 것인가?

주가가 떨어지는 게 더 마음이 아픈가 사람이 죽는 게 더 마음이 아픈가?

자본주의의 역사는 말한다. 사람을 희생시키지 않고는 돈을 더 불릴 수 없다. 사람과 경제를 둘 다 살리는 방법은 하나다. 사람을 살리기 위해 돈을 쓰면 된다. 그럼 사람과 돈을 둘 다 살릴 수 있다. 하지만 이윤에 매몰된 경제는 그렇게 하지 않았다.

벌거벗은 임금님

성장을 멈추는 것은 나쁜 것이 아니다. 단지 신용 창조가 계속되는 속도가 줄 뿐이고, 물가가 오르는 속도가 줄 뿐이다. 그리고 우리

---

32 미국 정부의 정책 자문위원이었던 경제학자 레스터 서로는 《제로섬 사회》에서 경제 정책은 누구의 손해를 선택할 것인가를 결정하는 일이라고 했다.

가 일하는 속도가 줄어들 뿐이다. 성장을 멈추는 것은, 사람들이 부자가 되는 속도가 줄어드는 것이 아니고 행복해지는 속도가 줄어드는 것도 아니다. 우리는 단지 잠을 더 잘 수 있게 될지도 모르며 조금 쉬면서 일할 수 있게 될지도 모른다. 그리고 필요 없는 재화를 덜 소비하거나, 버리는 것이 줄어들지도 모른다.

그런데 아이러니한 상황에 놓여 있다. 성장을 멈추면 주가가 하락할 것이고, 작년보다 덜 생산하면 늘 받던 성과금을 받지 못하게 될 것이고, 윗사람에게 쪼일 것이고 경영자들은 주주들에게 비난을 들을 것이다. 성장이 멈추면 기업이 해고를 할 지도 모르고 그리되면 가장은 가족을 먹여 살리기 어렵게 될 수도 있다고 생각한다. 우리는 우리 자신이 아닌 수많은 사람들의 어떤 이익들 때문에 사실 성장이라는 담론을 포기할 수가 없다. 마치 삶 전체가 경제성장에 인질로 잡힌 것과 마찬가지이다. 우리는, 두렵다.

그러나 경제성장을 계속해야 한다는 말은 마치 뚱뚱해지기를 계속해야 한다는 말과 같다.[33] 행복이 아니라 GDP의 성장이 목표라고 말하는 것은 마치 영양을 공급하는 게 목적이 아니라 살만 찌우자는 말과 같은 셈이다.

탄소 배출과 환경오염과 자원 고갈에 대한 비용이 경제성장 지표에는 계산되지 않는다. 행복, 사랑, 아이와 엄마의 밀착 관계, 친구

---

33 GDP 성장이 목적이라고 말하는 것은 마치 뚱뚱해지는게 목적이라고 하는 것과 같다. ― ≪장하준의 경제학강의≫, 부키

관계, 걸어다닐 수 있는 동네, 시간의 흔적이 묻은 19세기의 길과 건축물, 신뢰, 용서, 단골 가게와 서비스를 잘 해주는 동네 가게 주인, 햇살의 따뜻함이나 살아있는 나비의 아름다움, 불안에 흔들리지 않는 심리적 건강함, 책과 좋은 음악을 즐길 수 있는 여유의 가치를 측정하는 척도는 존재하지 않는다. 그래서 우리는 숫자로 환산된 GDP가 행복의 가치라고 굳게 믿고 있는 것일런지도 모른다.

삶의 대부분을 화폐로 교환되는 경제활동으로 바꾸면 사람은 간데 없고 돈이 만들어준 사람의 껍데기만 남는다. 사람들은 자신이 누군가에게 도움을 줄 수 있는 사람이 되길 희망하기보다 잘 팔릴 상품이 되기를 희망하게 된다. 우리는 삶의 더 많은 부분을 돈 가치로 교환할 것이고 그럴수록 우리는 돈을 얻느라 사람을 버리는 일을 반복할 것이다.

'벌거벗은 임금님'이라는 우화가 있다. 두 사기꾼이 눈에 보이지 않는 실로 옷을 짓는다며 임금님을 속이고 비싼 금화를 챙긴다. 이 실과 옷은 바보들의 눈에는 보이지 않는다고 설명한다. 사기꾼이 돌리고 있는 베틀이 비어 있어 임금이 신하에게 물어보니 신하는 멋지고 화려한 실들이 보인다고 말한다. 바보가 되고 싶지 않았기 때문이다. 임금님은 결국 벌거벗은 채로 거리에 나서게 된다. 사기꾼들은 "보세요, 정말 멋진 비단과 금실이지 않습니까?"라고 허풍스레 말하고, 신하들은 정말 멋진 옷이라며 아첨한다. 사람들도 "정말 멋진 옷이다!"라며 말하면서 사람들은 자신의 눈을 의심하기 시작한다. 모든 사람들이 그래 정말 멋지고 화려한 금 옷이라고 끄덕이며 칭찬하기 시작한다. 사람들은 자신들의 눈에 벌거벗은 임금님이 보이는 이유는 자신이 틀렸거나 바보이기 때문이라고 생각한다.

그런데 한 아이가 소리친다. "임금님은 벌거벗었어!"

현대 사회에 누군가가 "경제성장은 옳지 않아!"라고 얘기한다면 아마 미친 사람 취급을 받을 것이다. 그만큼 '경제성장'이란 어감은 진보진영조차도 그것을 비판하는 데 매우 조심스러울 정도의 '소중한 가치'로 취급되어 왔다. 사람들에게 상처를 주는 수많은 일들이 경제성장의 논리로 무시되어 왔다. 그리고 사람들이 빚더미에 올라 앉은 지금 조차도, 경제성장이 답이라고 말한다. 그리고 심지어 불평등 해소의 길도 경제성장이 답이라고 말하는 사람들이 많다. 상당히 진보적인 경제학자들도 자신은 경제성장을 반대하지 않는다고 말한다.

경제성장은 누구에겐 다 좋은 것일 수 있지만 '옳은 것'은 아니다. '경제성장은 돈을 최우선 가치로 삼는 사회에서만 좋은 것' 일 뿐이다.

다시한번 말하지만, 풍요는 계속 생산할 수 있지만 구매력은 한정되어 있다. 구매력은 불평등하게 분배되고 앞으로 더 한쪽으로 기울어질 것이다. 그토록 넘치는 풍요는 모든 사람들에게 다 돌아갈 수 없다. 마트에 넘치는 재고와 비어있는 집과 상가 건물이 늘어날 것이다. 우린 그 누구를 위해서도 쓰이지도 않을 풍요를 생산하느라 더 빨리 더 열심히 일하고 있다.

분배없는 성장은 좋지 않다. 경제성장이 누군가는 행복하게 해주지만 모두를 행복하게 해주는 것은 아니다. 그것은 경제성장이 어떤 방식으로 이루어지느냐에 달려 있다. 과거엔 성장의 열매가 임금과 저축으로 흘러갔지만, 지금은 사람의 가치를 하락시키고 주가를 올려 '성장시켰다'. 만약 지금과 같은 성장이 계속되면 누구에게 이로운 것인가?

지금과 같은 경제성장이 분명 이로운 사람들이 있다. 자산가들이다. 이들에겐 경제성장이 꼭 필요하다. 경제가 성장하면 자산가치가 오른다. 경기가 나빠지면 자산가치가 하락한다. 돈이 허공에 없어지는 것은 누구나 상상하기 싫은 일일 것이다. 이윤 중심의 경제 시스템을 굳건히 지지하고 있는 믿음 이면에는 이렇게 '화수분' 소유자들의 두려움이 깔려있다.

임금 소득자들의 입장에서는 임금이 생산성을 따라가지 못하거나 경제성장을 따라가지 못하면 성장이 만들어낸 풍요를 살 수 없는 상황에 처한다. 상대적으로 불행해진다. 지금과 같은 경제성장 논리에서는 임금 소득자들이 소비를 해줌으로써 경제가 돌아가는 게 아니라 주가나 집값이 올라서 소비를 하게 된다는 논리이기 때문에 오로지 자산을 갖고 있는 사람들에게만 경제성장이 좋을 뿐이다.

영원한 성장은 불가능하다. 돈이 부풀려지는 속도가 지구의 자원으로 물건들이 생산되는 속도를 추월했다. 자본이 끝나기 전에 지구의 자원이 먼저 고갈될 것이라는 주장은 결코 허황된 것이 아니다. 또 세상 전체에 실제 있는 돈보다 빚이 너무 빨리 늘어나 과연 이를 갚는 것이 가능한가 하는 문제는 오래전부터 제기되어 왔다. 기축 통화인 달러의 생산국인 미국이 안고 있는 부채는 전체 GDP보다 많다.

경제성장은 어떤 나라에서는 필요하지만, 어떤 나라에서는 필요하지 않다. 생산성을 높이는 이유는 우리가 좀 더 많은 시간을 갖기 위해서이지, 더 많이 노동하기 위해서가 아니다. 경제성장은 과정에 따른 결과여야하지, 목표가 되어서는 안된다고, 감히 생각한다.

| 제7장 |

불평등

많을수록 더 많이 갖는 세상

능력에 따라 보수를 차별적으로 받아야 한다. 자본주의 사회는 그렇다고 한다. 능력에 따른 불평등은 합리적이라 한다. 그러나 자본주의만큼은 더 일하는 사람에게 더 많은 보상을 줘야 한다는 말을 하지 말아야 한다. 왜냐하면 자본주의 세상에선 앉아서 돈을 버는 이가 돈을 가장 많이 가져가기 때문이다. 자본주의는 더 많이 일할수록 돈을 더 많이 버는 세상이 아니라, 더 많이 가지고 있을수록 돈을 더 버는 세상이다.

돈이 없을수록 돈이 더 많이 들고, 돈이 많을수록 돈이 쉽게 늘어난다. 빵을 다섯 개 가진 영수는 빵을 한 개 가진 철수보다 빵을 하나 더 얻는 속도가 빠르다. 돈을 서로 빼앗아야만 하는 제로섬 세상에서 누군가 빵을 먼저 가지면 속도가 느린 사람은 빵을 얻기가 그만큼 힘들다.

빈부 격차는 사실 점점 늘어날 수밖에 없다. 앞서 말했듯이 세상의 부는 한정되어 있고, 자본 소득이 늘어난다는 것은 다른 사람들의 몫이 계속 옮겨오는 것을 뜻한다. 이것이 세금과 복지를 통해서 적절히 재분배되지 않는다면 가난한 사람들은 계속 늘어날 수밖에 없다.

만약 가진 사람이 계속 더 많이 가진다는 규칙이 계속된다면, 그것은 자본이 기하급수적으로 늘어난다는 것을 의미한다. 단지 수학적인 이유로도 불평등은 빠르게 커질 수밖에 없다.

경제가 성장할수록 불평등이 늘어난다는 것은 물가가 오르는데 물건을 살 수 없는 사람이 더 많이 늘어난다는 이야기이기도 하다. 세상 전체로 보았을 때 일정한 금액이 한 사람에게 몰렸을 때, 돈이 없는 사람들로부터는 행복이 사라지는 정도는 크고, 부자에게 늘어나는 행복의 정도는 작다.

예컨데 전체의 GDP가 50만원 성장했다고 해보자. 그런데 10만원을 가진 10명의 중산층이 5만원씩 잃어 가난한 사람으로 전락하고, 1억을 가진 부자에게 50만원이 옮겨간 것이라면, 세상 전체의 풍요는 줄어든 것이나 마찬가지이다. 가난해진 사람은 10명이고, 한 사람의 부자는 단지 일부분에 불과한 이익을 얻었을 뿐이기 때문이다. 확실한 것은, 행복한 사람의 수는 분명 줄어든다는 사실이다.

의자의 수는 계속 줄어들고 생존하기 어려운 사람들은 계속 늘어날 것이다. 기업의 이윤을 보장해줄 매출을 늘려줄 소비자들도 줄어들 것이고, 월세를 내줄 사람들도, 이자를 내 줄 사람들도 줄어들 것이다. 아이러니한 것은 자산가들은 자신들이 갖고 있는 화수분의 영양 공급원들이 계속 메말라가고 있다는 사실을 인식하지 못하고 있다는 것이다.

개미처럼 일해서 부자가 된 사람들이 있다. 하지만 그렇게 부자가 된 사람들보다 개미처럼 일하다 은퇴하고 또 개미처럼 일하는 사람들이 훨씬 많다. 젊을 땐 치킨을 배달하고(아르바이트), 취직해서 치킨을 시켜먹고(평범한 월급), 은퇴하면 치킨을 굽게(자영업 노동) 된다는 표현이 차라리 현실적이다. 만약 개미처럼 일해서 자산가가 되는 것이 공평한 것이라면 세상의 모든 사람이 젊어서 개미처럼 일하면 어른이 되어서는 대부분 자본을 가질 수 있어야 한다. 그러나 그러한 매커니즘이 작동되는 시대는 한 시대였을 뿐이다.

힘이 없는 이들에게만 도덕을 묻다

마이클 무어 감독은 다큐멘터리 〈자본주의, 러브스토리〉에서 인상 깊은 장면을 하나 보여줬다. 2008년 리먼브라더스 파산 사태 이후, 그는 우뚝 솟아 있는 씨티그룹 건물 아래에 폴리스라인을 설치하고, "이곳은 범죄 현장입니다. 세금 도둑들이 있는 범죄 현장입니다."라고 얘기하는 장면이다. 그는 이 의미심장한 퍼포먼스로 다큐멘터리의 엔딩을 장식한다.

미국에서 가장 큰 은행 중 하나인 씨티은행은 서브프라임 모기지 대출의 대출금 회수가 불가능해지자 정부의 구제금융을 받았다. 그들은 갚을 수 없는 저소득층에게 집을 사라고 대출을 유도한 뒤 투자자들에게 고액의 수수료를 받고 상품을 묶어 팔았다. 그리고 은행은 신용도 검증하지 않고 집값의 100퍼센트까지 대출해주기에 이르렀다. 은행이 수위 높은 도박을 한 것은 사실이었다. 그러한 대출이 더 절실한 쪽은 집을 사려는 대출자들이 아니라 은행이었다. 새로운 대출자가 있어야만 집값이 계속 상승하고 호황을 유지하기 때문이었다. 은행은 더 많은 대출자와 투자자를 이 시장에 끌어들일수록 더 많은 수수료 잔치를 할 수 있었다.[34]

은행은 대부 중개자가 되었고 스스로 투자자가 되었다. 집값이 오를테니 소득이 없어도 대출로, 집을 사라고 초 저금리로 유혹했던 달콤한 말들과, 투자자가 손해를 볼 확률은 복권에 스물한 번 연속으로 당첨되는 경우와 맞먹는다는 거짓말[35]에는 아무도 책임지지 않았다.

은행이 부도날 위기를 맞자 정부 개입을 그토록 싫어했던 금융가들은 정부의 구제를 받으러 앞다퉈 달려갔다. 결국 정부의 돈으로 은행의 파산을 막았다. 아니 국민의 세금으로 은행의 파산을 막았다. 그때 얻은 교훈은 투자의 손실은 정부가 보증해준다는 것이었다. 아

---

34 화폐의 전망, 필립 고건, 세종연구원
35 《장하준의 경제학 강의》에서 서브프라임 모기지 대출 당시 파생상품의 수학 모델이 계산한 확률을 두고 이렇게 표현했다.

무리 리스크가 높은 투기라 하더라도 말이다.

사람들은 딜레마에 부딪혔다. 은행은 사람들의 예금을 인질로 자신들의 위험한 도박에 대한 손실을 보증 받은 것이었다. 경제학자 프레데릭 로르동은 정부가 은행을 구제하지 않을 수 없었던 현상을 두고, '금융의 협박 구조'라고 묘사했다. 은행은 말한다. 우리가 망하면 너희도 망한다. 사람들은 은행이 구제금융을 신청한 것을 두고 뻔뻔스럽다고 생각하면서도 은행의 파산을 반대할 수 없었다. 은행은 국민 전체를 볼모로 자신들이 망하지 않을 권리를 주장한 셈이었다.[36]

대형 마트들은 자신들에게 수 많은 납품업체들의 생사가 걸려있다며 자신들을 규제하는 것을 반대한다. 대기업에 한국 경제의 생사가 달려 있다며 대기업 회장들은 감옥에서 보다 빨리 풀려나와야만 하는 이유를 갖는다. 작은 사업체들을 시장에서 퇴출시킨 뒤 다시 자신의 유통망 안으로, 자신의 하청 구조 안으로 편입시킨 뒤 이들을 볼모로 권력을 휘두르는 것과 마찬가지이다. 도덕은 힘 없는 이들에게만 따지는 것이다. 모두가 인질인 상태에서는 공정한 규칙을 물을 수 없다.

사람들은 복지라는 '공짜 소득'에 대해 도덕적 해이를 따지지만 미국의 연방준비은행이 허공에서 찍어내는 달러에 대해서는 도덕을 묻지 않는다. 부채에 대한 책임은 힘 없는 개인들에게만 묻는다. 은행을 파산 위기로 몬 후 정부 구제를 받고 보너스와 급여를 챙겼던 은행가들에게 도덕적 해이란 없었다.

---

36 프레데릭 로르동 《좌파는 죽지 않는다.》 르몽드 디플로마티크, 2014년 11월

집값이 오른다는 말만 믿고 저금리로 대출 받아 집을 샀던 대부분의 이들은 거리에 나 앉았다. 그러나 은행과 은행가들은 구제 받았다.

자본주의는 일을 더 열심히 하는 이가 돈을 더 많이 갖는 세계가 아니다. 자본주의는 힘을 더 가진 이가 돈을 더 빼앗아 내는 사회다. 돈을 분배하는 것은 권력이다. 자본주의 세상에서 가장 돈을 많이 버는 이들은 돈의 규칙을 정하고 바꾸는 사람들이며, 그 다음 부자들은 남의 돈으로 돈을 버는 사람들이다. 여기에 시세차익과 화수분으로 돈을 버는 사람들이 있고, 가장 바닥에 종일토록 일하는 사람들이 있다.

대형 마트가 납품 업체에게 불합리한 싼 가격을 요구할 수 있는 것도, 착취가 가능한 것도 그들에겐 무기가 있고 '을' 들에겐 선택권이 없기 때문이다. 그래서 수많은 을들은 무기를 갖기 위해 노력할 수밖에 없었다. 연대와 노동조합은 힘의 균형을 맞추기 위해 만들어진 것이다. 정당한 월급, 주 6일 근무, 월차, 연차, 복지, 휴가, 야근 수당, 이 모든 것들은 사람들이 죽고 피 흘리고 철탑에 올라가고 거리로 나와 수 년간 싸워서 얻어낸 것이다. 그 낡고 촌스러운 조끼와 깃발과 삼십 년 동안 변하지 않는 고리타분한 투쟁가와 팔뚝질이 얻어낸 것이다. 그 어떤 것도 가만히 기다리는 이에게 주지 않는다.

자본주의 세상에서 생산해낸 '풍요'는 넘쳐날지 몰라도 '돈'은 언제나 모자라다. 치열하게 뺏고 빼앗아야만 겨우 차지할 수 있는 것이다. 예전에는 일을 잘하면 인정을 받고 저절로 정당한 몫을 받을 수 있을 것이라 생각했다. 노력을 하고 탁월하게 일을 해 내면 돈을 벌 수 있을 것이라 생각했다. 사회로 뛰어든 지 십여 년, 내가 틀렸다. 일을 잘 하면 인정만 받는다. 돈은 그만큼 받지 않는다. 정당한 몫은 끊임없이 요구하고 싸워서 받아내야 하는 것이다.

서민들에게 부를 분배하는 것도 마찬가지다. 공정한 부나 평등한 분배를 만드는 것은 치열하고 집요하게 싸워서 뺏고 빼앗아 내야 하는 것이다. 가만히 기다리는 이에겐 아무것도 주어지지 않는다.

손실의 불평등

불평등은 이익이 생길때보다 손실이 발생했을 때 더 극명하게 드러난다.

집값이 하락하자 대출로 집을 샀던 사람들은 집을 잃었다. 그렇게 전 재산을 잃었다. 그러나 돈을 빌려준 사람들은 일부만 잃었다. 우선순위 청구권을 갖고 있었기 때문이다. 집값 하락에 대한 위험 부담은 채무자가 전부 진다. 채무자들이 100퍼센트를 잃을 때 채권자들은 50퍼센트만 잃었다. 태풍이 지나가자 없는 이들은 전부를 잃었고 있는 가진 자들은 일부만 잃었다. 불평등은 그렇게 확산되었다.[37]

CEO들은 때로 천문학적인 보수를 받는데, 그의 결정이 주가를 움직이고 그의 결정 하나가 수천억원을 움직이기 때문이라는 말로 정당화된다. 하지만 잘못된 결정에 대하여 CEO가 보수를 반납하는 경

---

37 《빛으로 지은 집》 아미르 수피, 아티프 미안

우를 본 적이 없다. 회사가 어려워지면 가장 먼저 노동자들이 해고된다. CEO는 이익에 대한 보상은 가장 먼저 가져가지만 손실에 대한 피해는 노동자들이 가장 먼저 떠안는다. 사람을 자르고 회사를 살리면 주가가 오르지만, 사람을 살리면서 회사를 살릴 수 있는 방법에 대해서는 아무도 묻지 않는다. 돈을 절약하고 돈을 끌어오는 능력에는 얼마면 되냐고 물었고, 사람을 살리는 능력에는 아무도 관심 갖지 않았다.

7억 원과 320만원의 차이

몇 년 전 한 상업영화 현장에서, A급 주연배우는 7억 개런티로 계약했다. 같은 현장에서 그 배우와 함께 일했던 막내급 스탭은 급여로 4개월간 320만원을 받았다. 같은 현장에서 먹고 자고 일하는 시간은 막내 스탭이 더 많다. 나는 같은 프로젝트 안에서 사람의 급여가 200배 차이 날 수 있다는 사실을 어떻게 받아들여야 할지 물음을 던졌다. 물론 현장에서 보았지만 카메라 앞에서 연기한다는 것은 카메라 뒤와는 비교도 안 되게 고도의 긴장과 집중을 필요로 하는 일임에는 틀림없다. 주연배우에게 의자 하나 담요 하나 커피 한 잔더 갖다 주는 이유도 그가 갑이여서가 아니라 주연배우의 컨디션 변화 하나에도 영화 퀄리티가 좌우되는 것이 사실이기 때문이다. 그러나 이 모든 것을 감안해도 사람의 능력이 200배까지 차이가 난다고할 수는 없다.

슈퍼스타가 받는 7억은 그가 가진 영향력 때문이다. 그의 캐스팅으로 30억의 투자금을 더 끌어오는 것이 가능한데 투자자가 그의 티켓 파워를 보고 투자금을 넣기 때문이다. 소비자들이 그의 이름을 보고 표를 구매한다는 믿음 때문이다.

사실 그의 영향력은 그가 혼자 만든 것이 아니다. TV라는 대중 미디어 그리고 인터넷이라는 인프라가 있기 때문이다. 만약 대중 미디어가 그토록 커지지 않았다면, 그는 한 작은 마을에서 수십 명의 관객들에게만 알려진 연극배우로 그칠 수도 있었다. 그렇다면 아무리 연기를 잘 하고 능력이 뛰어나도 그는 관객 수십 명만을 동원할 수 있는 배우일 뿐이었을 것이다. 그가 그렇게 큰 금액을 움직일 수 있게 된 것은 연결된 시장이 커졌기 때문이다. 그리고 매일같이 방송을 짜고 내보내고 뉴스에 그의 이름을 올리던 사람들과 기자들이 있기 때문이기도 하다. 그 사람들이 그를 계속 찍고 내보내고 꾸미고 스토리를 만들고 대중들에게 전달하지 않았다면 그는 그만큼의 투자금을 끌어들일 영향력을 갖지 못했을 것이다. 그가 대중들에게 크게 전달되는 까닭은 본인 한 사람의 능력 외의 것들이 더 많이 작용하기 때문이다. 사회 인프라부터 시작해서 적절한 시나리오, 적절한 드라마, 때와 운 등이 그것일 수 있다. 어느 정도 이상의 영향력을 갖게 되는 것은 한 개인의 능력이나 의지를 뛰어넘는 일이다. 마찬가지로 연봉이나 수입이 급격히 상승하는 것도 한 개인의 그것을 뛰어넘는 일이다.

영화계의 슈퍼스타뿐만이 아니다. 삼성과 같은 기업의 임원들이 노동자 평균 연봉의 137배[38]에 달하는 까닭은 개인의 역량보다도 그 역량이 영향을 미칠 수 있는 규모의 조직과 인프라가 있기 때문이다. 또한 몇 초 단위로 전국의 혹은 전 세계의 수천만 명에게 닿는 인터넷이라는 인프라는 한 사람 혹은 한 기업의 영향력을 극대화시켰다. 미국에 수조 달러의 갑부들이 생길 수 있는 까닭은 그들이 전 세계를 상대로 장사할 수 있기 때문이다.

〈빅이슈〉에 실렸던 가수 이효리의 인터뷰는 이러한 연결망을 잘 은유하고 있다.

"지금 같은 산업사회에서는 나 혼자 할 수 있는 일이 아무것도 없다. 오늘 같은 날도 그렇지 않은가. 화보를 찍더라도 스타일리스트가 있어야 하고, 포토그래퍼가 있어야 하고, 공장에서 만든 조명이 있어야 하고, 옷이 있어야 하고, 어딘가에서 전기를 끌어와야 하지 않는가. 나 혼자 포즈를 취하는 것이 다가 아니라 보이지 않는 사회 구성원들이 도와줬기 때문에 한 장의 사진이 나올 수 있는 거다. 결국 나눔이란 내가 받은 것들에 대한 환원이라고 생각한다. 지금껏 그런 걸 모르고 '일련의 노력에 대한 혜택과 공을 나 혼자 독차지하고 있었구나...'하는 생각이 들었다."[39]

스태프들의 임금이 적은 것은 그들의 일이 그만큼의 값어치이기 때문이 아니라 단지 적절한 임금을 요구할 무기가 없기 때문이다.

---

38 〈분노의 숫자〉 새로운 사회를 여는 연구원, 들녘
39 〈빅이슈코리아〉 32호

선택을 하는 이는 권력을 갖고 선택권이 없는 이는 불합리함을 따질 수 없다.

당신의 능력과 노력이 돈과 보수를 정하는 경우는 극히 드물다. 시스템의 힘과 역학 관계, 권력과 의존도 그리고 사람들의 욕망의 규칙이 당신의 보수를 결정한다. 구매력의 분배는 개인의 역량보다 사회의 시스템에 의해 훨씬 더 영향을 많이 받는다. 당신의 '진짜 임금—물가 상승을 뺀—을 갉아먹는 것은 인플레이션, 금리, 환율, 세금, 이 모든 것들이다. 시스템 전체가 사람의 가치를 야금야금 떨어뜨리는 동안은 당신의 탁월함만으로는 충분한 보수를 얻을 수가 없다. 싸워서 얻어내야 한다.

왜 아름답지 못한 일이 더 많은 보수를 받을까

서울 모 대학이 재벌에 팔린 후, 이사장은 청소년학과를 없애면서, "공부해서 졸업해야 100만원 밖에 못 받는 일터에 다닌다"는 말을 했다. 여기에 청소년학과 학생들이 답한 내용은 참으로 근사하다.

"우리의 일은 100만원보다 더 가치있는 일이다. 그 가치를 인정하고 이 사회가 가치 있는 일에 더 많은 임금을 주도록 유도하는 게 또한 인문학의 역할이다."[40] 라고.

---

40 한겨레, 2014.6.30일자

이 사회에서 보수가 높은 일이란 어떤 일일까. 예전엔 공부를 오래 하거나 어려운 기술을 익힐수록 보수가 높은 직업이라 사람들은 믿고 있었다. 의사나 법률가, 통역사와 같은 전문가들처럼 말이다. 하지만 지금 시대의 직업들을 관찰해보면, '돈이 돈을 만들어내는 일에 더 가까울수록' 돈을 많이 받는다. 더 정확히 이야기하면 돈을 뺏고 뺏는 일에 관련이 깊을수록 보수가 높다. 이를테면 금융이 그렇고 광고가 그렇다. 금융은 가진 이들의 돈을 불려 주면서 돈을 벌고, 광고는 불필요한 제품을 꼭 필요한 것처럼 뻥튀기를 함으로써 사람들로 하여금 사게 만든다.

공부를 더 많이 해서도, 기술이 더 필요한 일이어서도 아니다. 영화와 TV 광고는 비슷한 기술과 노력과 노동을 필요로 한다. 하지만 그 대가로 받는 돈은 10배 이상 차이가 난다. 오로지 광고가 '돈을 만들어내는 일'과 더 가깝다는 이유에서다. 즉 부자들의 돈을 벌어 주는 일과 돈이 가진 권력을 유지해 주는 일이 돈을 많이 받는 것뿐이다.

수익과 매출, 즉 더 많은 돈을 내게 돌려준다는 믿음만 주면 사람들은 돈을 기꺼이 지불한다. 우리는 다른 이로부터 내게 더 많은 돈을 끌어와 주는 일에 높은 보수를 지불한다.

우리가 의존하고 있는 경제의 대부분은 그렇게 돈을 뺏고 뺏기는 일로 구성된다. 경제는 기술이나 능력, 혹은 일의 중요성이나 가치에 따라 돌아가는 것이 아니라 철저하게 욕망에 따라 돌아간다. 강남의 고급 주택이나 고급 승용차로 표현되는 그 '능력'이란 대부분 '다른 사람으로부터 돈을 더 빼앗아오는 능력'에 가까운 일이다. 우린 누군가를 돕거나, 사람에게 유용한 무언가를 발명하거나, 진실을 연구하거나 지혜를 성숙시키거나 주변을 아름답게 만드는 일들에 '능력'을 묻지 않는다. 얼마면 되겠냐고 묻지 않는다.

사람들은 '필요한 일'이 아닌 '욕망하는 일'에 늘 더 많은 돈을 기꺼이 지불하고, '욕망하는 일'로 경제의 대부분을 구성한다.

나는 어째서 수 많은 고학력자들이 힘들게 언론사에 입사해서 연예인 엉덩이만 쳐다보고 있어야만 하는지, 어째서 좋은 취재를 고민하는 시간보다 '헉'과 '충격' 투성이인 제목을 만들어내는 데 더 많은 에너지를 쓰고 있어야만 하는지 묻지 않을 수 없었다. 왜 어렵게 미술을 공부한 감각 있는 디자이너들이 결국 베껴 내고 찍어 내는 일로 대부분의 나날을 보내고 있는지, 카이스트를 졸업한 과학 인재들은 발명이나 연구 대신 왜 입시 학원 강사를 하고 있는지 묻지 않을 수 없었다. 왜 의사들은 아픈 곳을 치료하는 일 대신 멀쩡한 얼굴을 깎고 고치는 일을 더 많이 하고 있는지를, 작가들은 아름다운 글을 쓰기보다 사교육 시장에서 더 많은 시간을 보내게 되는지를.

이를테면 혼자 독창적인 것을 꾸준히 연구하고 발명하는 일은 대기업에서 복사를 하고 커피를 나르는 일보다 보수를 적게 받는다. 당장에 매출을 만들어내는 일에 협력하는가 아닌가의 차이다.

세상엔 기술이나 노력이 많이 필요하지만 돈을 많이 벌어들이는 것과 관계 없는 일도 많다. 예술이 그렇고 철학이, 과학이 그렇다. 광고는 밥을 먹이지만 좋은 영혼을 가진 영화는 사람의 영혼을 먹인다. 우리는 영화에서 위로를 얻고 삶을 배우고 생각을 확장시키기도 한다. 이러한 행위들은 돈을 만들어내는 일보다 결코 가치가 떨어지는 일들이 아니다.

세상의 많은 돈이 뺏고 빼앗겨서 분배된다. 부는 눈에 띄지 않게 누군가 훔쳐가는 것이다. 힘이 없으면 적절한 임금을 요구할 수 없다. 누구도 돈을 절대로 그냥 내어주지 않는다.

최초의 자본, 즉 땅은 수 많은 사람들이 전쟁을 통해 깃발을 꽂고, 원주민을 몰아내고 빼앗고 차지한 것이다. 일하던 사람들을 쫓아내고 울타리를 치면서 비로소 소유하기 시작한 것이다.[41] 일해서 버는 것 외에 수 많은 방법으로 사람들은 규칙을 바꾸어 돈을 갖기도 하고 어느 지역에 개발을 결정하여 시세차익을 올리기도 하며 환율을 조정해 이웃나라로부터 돈을 빼앗아오기도 한다. 하루에도 수 억 원씩 금융 시장에서 누군가는 돈을 그냥 잃고 누군가는 그냥 얻는다. 돈은 버는 것이 아니라 뺏고 빼앗는 것이다. 자본주의 사회에서는 이조차도 능력이라고 한다.

---

41 16세기에 시작된 영국의 인클로저 운동. 이 사건은 소유 개념을 명확히 한 자본주의 상징적 시초로 자주 인용된다.

공정함을 되찾는 것도 능력이다

만약 빼앗고 차지하는 것도 능력이라면, 빼앗긴 것을 공정하게 되찾아 오는 것도 능력이다. 주식과 부동산을 미친 듯이 분석하고 찾아내서 시세차익을 얻어내는 것이 능력이라면, 차익의 정당한 몫은 누구에게 돌아가야 하는가를 밝혀내는 것도 능력이다. 폰지 게임에 참여해서 공짜 소득을 얻는 것도 능력이라면, 이 피라미드 사기의 피해를 방어하는 것도 능력이다.

부당한 돈의 규칙을 만들 수 있는 것이 능력이라면 부당함에 문제 제기할 수 있는 것도 능력이다. 속여서 뺏는 것도 능력이라면 속지 않는 것도 능력이다. 사람들의 욕망을 움직여서 돈을 버는 게 능력이라면 사람들의 선의를 움직여서 돈을 되찾는 것도 능력이다. 공짜로 돈을 얻어내는 것도 능력이라면 누구의 희생으로 이루어진 공짜인가를 알아내는 것도 능력이다.

외모가 능력이라면, 강한 영혼을 갖는 것도 능력이다. 환경을 살리는 것도 능력이고, 사람을 지켜내는 것도 능력이다. 지혜를 성숙시키는 것도 능력이고, 흔들리지 않는 영혼을 갖는 것도 능력이다. 아이를 잘 키워내는 것도, 사람을 돕는 것도 능력이다. 돈을 갖는 것도 능력이지만, 좋은 사람을 갖는 것도 능력이다. 좋은 관계를 만드는 것도 능력이다. 매력을 갖는 것도 능력이지만, 정의로움을 갖는 것도 능력이다. 적절한 비판과 성찰을 할 수 있는 것도 능력이다.

이 능력들에 왜 돈을 지불하지 않는가? 그 이유는 이 능력들이 단지 가까운 미래에 돈을 더 돌려준다는 보장이 없기 때문이다. 이 능력은 욕망 혹은 두려움을 자극하는 일들이 아니기 때문이다.

낚시줄을 던지는 것도 능력이라면 그 낚시줄 앞에서 욕망이라는 미끼를 과감히 내던질 수 있는 것도 능력이다. 영혼을 **빼앗는** 것이 능력이라면 영혼을 되찾아 오는 것도 능력이다.

이것은 전쟁이다.

돈으로부터 스스로의 자유를 지키는 것도 능력이다. 그러므로 정직하게 일하는 당신은 가질 자격이 있다. 사람들의 행복을 위해 무언가를 하는 당신은 가질 자격이 있다. 당신이 살아가기의 충분한 돈을 가질 자격이 말이다.

경쟁하는 세상의 딜레마

나는 사람들이 자기계발서를 탐독하거나, '5년 안에 10억 벌기', '특급 부동산 특강'과 같은 강의를 듣고 다니는 것을 특별히 나쁘게 생각지 않는다. 그것은 미덕은 아니지만 개인의 자유이다. 주식으로 대박을 꿈꾸거나 부동산 부자, 투기 대박을 꿈꾸는 것은 개인의 자유이다. 하지만 한 사회의 구성원이 '전부' 건물주가 되기를 꿈꾼다면 그 사회는 지속될 수 없다. 만약에 모두가 건물주가 된다면 월세소득은 존재하지 않을 것이다. 들어올 임차인이 없기 때문이다. 한 사회의 구성원이 '전부' 주식 대박을 꿈꾸면 아무도 행복해지지 못한다. 열 명 중 한 명만이 만족하는 결과를 얻는데, 사람들은 그 한 명이 되는 방법을 열 명에게 가르친다. 일등이 되는 법, 서울대에 들어가는 법,

대기업에 들어가는 법. 서울대에서 뽑는 신입생의 수와 대기업에서 뽑는 사람의 수는 전체 1퍼센트밖에 안된다. 사람들은 승리자의 수가 한정된 상황에서 모두 승리자가 되라고 말한다. 부자가 있으려면 반드시 가난한 사람이 존재해야 하지만, 모두 부자가 되라고 말한다.

경쟁에서 낙오된 후 살아갈 수 없거나 비참해지는 것은 그 사람 잘못이다, 게을러서다라고 생각하는 것도 개인의 자유이다. 하지만 사회의 모든 사람이 전부 그렇게 생각한다면, 설령 본인의 잘못이 아닌데 낙오될지라도 누구도 손을 잡아줄 사람이 없을 것이다.

여기서 말하고자 하는 건, 사람의 탐욕이 문제라는 것이 아니다. 시스템이 생긴 전체 모양을 이해해야 한다는 것이다. 이와 같은 사람들만으로 이루어진 세상의 결과가 단지 '어리석기' 때문이다. 모든 사람들이 빼앗고 경쟁하면 결국 서로를 갉아먹는다. 왜 굳이 우리 스스로를 모두 파괴하는 시스템을 지지하는가? 당연히 그럴 필요가 없다. 다른 이를 밟고 떨어뜨리며 올라가는 삶을 선택한 것을 나쁘다고 할 순 없다. 하지만 이것은 도덕의 문제가 아니라 균형의 문제이다. 모든 구성원이 그렇게 산다면, 결과적으로 세상은 한쪽으로 심하게 기울게 될 것이다. 결국엔 세상에서 가장 먼저 쓰러진 부분이 남아 있는 부분의 발목을 잡을 것이다.

사람들이 착취당하고 빚을 지면 소비할 수 없다. 그들이 소비할 능력이 없어지면 결국 물건을 판매하는 자본가도 물건을 팔 수가 없다. 일반 서민들의 빚은 결국 자본가들의 빚이 되어 부자들조차 파산에 이르게 한다. 세상은 연결되어 있고, 한쪽이 흔들리면 반드시 다른 한쪽도 흔들리게 되어 있다.

노예와 황금

사십년 전 한 청년이 분신했다. 말도 안되는 월급에 하루 근로시간 14시간인 열악한 여공들의 상황을 세상에 알리려 했다. 그는 일요일에는 쉬게 해달라며 싸웠다. 그렇게 우리는 주말에 쉬게 되었고 야근을 하면 정당한 수당을 받게 되었고 두 아이 키우고 생활을 할 수 있을 정도로 고용보험, 유급휴가 복지 근로 기준 시간들이 만들어졌다. 쥐똥 나오는 도시락이 번듯한 식사로 바뀌었다. 집 같은 집에서 살 수 있게 되었다. 그리고 이제 사십 년이 흐른 지금 나오는 얘기가 "너희가 어떻게 이런 좋은 환경에서 일할 수 있느냐, 다들 힘든데." 라는 말이다. 혹자는 편의점에서 유통기한 지난 음식을 먹고 잠 안 자고 일한 고통을 전시한다. 내가 잠 안 자고 고생했으니 너도 잠 안 자고 고생해야 한다고 말한다. 정말 놀라운 일이다. 지금 세상에선 굳이 자본가가 노동자를 고생시키지 않아도 노동자들이 노동자더러 "뼈빠지게 고생하지 않으면서 날로 먹지 말라"고 가르친다.

경쟁 사회에서 약자를 옭아매는 건 약자다. 강자는 굳이 이 싸움에 끼어들 필요가 없다. 단지 경쟁을 시키는 것으로 충분하다. 학교에서는 사회에 충실하게 복종하는 사람들을 길러내기 위해 등수를 매긴다. 문제는 혼자 푸는 것이고 함께 푸는 것이 아니다.

상대적으로 조금 더 열심히 한 사람을 좀 치켜세워주고 지위를 올려주면 다들 그렇게 한다. 열 명 중 한 명만 그렇게 대우해주면, 영리하게 사람을 부릴 수 있다.

지금 사람들은 그렇게 사십 년 전 청년이 몸을 불태우기 전 그 노동자들과 다를 바 없는 모습으로 일한다. 단지 지금은 누구의 강요도 없이 스스로 노예가 된다.

사람들이 불합리한 구조에 대해 굳이 따져 묻지 않는 이유는 그 구조로부터 자신들도 이익을 얻기 때문이다. 그 작은 이익을 잃고 싶지 않아 노예가 된다. 어쩌다 얻게 되는 황금은 시스템이 다른 노예로부터 빼앗아다 주는 것이라는 사실은 알 필요도 없고 알려고 하지 않는다. 단지 간헐적으로 떨어지는 황금을 쳐다보며 언젠가 또 그 횡재가 떨어지길 기다린다.

제 8 장

기본소득

옳은 것을 선택할 자유

기본소득은 생계에 어려움을 겪는 이웃을 돕기 위함이 아니다. 기본소득을 말하는 이유는 오로지 '올바르게 살 자유'를 사람에게 돌려주기 위해서다. 돈이 아닌 올바름을 추구할 자유, 돈이 아닌 사랑을 다시 제자리에 되돌려놓을 수 있는 자유를 사람에게 돌려주기 위해서다. 사람이 돈 위에 있게 하기 위한 대안, 그것이 기본소득이다.

나는 기본소득을 받고 자랐다. 그래서 나는 기본소득이 사람에게 어떤 의미가 될 수 있으며 어떤 미래를 만들어줄 수 있을 지 이야기할 수 있다. 부끄럽지만 나는 부모님으로부터 서른 살까지 생계비를 매달 꾸준히 지원받았다. 아주 풍족한 금액은 아니었으나 일자리가 없을 때 버틸 수 있었고, 내가 하고 싶은 일과 공부를 할 수 있었고,

돈이 되지는 않지만 의미 있는 일들도 할 수 있었다.

지금 내가 어떻게 영화를 찍고 있을 수 있느냐고 물으면, 당연히 나는 기본소득이 있었기 때문이라고 대답하겠다. 어떻게 창작을 하고 작품을 만들고 글을 쓸 수 있냐고 하면, 기본소득이 있었기 때문이라고 대답할 것이다.

'있는 집 자식'으로 태어났다는 소리를 들으며 곱게 자랐다는 비판도 종종 들었다. 그랬다. 나는 곱게 자랐지만, 대신 나는 누구든 '있는 집 자식'처럼 자랄 권리가 있다고 생각한다. 다른 그 누구라도 내가 받은 그 혜택을 똑같이 받을 수 있어야 한다고 생각한다. 예술이나 스포츠나 창작 분야에서 비교적 뛰어난 성과를 기록한 사람들을 말할 때 우리가 굳이 들여다보려 하지 않지만 공통적인 사실들이 있다. '잘 사는 부모님'을 두지 않은 사람들이 거의 없다는 것이다. 나는 '잘 사는 부모님'을 두었기 때문에 성공할 수 있었던 사람들이, 솔직히 말했으면 좋겠다. "나는 기본소득을 받고 자랐습니다. 덕분에 이런 도전도 하고 이런 성공을 할 수 있었습니다. 나는 더 많은 공부를 할 수 있었고 더 많은 기회를 얻을 수 있었습니다. 그러니까 다른 모든 사람들도 마찬가지로 기본소득의 혜택을 받았으면 좋겠습니다. 기본소득은 좋은 것입니다"라고.

그러한 이야기를 딱 한 사람에게서 들었다. 프랑스 경제학자 토마 피케티의 강연에 갔을 때 어느 학생이 물었다. "교수님께서 힘들었던 경험은 언제였냐"고 물었다. 그러자 그는 당당하게 대답했다. 운이 좋아 부모님의 지원 속에 부족함 없이 자랐다고. 그래서 공부에 몰두

할 수 있었고 그래서 또 베스트셀러도 쓸 수 있었다고.

우리는 부모님의 지원도 못 받고 어렵게 고생해 성공한 사람들의 극적인 스토리만 본다. 그래서 사람들은 당신도 당연히 고생 좀 해야 하고 힘들어야 하고 그래야 큰다라고 말한다. 물론 힘이 되는 좋은 이야기이지만, 왜 고생을 강요하는가. 이런 스토리들은 마치 독하게 일하고 가난을 겪는 게 당연한 것처럼 말한다. 나는 이렇게 고난을 극복했는데 왜 너는 못 하냐고. 하지만 이러한 사람들은 극히 일부분이다. 능력과 재능으로 성공한 수많은 대부분의 사람들의 진짜 비결은 사실 돈이 있었다는 사실이다. 매 순간 돈을 걱정하면서 살지 않아도 될 정도의 충분한 돈이 있었다는 사실이다. 최소한 가족에게 돈을 벌어다주어야 하는 입장에 처하진 않거나, 최악의 상황에서 손을 벌릴 부모님이 있었다는 사실이다.

기본소득은, 그 어떠한 조건 없이 모든 사람에게 매달 일정한 금액을 주는 것이다. 동사무소를 가서 온갖 서류를 떼고, 서먹한 형제 부모님에게 재산 내역까지 다 말해달라고 전화할 필요도 없다. 내가 가난하고 일할 수 없다는 증명을 할 필요도 없다. 내가 이런 예술적 능력과 야심찬 프로젝트를 갖고 있으니 지원해달라고 검증을 받을 필요도 없고, 이렇게 돈을 벌 수익 모델이 있으니 내게 투자해달라고 구걸할 필요도 없다.

기본소득은 삶의 많은 부분을 돈에 의존하지 않고 살 수 없는 이 사회에서, 최소한의 인간다운 생활을 할 수 있게 해주는 '급여'다. 국민이기 때문에, 인간이기 때문에 주어지는 '급여'다. 그리고 당신 또한 인간답게 모두를 위해 살라고, 이성을 갖고 어리석은 선택을 하며 살지 말라고 주어지는 급여다.

기본소득을 위해 얼마나 더 필요할까?

기본소득을 실행하려면 보통 어마어마한 세금이 필요할 것이라고 생각하는데 꼭 그렇지 않다. 내가 기본소득의 혜택을 이미 받고 자랐듯이, 사회에는 이미 기본소득이 다양한 형태로 존재하고 있다. 단지 그것이 스무 살이 되어서 끊기거나 결혼할 때까지 이어지거나 하는 차이가 있을 뿐이다. 용돈을 받는 경우도 있지만 보통 부모님 집에서 함께 거주하면, 주거와 음식과 생필품이라는 '기본소득'을 제공받는 셈이다.

부모가 자녀들을 부양하고, 직장인들이 늙은 부모들을 부양하던 것을, 나라에서 부양을 해주는 것이다. 즉 사회에 이미 '부양을 위해' 지출되는 돈들이 있고, 그 돈을 지불하는 주체가 달라지는 것 뿐이다. 자녀나 부모, 전업주부인 배우자를 함께 먹여 살려야 했기 때문에 4~50대 직장인의 급여는 일반적으로 한 사람을 먹여살리는 생활비보다 높게 책정된다.

기본소득을 위해 새로 많은 돈을 창출할 필요는 없다. 기본소득은 기존에 존재하는 '부양의 구조'나 '지출 구조'를 조금 바꿔서도 마련할 수 있다.

나라에 있는 수 많은 세금은 대부분 어디에 쓰이는가? 무엇이 되었든 일 년에 일정한 금액의 세금이 걷히고, 그 세금이 여러 곳에 쓰일 데를 찾는다. 인프라를 구축하거나 복지를 위해 쓰이기도 하고, '강에 묻어버렸다'고 하는 4대강처럼 엄청난 돈이 결코 생산적이지 않은 곳에 쓰이기도 한다. 그리고 많은 돈이 대출과 투자와 지원에 쓰인다.

청년 창업 지원과 같은 경우도 창업을 하는 청년들에 대한 기본소득이다. 무상급식도 기본소득의 일부이고, 저소득층 지원, 프로젝트 지원, 예술가 지원, 그리고 고용보험에서 나오는 실업급여도 있다. 중소기업 청년 인턴의 월급을 지원하는 정책도 있다. 그리고 각종 연구개발비, 창작을 위한 인건비에 해당하는 지원금들이 존재한다. 수많은 지원금들이 사람의 일과 활동을 하는 데 대한 지원금들이다. 그리고 이 수많은 지원금을 지급하기 위해서는 공고를 하고 모집을 하고 선발하여 뽑는다. 이렇게 검증의 과정을 거치기 위해 있는 기관, 용역 등에도 역시 세금이 들어간다. 주거 복지. 육아 복지 정책에도 세금이 쓰인다.

이미 엄청난 예산이 다양한 분야로 나뉘어 사람의 복지와 활동과 창조를 지원하는 데 쓰인다. 기본소득은 이러한 예산들이 하던 역할들을 그대로 할 것이다. 기본소득은 주거나 생계나 실업에 관한 복지부터 창조적인 활동까지 지원할 것이다. 대신 이 사람들이 이걸 받을 자격이 있는 사람들인지 아닌지 검증하고 선발하는 과정이 없어지는 것이다. 그리고 어느 분야에 얼마만큼 쓰이게 할 것인지 예산을 나누고 고민하는 과정이 없어질 것이다. 기본소득을 어디에 어떻게 써야 할 것인지는, 기본소득의 혜택을 받는 사람들이 가장 잘 알고 있다. 사람들은 자신들이 가장 '필요하고', '절실한' 곳에 이 혜택을 쓸 것이기 때문이다.

그리고 기본소득은 어마어마한 사회적 비용을 절약해준다. 바로 범죄율과 의료비용이 줄어든다는 사실이다. 그리고 기업에서의 해고에 따른 갈등, 즉 노사 갈등 역시 현저히 줄어들 수 있다는 사실이다. 안전망이 탄탄하기 때문이다.

이미 있는 기존의 돈에서 소득과 분배 구조를 조금 바꿈으로써 어느 정도의 기본소득을 확보하는 것은 아주 불가능한 것이 아니다. 이 것은 사람들이 함께 동의하고 충분히 고민하면 가능한 방법을 찾을 수 있는 일이며, 엄청난 돈이 새로 필요한 일이 아니다. 사회 구성원 모두가 의지가 있다면 가능한 일이라고 생각한다. 다시 말해서 기본소득을 실현하는 데 있어 가장 큰 장벽은 돈의 부족이 아니다. 가장 큰 장벽은 사람들의 생각이다. '무조건 돈을 주면 아무도 일을 안할 것'이라는 생각이다. 그런데 이 생각이 과연 옳을까?

어떤 인터뷰가 인상적이다. 질문은 그랬다. "만약에 모두에게 기본소득이 지급된다면 어떨 것 같나요?" 그러자 남자는 대답했다. "아마 아무도 일하려 하지 않을 것입니다."[42]

"그럼, 당신에게 기본소득이 지급된다면, 당신은 어떻게 할 것 같

---

42 다큐멘터리 〈기본소득: 문화적 충동〉〈Basic income a cultural impulse〉 — 다니엘 해니, 에노 슈이츠

습니까?"라고 묻자, 그는 대답했다.

"저는 일을 계속 할 것 같습니다. 일을 하지 않고 집에 있는 건 의미가 없어요."

실제로 기본소득에 관하여 진행된 설문조사에서 '다들 일을 하지 않을 것이다'라고 대답한 사람들은 80퍼센트에 달했다. 그러나 그럼에도 본인은 일을 할 것이냐는 물음엔 60퍼센트는 계속 일을 할 것이라 대답했고, 30퍼센트 일을 할 것이지만 풀타임으로는 일하지 않겠다 혹은 다른 일을 찾아보겠다 10퍼센트는 '우선 돈을 모으고 생각해보겠다'라고 대답했다. 공부를 하거나 누군가를 돕거나 여행을 하겠다는 대답도 있었다.

사람들은 집에서 허송세월을 보내는 걸 원치 않는다. 실제로 부모의 충분한 지원으로 생계가 보장된 자녀들이 무엇을 하고 무엇을 준비하는지 보면 알 수 있다. 게임만 하거나 놀기만 하거나 도박으로 용돈을 탕진하거나 하는 사람들도 물론 있을 수 있다. 하지만 그것은 지금 사회에 이미 존재하는 비율과 크게 다를 바 없다.

나 역시 스무살 초반 매달 생계비를 지원받았지만, 여러 가지 아르바이트를 했다. 백화점 마트에서도 일했고 바에서도 일했고 과외나 사진 촬영 아르바이트도 했다. 일을 하는 것이 가만히 있는 것보다 나았다. 아르바이트를 하지 않으면 책을 읽거나 공부를 하고 외국어를 익혔다. 기본소득이 있어서 다행이었던 것은, 여러 가지 쓸모 있는 기술을 풍부하게 익힐 수 있는 시간을 가질 수 있다는 것이었다. 이 때 익혔던 어학이나 기술들이, 나중에 기본소득이 끊겼을 때에도 좀 더 일거리를 다양하게 선택할 수 있는 자원이 되어 주었다.

가까운 친구들 중엔 사실, 어려운 친구들이 많았다. 돈이 없다는 것은 선택의 폭을 좁게 했다. 그 친구들이 자신의 꿈 대신 돈 버는 직업을 선택할 수밖에 없었던 이유는 너무나 분명하다. 그것은 욕망도 아니었고, 그 친구들이 돈벌이 밖에 모르는 사람이어서가 아니었고, 단지 돈이 없었기 때문이었다. 그 친구들은 부모님으로부터 지원을 받을 수 없었고, 혹은 부모님의 빚을 대신 갚아야 했고, 높은 등록금에 대한 학자금 대출을 상환할 수 있는 직장에 취직해야만 했다.

나는 그러한 친구들 사이에서 유일하게 '자유롭게 꿈을 꿀 수 있는' 선택권을 갖고 있었다. 나는 이것이 '당연한 것'이 아니라는 사실을 뒤늦게 알았다. 한때는 '있는 집 자식'이라고 욕도 먹었다. 친구들 사이에서 나만 편하다는 사실 때문에 너무도 무거운 죄책감을 가졌다.

지금에서야 이야기할 수 있을 것 같다. 한때 심리 상담을 했던 선생님에게 이 이야기를 털어놓았었다. 친구들은 너무 힘든데, 나만 '있는 집 자식'이어서 죄책감이 느껴져 불편하다고. 그러자 그 선생님이 대답해 주었다. "그것은 미안해 할 일이 아니라 감사할 일이지요. 그렇게 혜택을 받았다는 사실에 대해 감사해 한다면 어떨까요?"

그때서야 나는 부모님으로부터의 지원을 끊고 독립해야 한다는 심한 강박관념에서 벗어날 수 있었다. 만약 내가 억지로 어려운 생활을 선택했다면, 나는 상당한 시간을 생각하고 공부하는 시간이 아닌 단기간에 돈을 버는 일로 내 길을 조정해야 했을 것이다.

'미안해하지 말고 감사해라.' 이 한 마디로 나의 부에 대한 태도가 달라졌다. 내가 지원받았던 그 모든 것들은 내 것이 아니니 그 혜택을 사람들과 나누면 되었다. 부모님이 사 준 카메라는 가능한 많은 친구들에게 망설임 없이 빌려주어 함께 썼고, 부모님이 살게 해준 내 작은 원룸은 참으로 많은 사람들이 머무는 공간이 되었다. 여행 온 친구들을 수시로 재웠고 몇 개월간 어학연수를 온 친구들도 부담 없이 우리 집에서 지냈다. 많은 이들의 촬영지와 모임 공간이기도 했다. 나는 내가 가진 그 어느 것도 애초에 내 것이 아니라고 생각했기 때문에 사람들과 나누는 것을 그저 당연하게 여겼다.

나는 기본소득이라는 혜택을 누리는 대신 그것으로 얻은 내 시간을 최대한 의미 있게 쓰고 싶었다. 나는 하고 싶은 일과 의미 있는 일을 선택할 자유가 있었다. 우선순위를 돈이 아닌 것에 둘 자유가 있었다. 내가 독립영화나 예술영화를 만드는 현장에 거의 무료에 가까운 인건비를 받고 스탭으로 일할 수 있었던 것도 기본소득이 있었기 때문이다. 유학을 다녀온 나는 시나리오를 쓰고 영화를 만들었으며, 책을 읽거나 세상을 공부했다. 세상엔 '의미 있고 가치 있지만 돈이 되지 않는' 일들이 꽤 있었고 나는 그러한 일들을 선택할 자유가 있었다. 어떠한 일이 옳은 일인지를 끊임없이 찾을 수 있는 사치를 부릴 수 있었고 타협 없이 엄격한 정의를 고집할 수 있는 자유가 있었다. SNS를 보고, 현장에 연대하러 갔던 것도 마찬가지였다. 홍대 청소노동자들의 싸움을 지지하러 갔을 때에도 특별한 정의감 때문이 아니었다. 나는 생계나 일에 얽매이지 않은 자유가 있었고 시간이 있고 약간의 돈이 있었고, 또 그것을 의미 있게 쓰고 싶었기 때문이었다. 나는 내가 받았던 기본소득이란 혜택에 감사하며 가능한 그것을 헛되이 쓰지 않으려 했을 뿐이다. 나는 다른 어느 누구도 기본소득이 있다면 나와 같은 생각을 가질 것이라 믿고, 또 그러기를 바란다.

안전망이 없는 경쟁 사회가 빼앗아간 것 중 가장 중요한 것은 사람의 이성이다. 가난과 부의 문제가 아니다. 돈이 없으면 살 수 없는 사회에서는 선악의 선택권이 없다. 안전망이 없는 사회에서는 돈을 버는 것이 선이고 돈이 없는 것은 죄이다. 사실상 빼앗긴 것 중 가장 중요한 것이 '옳고 그름을 선택할 자유'이다. 우리는 어떻게 올바르게 살 것인가 대신에 늘 어떻게 돈을 벌 것인가를 생각하게 되었다. 사람들이 왜 옳고 그름에 관심이 없는가? 시간이 없기 때문이다. 그리고 그 시간을 마련해줄, 돈이 없기 때문이다.

돈이 없는데 옳은 일은 해온 사람들은 진정 존경받아야 한다. 사람들은 돈이 없는데 성공한 사람들을 훌륭하다 말하지만 돈이 없음에도 불구하고 신념을 팔지 않는 이들은 더 대단한 것이다.

돈과 시간이 없어 옳은 것에 관심을 두지 못하는 사회는 당연히 이기적이고 계산적인 사회가 된다. 사기, 범죄, 그리고 옳지 못한 명령에 따라야 한다. 사람들이 무슨 짓을 해서라도 남들로부터 한 푼이라도 더 거둬들이려는 생각을 갖게 되는 것은 탐욕 때문이기도 하지만, 결국 돈이 없고 빚이 있기 때문이다. 가게들이 조금씩 팍팍해지는 것, 그리고 술을 팔지 않던 가게들이 술을 파는 것을 보며 나는 그렇게 생각했다.

과거에는 기본소득이 필요하지 않았다. 왜냐하면 임금이 충분했고, 소비할 일이 많지 않았다. 누구나 취직을 하는 데 그렇게 어려움을 겪지 않았고, 저축을 해서 집도 살 수 있었다. 아이도 키울 수 있었다. 그때 비정규직이란 말은 없었다. '일을 열심히 하면' 돈을 벌 수 있었다. 노동자들의 끈질긴 투쟁 덕분에 정규직의 복지가 서서히 자리를 갖춰 가던 시기였다.

기본소득이 있으면 빚이 있어도 갚을 수 있다는 희망이 생긴다. 기본소득은 매달 나오는 것이고, 다음 번에 좀 더 아끼고 꾸준히 모으면 갚을 수 있으니까. 빚 때문에 출구를 찾지 못하는 일이 줄어들 것이며 급전을 벌기 위한 사기나 범죄가 줄어들 것이다. 생계가 보장된다면 사람을 폭행하거나 착취하는 일을 하는 사람들도 적어질 것이다.

무엇보다 기본소득의 최대 장점은, '돈이 지배하는 삶'으로부터 벗어날 수 있다는 것이다. 이것은 매우 중요하다. 공부를 해도 돈을 벌기 위해서, 사업을 해도 돈을 벌기 위해서, 내가 오늘과 내일을 살아가는 이유가 오로지 돈을 벌기 위해서라면, 우리는 사실 나와 가족과 사람들을 위해서 혹은 지구를 위해서 더 좋은 일을 선택할 수 없을 것이다. 더 가치 있는 일 대신 돈을 더 버는 일을, 더 옳은 일 대신 더 많은 돈이 보장된 일을 선택할 것이다. 그것이 지금 사회의 모습이다. 모든 선악의 기준이 돈이 되어 버린, 즉 돈이 옳은 것과 아름다운 것을 대체해 버린 지금, 기본소득은 우리가 진짜 선악의 가치를 되찾기 위해 필요한 대안이다.

기본소득이 필요한 또 다른 이유는, 세상에 가치 있는 일이 전부 돈이 되는 일은 아니기 때문이다. 마치 공기나 자연처럼 사람들에게 꼭 필요하지만 돈으로 따지는 상품이 될 수 없는 것들 말이다. 사랑을 지켜내는 일도 반드시 돈이 되지는 않는다.

철학이나 역사를 공부하는 일처럼 반드시 있어줘야 하는 일들도 있고, 당장 돈이 되진 않지만 미래에 필요한 기술을 꾸준히 탐구하는 일, 그리고 우리가 그 아름다움을 향유하는 예술들이 그렇다. 돈을 만들어내진 않지만 사람을 위로하고 사람을 생각하게 하고 성장하게 하며, 또 지구를 지키거나 우주를 위해 좋은 일도 있다.

그렇게 인류가 얻은 탁월한 결과물들에는 십 년 가까이 걸려 완성된 것들이 있다. 문학이나 다큐멘터리, 논픽션 중에선 그러한 작품들을 찾아보기 어렵지 않다. 예를 들어 마르셀 프루스트의 '잃어버린 시간을 찾아서'는 집필에만 십여 년, 빅토르 위고의 레미제라블은 17년이 걸렸다.

사람들이 만들어내는 '생산물' 중에는 빵이나 상품처럼 당장 돈으로 바꿀 수 있는 것들이 있고, 일 년 걸려야 돈이 되는 것들도 있고, 십 년이 걸려야 돈이 되는 것들도 있고, 영영 돈이 되지 않는 것들도 있다. 기본소득은 돈으로는 비교할 수 없는 값진 자원을 사람에게 돌려줄 것이다.

기본소득은 투자다

기본소득은 사람에 대한 투자다. 효율적인 투자다.

기본소득의 마법은 사람이 '하고 싶은 일을 스스로 선택할 수 있게' 하는 것에 있다. 사람들이 하고 싶은 일을 스스로 선택할 수 있다면 어떻게 될까. 전부 게임만 하고 놀거나 전부 여행만 다닐것이라고 생각할 수도 있다. 혹은 너도나도 예술만 하겠다고 할까? 그렇지 않다.

한 가지 간과하기 쉬운 사실은 사람들은 놀랍도록 서로 다른 다양한 잠재력을 지녔다는 사실이다. 옷에 관심이 있는 사람이 있고 요리에 관심이 있는 사람도 있다. 기획은 잘 하지만 잡일은 못하는 사람이 있고, 리드는 하지만 보조는 못하는 사람이 있는 반면 꼼꼼한 것을 잘 챙기고 보조를 잘 하는 사람도 있다. 세상에 아무 것도 잘하는게 없는 사람은 없다. 다만 사회가 삐뚤어진 잣대로 그 쓸모를 정해 왔을 뿐이다. 어떤 사람은 다른 사람을 위해 봉사하는 데 의미를 느끼고 어떤 사람은 상담해주는 데서 의미를 느끼고 누군가를 가르치는 데서 의미를 느낀다. 몇몇 사람들을 제외하곤, 대부분의 사람들은 공동체나 사회에 의미 있는 일을 하고 싶어한다. 혼자만 좋은 일은 의미가 없다.

하지만 이토록 다양한 사람들이 전부 자본의 이윤 창출에 몰두하고 있다. 만약 사람들이 전부 자신이 잘 할 수 있는 일을 하게 된다면, 세상은 놀랍도록 조화로운 모습을 띨 것이다. 사람들이 잘 모르는 비밀 중 하나는 사람들이 각자 잘 하는 것은 전부 다르고, 공동체에 꼭 필요한 만큼 그 다양한 재능이 분배가 된다는 것이다.

이를테면 돈이 전부가 된 세상은 사람들이 전부 공인중개사 거나 편의점과 커피전문점만 하게 된다. 하지만 돈이 전부가 아니면 사람들은 꽃집도 하고 책방도 하고 옷가게도 하고 슈퍼도 하고 떡집도 하고 철물점도 하고 가구도 만들 것이다.

소는 누가 키우나?

우리는 미친 듯이 경쟁해서 성과를 얻는다. 그러나 협력이 얼마나 효율적인 성과를 만들어낼 수 있는지, 우린 아직 제대로 시도해 본 적이 없다.

아이들을 가르치는 어떤 수업에 참가했다가 재미있는 모습을 보았던 경험이 있다. 그 수업은 학교 수업이 아니었기에, 비교적 자유로운 분위기에서 진행할 수 있었다. 각자 하나의 우쿨렐레를 만드는 수업이었다. 그 수업에서 우리는 잘하는 아이를 뽑아 상을 주거나 하지 않았다. 아이들을 경쟁시키거나 따로 보상을 마련하지 않았다. 아이들은 그저 즐겁게 자신의 우쿨렐레를 만들었다. 우쿨렐레를 만드는 과정에 볼트를 구부리는 일이 있었는데, 그 아이들 중 한 명이 힘을 잘 썼다. 그 아이는 다른 아이들의 볼트까지 구부려 주었다. 그리고 다양한 볼트와 너트 중에 짝을 찾아야 하는데, 그 짝을 기막히게 찾아내는 또 다른 친구가 있었다. 그리고 코드를 잘 짚어 연주를 잘하는 아이가 있었는데, 그 아이 또한 다른 친구들이 연주를 잘 할 수 있도록 도와주었다. 아이들은 서로 서로 도와 가며 각자의 우쿨렐레를 만들었다. 물론 결과물은 훌륭했다. 아이들은 서로 다른 부분에서 뛰어난 것이 있었다. 그것은 모두 같지 않았다. 그렇게 각자의 재능들이 서로 조화가 되어 놀라운 결과를 만들었다. 하지만 우리가 모두 한 가지 기준으로만 아이들을 평가했다면, 아이들의 재능이 쓰이지도 않았을 것이고 스스로 자신들이 인정받을 수 있는 재능을 가졌다는 것을 알지 못했을 것이다.

경쟁은, 사람들이 스스로에게 있어 더 나은 결과물을 고민하게 하는 것이 아니라 심사위원들의 마음에 드는 결과물을 고민하게 한다. 즉 그들을 선택하고 뽑을 권리가 있는 기준들에 맞추기만 한다. 이것은 더 나은 창의성을 보장해주지 않는다.

돈이 전부가 된 사회는 모든 사람이 대부분 한 가지 일만 선택하게 만든다. 작가가 꿈인 학생도 대기업을 지원하고 그림을 그리고 싶어하는 학생도 대기업을 지원하고 철학을 하고 싶어하는 학생도 대기업을 지원하게 된다. 자본이 돈을 만들어내는 일에 모든 에너지가 투여된다. 시를 잘 쓰는 학생도 공무원을 지원하고 요리를 잘 하는 아이도 공무원을 지원하게 되는, 현실도 마찬가지다. 예술에 재능이 있는 사람들이 굉장히 많은 시간을 예술과 상관 없는 일에 투자하고 있다. 마찬가지로 뛰어난 IT기술을 가진 인재들이 많으나 결국 연구를 중단하고 학원 선생님이 되는 경우도 많다.

소를 파는 일이 존재하려면 소를 키우는 일도 존재해야 한다. "소는 누가 키우나?" 하는 말은 괜한 질문이 아니다. 죄다 소를 파는 일만 하려 하고 소를 키우는 일은 하지 않으려 한다. 소를 파는 일은 당장에 돈이 되지만, 소를 먹이고 키우는 일은 당장에 수입을 얻을 수 없기 때문이다. 생계를 보장해주지 않기 때문이다. 우리 나라에는 원천 기술이 적고 철학이 없다. 예술은 오로지 돈이 많은 부모님 밑에서만 나온다.

우리 나라 사람 대부분은 이처럼 '당장에 돈을 벌어야 하는' 상황에 처해 있다. 그것이 등록금을 갚기 위해서든 집 대출금을 갚기 위해서든 말이다.

우리나라에는 백남준이 있었고, 김연아가 있었고 싸이가 있었다. 이들의 공통점이 무엇이었나. 돈으로부터 자유로웠다는 것이다. 김연아는 가족들의 헌신적인 지원이 있었고, 싸이 역시 어느 시기까지는 충분한 자본력이 있었던 부모님의 지원을 받고 있었다. 적어도 가족의 생계를 도와야 하진 않아도 되었다. 그는 자신의 재능을 충분히 즐기고 키울 자유가 있었다. 만약 김연아가 편의점에서 일해야만 하는 상황이었다면 우리는 피겨 여왕도 눈부신 금메달리스트도 볼 수 없었을지 모른다. 천재가 있기 위해서는 재능만 필요한 것이 아니다. 재능과 기본소득이 전부 필요하다. 사람들은 이들을 훌륭하다 말하지만 이들을 뒷받침해준 조건에 대해서는 말하지 않는다.

우리는 백남준과 김연아를 100명 더 얻을 수 있을지도 모른다. 기본소득이라면 가능하다. 스티브 잡스를 키우고 싶다고? 물론 스티브 잡스를 키울 수 있다. IT계열의 인재들이 마음껏 잉여 시간을 가질 수 있도록 자유를 줘라. 그들이 돈을 벌어야 한다는 걱정에서 자유롭게 해 줘라. 그들이 마음껏 연구하고 탐구하고 도전할 수 있도록 해 줘라. 그들에게 무엇을 하라고 시키지 마라. 어떤 프로젝트를 갖고 있는지 수십 페이지를 프레젠테이션 준비하여 제출하라고 하지 마라. 검사하고 검증하지 마라. 그래서 자신들이 하고 싶은 프로젝트가 아닌, 지원을 받기 위한 프로젝트를 꾸미게 하지 마라. 단지 돈을 주면 된다. 장비를 살 돈이 아니라 생계비가 필요하다. 그리고 그들을 믿어라.

단기간에 성과는 나오지 않을 것이다. 하지만 사람들이 탐구하고 싶은 것을 깊게 탐구하면, 십년이 걸려서라도 그것은 성과가 나온다고 생각한다.

나는 기본소득이 몇백 억의 창조 지원금이 하는 역할 혹은 그 이상을 할 수 있다고 믿는다. 기본소득을 지원받은 사람들이 전부 돈이 되지 않는 일만 하는 건 아니다. 사람들이 각자가 가장 잘 할 수 있는 일에 몰두할 수 있을 때 그것이 만들어내는 생산물은 설령 단기간에 그 성과가 보이지 않아도 반드시 상상할 수 없는 경제적 가치를 만들어낼 것이다. 그리고 그것은 다시 세금으로 그리고 후대의 기본소득으로 되돌아 올 수 있다.

기본소득은 그 모든 활동에 대한 급여다. 꼭 필요치 않은 것들을 세상에서 가장 멋진 것이라고 꾸며대는 일이 아니라, 연예인의 뒤태를 쫓아다니는 일이 아니라, 사람들을 보금자리에서 강제로 끌어내고 쫓아내는 일이 아니라, 부자들의 돈을 불려 주는 일이 아니라, 너와 나에게 우리에게 어쩌면 진짜 필요할 일들에 대한, 급여다. 돈이 하는 일이 아니라 '사람'이 할 그 모든 일에 대한 급여다. 사는 일과 살아있게 하는 일에 대한, 상상할 수 없을 정도의 다양하고 자유롭고 의미 있을 일들에 대한 급여다. 사람이 스스로 공부하고 투자하고 만들어내고 선택하는 그 모든 생산적인 일들에 대한 급여다. 따라서 기본 '소득'보다 기본 '급여'라는 말이 사실 더 정확하다.

기본소득, 미래를 위한 시스템

세상의 직종은 변화하고 있다. 근 반 세기 동안 어떠한 직장이 사라지고 어떠한 직장이 생겨났는지 일일이 헤아리기도 힘들다. 무시할 수 없는 변화가 빠르게 일어나고 있다. 사람들이 단순하게 할 수 있는 직업들은 점점 로봇으로 대체되고 있다.

일과 노동과 직장에 대한 의존도를 낮추지 않으면 로봇 때문에 해고자가 되는 일은 상당한 타격을 줄 것이다. 직업의 지형은 매해 너무 빠르게 변화하고 있어서 어떤 직업이 더 이상 필요 없다는 이유로 사라지는 것을 막을 수가 없다. 이것이 의미하는 바는 점점 돈을 벌기 위한 노동이 아니라 의미 있는 일을 하기 위한 노동으로 일의 성격이 변화해야 한다는 것이다. 여기에 기본소득은 현명한 수단이 되어 줄 것이다.

기본소득은 모든 것들이 '디지털화' 되는 미래에 가장 적합할지도 모른다. 세상은 돈이 아니었던 것을 돈으로 만들어 냈지만, 기존에 돈이었던 것들이 더 이상 돈으로 교환할 필요가 없는 것들이 되어 가고 있다. 디지털의 무한 복제가 가능해지면서 부터다. 3D프린터로 생산할 수 있는 것들은, 우리가 그 도구만 있다면, 얼마든지 설계도를 디지털로 공유하고 복제하면 생산이 가능하다. 영화, 음원, 수많은 디지털 콘텐츠들이 창작자에게 적절히 수익을 돌려주지 못하는 것을 보았다. 3D프린터로 가능해지는 것들처럼, 점점 '복제가 가능한' 것들이 컨텐츠뿐만 아니라 손에 잡히는 것들로 번져가는 것이다. 그러면 '돈으로 팔 수 있었던 것들'이 '무료로 공유될 수 있는 것'으로 변화 한다는 것이다. 디지털 세상에 한 번 풀린 설계도의 복제와 공유를 인위적으로 막기는 대단히 힘들 것이다. 하지만 이러한 시스템을 인위적으로 막지 않고 더 적극적인 방법을 생각해 보자. 만약 작가와 예술가와 음악가들, 그리고 설계도의 생산자들에게 기본소득이 지급되고, 사회가 그들이 생산해내는 디지털 생산물들을 차라리 공짜로 소비한다면? 우리는 풍요로운 문화를 누리는 대신 세금으로 보답하는 것뿐이다. 기본소득은, 공유와 복제가 쉽게 가능한 디지털 생산물들이 점점 확장되는 시대에 가장 영리한 시스템이 되어줄 것이다.

왜 사람들은 모든 사람이 함께 고생하길 바라는가. 사람들은 어째서 고생을 전시하고 고생을 강요하는가? 사람들이 다 함께 아주 조금 여유롭고 편해지면 왜 안 되는가? 사람들이 다 함께 조금 더 인간답게 살면, 사람들이 다 함께 행복하면, 왜 안 되는가?

기본소득은 더 가치 있고 더 옳은 일을 선택할 수 있는 자유다. 내가 옳고 그름을 스스로 판단할 수 있게 해주는 자유다. 나를 생각할 수 있게 하고, 사랑할 수 있게 하는 선택권이다.

옳지 않은 일을 할 수밖에 없었던 사람들이 옳은 일을 선택할 수 있는 자유를 달라. 돈을 벌기 위해 다른 이를 밟고 빼앗고 올라설 수밖에 없었던, 혹은 비인간적인 일을 할 수밖에 없었던 사람들이 이성을 되찾을 권리를 회복해 달라. 그저 살아가기 위해 공존이 아닌 경쟁을 선택할 수밖에 없었던 사람들이, 함께 살 방법을 고민할 사치를 누릴 자유를 달라. 세상을 위해 더 가치 있는 일을 찾을 수 있는 자유를 달라. 돈을 재산을 불리는 일이 아닌 사람을 위해 쓸 수 있는 자유를 달라. 사람들의 시간을, 인생을, 삶을, 사랑하는 데 쓸 수 있는 자유를 허락해 달라.

제 9 장

돈으로
살 수 없는 것들

호의의 계산법

쌍용자동차 해고노동자에게 부과된 47억의 손해배상금을 만들기 위해 사람들이 모금을 시작했다. 한 사람이 언론사에 편지를 보냈다. 4만 7천원이 들어있는 봉투와 함께. 저와 같은 사람 10만 명이 4만 7천원씩 보태면 어떨까요. 이렇게 시작된 것이 노란 봉투 캠페인이다. 그 사연을 보고 감동한 사람들이 4만 7천원씩 보내오기 시작했다. 그런데 이 중에서 눈에 띈 사연이 하나 있었으니 톱스타 여가수였던 이효리 씨의 편지였다. 이효리 씨는 한자 한자 빼곡이 손으로 적은 편지와 4만 7천원을 봉투에 담아 보내 왔다. 나는 그 사연을 보고 감탄했다. 4백만원을 보낼 수도 있었던 그녀가 왜 4만 7천원과 편지를 담아 보냈는지 무릎을 탁 쳤다.

과연 남부러울 것 없는 연예인이었던 그녀가 4백만원을 입금하는 게 쉬울까, 한 자 한 자 빼곡히 종이 두 장을 채우며 손편지를 쓰는 게 더 쉬울까 생각해보았다. 그녀는 4백만원이건 4억이건, 당신이 보내는 4만 7천원과 비교할 것이 아니라고, 그녀는 보통 사람들이 보내는 수 많은 4만 7천원의 가치를 존중하고 살리고자 했던 것이 아니었을까라는 생각이 들었다.

한 사람이 4억을 만들 수도 있고 만 명이 4억을 만들 수도 있다. 돈의 계산법으론 이것의 가치는 같다. 4억일 뿐이다. 그러나 호의의 계산법은 1대 10,000이다. 일만의 에너지를 가진 호의가 생겨나는 것이다.

효리 씨가 정성껏 보낸 4만 7천원은 수많은 사람들을 독려했고 결국 4억 7천만원을 훌쩍 넘겼다. 그렇게 만 명의 정성이 담긴 4억을 만들어냈다. 심지어 4만 7천원을 낼 수 없었던 아르바이트생들은 10명이 4천 7백 원씩 모아서 보내기도 했다. 그 친구들의 4천 7백 원은 한 시간을 일한 값이다. 한 시간에 4만 7천원을 버는 사람들의 그것과 같은 것이다.

이것이 호의의 계산법이다.

아주 오래된 이야기, 성경에 나오는 뜻깊은 이야기가 있다. 수많은 재물을 가진 부자들이 헌금을 하는 동안, 가난한 과부가 자신이 가진 은화 한 닢[43]을 헌금했다. 과부에게 은화 한 닢은 생활비 전부였

---

43 성경에는 두 렙돈이라는 단위로 기록되어 있다. 현재 한국 돈으로 약 1,000원 정도의 돈이다.

다. 예수는 가난한 이의 헌금이 훨씬 크다며 칭찬했다. 왜냐하면 부자의 헌금은 풍족함 속의 작은 일부분이었지만, 가난한 이의 한 닢은 그녀의 '전부'였기 때문이다. 일부분과 전부의 차이였다. 이것이 호의의 계산법이다. 호의에는 반드시 존중으로 답해야 한다. 이것이 호의의 거래법이다. 존중과 예의를 표하기 위해 노력해본 사람은 안다. 그것은 단순히 돈을 주는 것보다 어렵다.

돈으로 모든 것이 거래되면 진심을 표하는 것도 경의를 표하는 것도 감사하는 것도 잊어버린다. 그래서 돈은 지배자들이 노예를 통제하기 위한 가장 쉬운 수단이다. 존중도 예의도 있을 필요가 없기 때문이다.

큰 가게에서 살 수 없는 것들

우리 동네엔 작은 서점이 하나 있다. 번화가 홍대와 멀지 않은 우리 동네 작은 골목에 있는, 존재만으로도 기적 같은 이 '동네 서점'은 생긴지 일 년이 조금 안 된다는 사실 만으로도 놀랍다. 물론 대여섯 평 남짓한 동네 책방들은 어린이 전과와 학습용 도서만 팔다가 몇 년 전후를 기점으로 전부 사라졌다.

'모두 다 말렸습니다. 미쳤냐고 …그러나 하겠다고 했습니다.'

이 서점이 처음에 문을 열기 전, 공사 중인 유리문에는 조그만 글을 하나 붙어 있었다.

이 서점을 연 젊은 사장님은 스스로 일단 6개월까지 '버텨 보자'

를 목표로 삼았다고 한다. 사람들이 앉아서 편안하게 책을 보다 가는 쉼터였으면 좋겠다고 했다. 파리 오래된 골목의 셰익스피어 앤 컴퍼니를 만난 듯한 노랗고 파란 페인트의 이 공간을 동네 사람들과 지나는 사람들 모두 좋아했다.

이곳이 문을 열었을 때 맘에 드는 만화와 그림책 몇 권을 샀다. 다음 달도 만원이 넘는 책을 적잖이 샀다. 사장님은 그곳에 진열된 모든 책들에 대해서 전부 잘 알고 있었다. 사장님은 취향에 따른 책들을 골라 주기도 추천해주기도 했다. 나는 여기서 파는 책들 중 상당수는 대형 서점이나 인터넷에서 20퍼센트 넘게 저렴하게 살 수 있다는 사실을 안다. 하지만 나는 이곳으로 가서 책을 산다. 내가 오로지 몇 천원 더 싸게 사는 그 '할인'을 포기하는 대가로 무엇을 얻는지를 잘 알기 때문이다.

만약 내가 이곳에서 책을 사지 않고 인터넷에서 할인가로 사는 일이 계속 이루어진다면, 몇 달 뒤 이곳은 없어질 것이다. 여유로울 때 책을 넘겨보며 쉬어갈 수 있는 그 공간도, 어떤 책이 좋은지 추천해주던 이웃 같은 사장님도 더 이상 보지 못할 것이다. 책을 읽을 때 발치 근처에 앉아 있던 책방과 근사하게 잘 어울리던 고양이도 말이다. 그리고 나는 지금 산책하듯 걸어서 책을 사러 갔지만 한 권의 책을 사러 멀리까지 나갈 수밖에 없게 될 것이다.

인터넷 서점의 할인가보다 불과 더 지불하는 몇 천원으로 프랑스의 문학과 그림과 예술에 대해 이런 저런 얘기를 나눌 수 있는 '우리 동네의 사랑스런 공간', 책방 사장님이라는 '멋진 친구', 오후의 책장 넘기는 소리를 들을 수 있는 고요함, 동네 친구들이 만드는 행사들의 포스터와 전단지가 놓여지는 공간, 동네 소식들이 전해지는 공간, 그리고 가끔 아티스트들의 전시가 열리곤 하는 이 모든 것들에 대한 가치를 사는 것이다. 사실 지키는 것이다. 있는 힘을 다해 지켜내는 것이다. '사람 냄새' 같은 것은 마치 공기와 같아서 있을 때는 그것의 가치를 모른다. 그것은 공장처럼 찍어낸 공간에서는 찾아볼 수 없는 것이다. 할인점이나 대형 프랜차이즈가 생기기 전에는 이것들이 소중한 지 모른다. 하지만 공기가 점점 사라지고 우리가 숨을 쉬기 어렵다는 걸 깨달을 땐 이미 소중한 건 사라지고 없다. 그런 사람 냄새가 '있다'는 건 알기 어렵지만 '없다'는 것은 바로 알 수 있다. 그때 있는 힘을 다해 그 소중한 걸 되돌리는 건 있는 걸 지키는 것보다 몇 배는 힘들다.

사람의 관계와 호의와 서비스를 돈으로 사기 시작하는 상품으로 만드는 순간, 사람은 상품일 뿐 사람이 아니다. 사람이 돈보다 가치가 떨어지는 순간은 이러한 아주 작은 것에서 시작된다.

우리가 원하는 것은 돈이 아니라
인간으로서의 존엄이다

마이클 센델의 '돈으로 살 수 없는 것들'에서 제시한 예시 하나가 흥미롭다. 스위스에서 핵 폐기물을 처리할 지역을 찾고 있었는데 쉽지 않았다. 하지만 사람들 대부분은 '원자력' 발전에 의존해 살고 있었다. 심사숙고 결과 한 마을이 가장 적절하다고 선정되었다. 정부는 주민들의 의견을 물어야 했다. 그래서 주민투표를 실시했는데, 51퍼센트라는 근소한 차이로 긍정적인 대답이 나왔다. 놀라운 일이었다. 합리적인 이유를 듣고, 온 국민들의 생활을 위해 자신들의 마을과 노력이 필요하다면 기꺼이 받아들이겠다고 대답한 사람들이 더 많았던 것이다.

그런데 주민들에게 보상금을 주겠다고 하고 투표한 결과, 그보다 낮은 20%의 긍정적인 대답이 나왔다. 왜 이런 결과가 나왔을까? 아이러니하게도 나라가 주민들에게 보상금을 약속함으로써 주민들의 자신들의 선의와 고귀한 판단을 표현할 기회를 잃어버렸던 것이다.

돈으로 모든 것을 해결하려는 사람들은 인간을 돈에 따라 움직이는 이기적인 주체로 여기지만, 상대방을 이성이 있는 고귀하고 자율적인 주체로 대하는 태도처럼 값진 화폐도 없다. 돈이 아니라 예의가 필요한 경우도 있다. 금이 아니라 존중이 필요한 경우도 있다. 무언가를 얻어내는 데 화폐가 필요할 수도 있지만 선의와 감사라는 화폐도 존재한다. 세상엔 그렇게 돈으로 사지도 대체할 수도 없는 것들이 존재한다. 사람의 호의, 인간의 존엄에 대한 존중과 같은 것이다.

2년이 조금 지난 내 핸드폰은 와이파이 칩이 타버리더니 홈 버튼도 망가졌다. 고장나서 버릴 때가 된 것이다. 통신사에서는 하루가 멀다 하고 기기를 교체하라고 전화가 온다. 그렇게 난 스마트폰을 버리고 새것으로 교체할 것이다.

나의 오래된 노트북은 가끔 다운된다. 작업이 몰렸을 때 계속 켜

두고 무리하게 돌렸더니 그렇게 되었다. 그러나 노트북은 사람이 아니다. 잠시 열만 식히면 또 계속해서 돌릴 수가 있다. 기계는 일 년을 쓰고 버리고 바꾸어도 아무 말도 없다. 그러나 사람은 그렇지 않다. 수 많은 자본가들의 골칫거리는 사실, 사람이 사람이라는 사실이다.

"왜 다른 직장을 찾지 않죠?"

수많은 해고노동자들이 오랫 동안 싸운다. 싸우는 이들에게 사람들은 묻는다.

영화 '카트'에서 묘사했던, 실제 홈에버 사태 때 마트의 노동자들은 해고된 뒤 함께 싸우고 저항하기를 택했다. 임시직에 불과한 계산대의 노동자들이, 해고 통보를 받고 물론 다른 직장을 찾으려 뿔뿔이 흩어질 수도 있었다. 그러나 이렇다 할 잘못도 없이 갑자기 문자로 해고 통보를 받은 그녀들은 망연자실했다. 그녀들은 자신들이 해고된 까닭도 몰랐고 이 직장에서 일할 때의 약속은 어떻게 된 것인지 묻지도 못했다.

그녀들은 자신들이 쓰다가 필요 없어지면 교체되어 버리는 기계와 같이 취급되었다는 사실을 알았다. 그녀들이 이직 대신 저항을 택한 것은 아프다고 외치기 위해서였다. 사람은 그렇게 취급해서는 안된다는 걸 알리기 위해서였다. 회계 장부에서 인건비 얼마를 삭제하는 것이, 정리 해고 명단을 작성하고 문자로 통보하는 그 일이 누군가에겐 살인과도 같은 의미라는 것을 알리는 것이다. 아픈 사람이 아프다고 외치지 않으면 아무도 그것이 아픈 일인 줄 모른다. 그것이 고통을 동반하는 일이라는 걸 아무도 모른다.

아무런 예고 없이, 출근했더니 공장 문이 닫혀 있었다는, 콜트콜 텍 해고자 아저씨들은 8년에 가까운 시간을 천막을 세우고 거리에서 노래를 하며 투쟁하고 있다. 아저씨들이 싸우지 않았다면 평생 같이 일한 노동자들에게 아무 말도 없이 공장 문을 닫아버리고 떠나는 행 위는 부당한 행위라는 것을 세상에 알리지 못했을 것이다. 그 누구 도 잘못을 묻지 않을 것이다. 이것이 상처라는 것을, 칼을 휘두르는 사람은 모를 것이다.

세상의 병든 곳을 고치는 일은 아픈 사람이 가장 먼저 소리쳐야 시작된다.

돈과 이익과 보상과 계산과 두려움으로 세상을 이해하는 사람들 은 어째서 노동자들이 살자고 외치기 위해 죽음을 선택하는지, 먹고 살기 위해 단식을 하는지 이해하지 못한다. 진실을 원한다고 하면 돈 을 준다. 미안하다는 사과를 듣고 싶다 하면 돈을 준다. 대화를 원한 다고 하면 개 패듯 패서 쫓아냈다.

> "만약에 말인데 세상이 쌍용차 해고자들에게 원하는 대로 다 들어준다고 가 정해보자. 해고자들은 어떤 바람을 첫째로 말할까. 복직? 밀린 임금? 희생 자 처우문제? 자본을 이겼다는 뿌듯함? 내가 가장 듣고 싶은 말은 '미안해..' 라는 딱 이 한마디."
>
> — 쌍용차 해고자, 이창근 페이스북에서

귀족노조라고 욕하며 밥그릇 싸움을 한다고 욕하는 거의 모든 현 장에서 대부분의 사람들이 싸워서 얻어내고자 하는 것은 결코 돈이 아니었다. '인간으로서의 대우'였다. 인간에 대한 예의. 기계가 아니라, 짐승이 아니라, 사람이고자 하는 몸부림이다.

목을 매고 분신으로 자신을 내던져 지켜달라는 것은 인간으로서의 존엄이다. 사람들이 분노하는 이유는 상처를 받기 때문이다. 억울하기 때문이다. 이는 돈을 잃어서가 아니라, 약속이나 신뢰, 존중과 같은 가치를 잃었기 때문이다. 돈으로 자신의 세계를 구성하는 사람들은 신뢰, 존중, 공정함, 사랑과 같은 가치를 재는 방법을 모른다. 그래서 사람들이 안게 되는 상처와 죄책감을 어떻게 다루어야 하는지 모른다.

아무리 큰 기업이라도 사업은 어려워질 수도 있고 임금을 삭감하거나 해고해야 하는 순간은 다가오기 마련이다. 만약 경영자들이 그동안 높은 보수를 받은 대신 손실에 대해 가장 큰 부분을 스스로 감당했다면 어떠한 일이 벌어졌을까? 한진중공업의 노동자들은 회사가 어려워 정리해고를 감행해야 한다는 이야기를 듣자 스스로 임금 삭감을 각오하며 고통 분담을 책임지겠다는 조건을 제시했다. 동료 몇명을 삶의 터전에서 쫓아내는 대신 모두가 허리띠를 졸라맬 각오가 되어 있다는 표시였다. 만약 회사의 사정이 어렵다며 경영자들 스스로가 연봉을 낮추었다면 노동자들도 주저 없이 연봉을 낮추는 데 동의했을 것이다. 회계상의 모든 어려운 상황을 투명하게 공개하고 '설득'을 했다면 타협을 노력하지 않을 사람이 없을 것이다. 파업을 하면서 요구한 것은 당장 무조건 이것을 해달라 요구하는 것이 아니라 '대화에 나와 달라'라는 것이었다. 그러나 회사는 해고된 노동자들의

1년치 연봉에 가까운 금액을 노동자들을 쫓아내는 용역을 고용하는 데 썼다. 금전적 이유보다 노동자들을 '마음대로 다룰 수 있는' 기계 부품 같은 상태로 만드는 것이 더 중요했기 때문이다.

그 모든 이들을 사람으로만 생각했어도, 한 번에 수백 명을 잘못도 없는데 거리로 내쫓는 일은 없었을 것이다. 사람으로만 생각했어도 테이저건에 최루액 뿌리며 개 패듯 패서 살고자 투쟁하는 사람들을 죽이는 일은 없었을 것이다. 사람으로만 생각했어도 밤에 잠 좀 자게 해달라고 싸우는 사람들을 용역을 동원해 밤낮으로 패지는 않았을 것이다. 거기에 '사람'이 있다고 생각했어도 건물을 지어 돈 벌자고 무리하게 토끼몰이하듯 몰아내느라 여섯 명을 죽음으로 몰아넣는 일은 없었을 것이다.

사람이라고만 생각했어도, 온 몸으로 공사장 문을 막고 있는 사람들의 팔에 톱을 갖다 들이대진 않았을 것이다. 군사기지를 짓기위해 사람의 사지를 들어내 바다에 빠뜨리고 꼬챙이로 찌르고 밟진 않았을 것이다.

세상의 숱한 문제들의 진짜 원인은 감정이 다치기 때문에 일어난다. 상처, 두려움, 슬픔, 억울함 그리고 죄책감이다. 문제를 고치겠다는 정치인들, 힘 있는 사람들은 정작 감정으로부터 발생한 문제를 논리로 해결하려 하기 때문에 해결하지 못한다.

감정이 있고 영혼이 있기 때문에 사람이다. 그중에 가장 위대한 감정이 사랑이다. 사랑이야말로 자본가들이, 경제학자들이, 권력자들이 결코 이해하지 못하는 요소다. 홀로 46일 단식을 이어갔던 한 딸의 아버지가, 단 한 푼 안 갖고 보험금을 전부 전 부인에게 넘기고 목숨을 건 외로운 싸움을 시작한 건 사랑 때문이었다.

세월호 희생자들의 부모님들이 진상규명을 요구했을 때 일부 사람들은 돈 때문에 보상 받으려고 저런다고 혀를 끌끌 찼다. 여당 의원들은 "특혜를 더 주겠다. 보상금도 넉넉히 끌어 보겠다. 원하는 게 그것 아닌가."라고 했다. 그러자 유가족들은 답했다.

"오로지 진상 규명이다. 만약 진상 규명에 방해된다면 특례 입학, 보상안 전부 빼 달라."

그러자 여당 의원들은 반신반의하며 다시 물었다.

"정말, 진짜로 원하는 게 진상규명 뿐이냐."

"그렇다"

사람을 움직이는 힘에 돈과 권력 이외의 것이 있다는 것을 상상하지 못하는 사람들은, 결코 이해하지 못한다. 아이들에게 미안해서, 왜 죽어야만 했는지 그 이유를 밝히려 아픈 싸움을 계속해 나가는 사람들을. 밟고 밟아도 들풀처럼 일어나는 사람들을. 승리가 보장되지 않는 끝도 없는 싸움을 평생을 걸고 선택하는 사람들을 이해하지 못할 것이다.

홈에버가 테스코에 넘어가던 그 순간, 쌍용차가 상하이차에 인수되던 그 순간, 거래와 이해관계에 의해 가볍게 '처리'된 것은 소모품이 아닌 사람이었다. 기계가 아닌 인간. 벌레가 아닌 사람이라는 사실을 알리는 데에는 언제나 집요하고 치열하고 상처투성이인 싸움이 필요했다. 인간의 존엄이다. 되찾고자 하는 것은 인간으로서의 존엄이다.

사람

돈은 그 자체로 아무런 생산물을 만들지 않는다. 마을의 사례에서 보았듯이 돈은 '돌 때' 생산물과 부가가치를 만든다. 부가가치를 만드는 것은 결국 사람이다. 수많은 자본 소득도 결국 사람이 만들어내는 생산물 없이는 존재할 수 없다. 자본소득은 노동 소득 없이 존재할 수 없다. 경제가 순환할 때 가장 중요한 전환점인 생산과 소비를 동시에 하는 게 사람이다. 소비자이자 노동자인 사람들이다. 사람에게 돈을 흘려보내는 것은 결코 낭비가 아니다. 기본소득과 같이 사람 자체에 투자하는 것은 결코 비생산적인 것이 아니다. 사람이야말로 자원이다.

돈이 없다면 사람을 자본으로 만들라. 사람은 에너지가 풍부한 자본이다. 돈이 당신을 먹여 살리지 못할 때 당신을 사랑하는 사람들이 당신을 먹여 살릴 것이다. 사람을 곁에 두기 위해 돈을 가장 먼저 앞세울 필요는 없다. 호의를 화폐로 쓰고 존중을 담고 당신의 마음을 주라.

사람은 잠재력이 무한하고 아름다우며 가치가 있다. 당신 곁에 있는 사람의 존재는 사실 당신의 행복과 사랑하기와 직결된다. 돈은 다른 것으로 교환해야만 가치가 있다. 그런데 당신은 아마도 사람의 인정과 사랑을 얻기 위해 끊임없이 돈을 벌 것이다. 하지만 사람을 돕거나 인정을 받는 것은 돈이 아니어도 여러 가지 방법이 있다. 다른 사람의 행복에 기여하는 것이 꼭 돈이 있어야만 할 수 있는 것은 아니다. 당신이 몸을 누이고 있는 방 한 칸에 누군가를 재워줄 수 있지 않은가.

돈이 아닌 가치들에 우리가 집중한다면 돈에 대한 의존도를 줄일 수 있다. 사람들의 작은 돈이 모이면 큰 돈이 되고, 사람들이 힘을 합치면 어떤 문제도 해결한다. 만 명이 만원씩 만든 일억 원은 한 사람의 일억 원과는 비할 수 없는 에너지를 갖는다.

자본주의 세상에서 집을 빼앗긴 사람들끼리 힘을 합쳐 집을 만드는 상상을 해본다. 사람들끼리 힘을 합쳐 물건을 만들고 공유하며 에너지를 공유하는 상상을 해 본다. 돈을 빼앗긴 사람들끼리 서로의 화폐를 만들고 교환하는 상상을 해 본다.

신뢰를 저축하고 사랑을 돈으로, 호의를 화폐로 써라. 사람을 자본으로 쓰고, 올바름으로 마케팅을 할때, 무엇이 변화되어 있을지 상상해 보라.

혁명

| 제10장 |

자본주의
세상에
균열을 내다

나는 강남좌파였다

내가 십대를 보냈던 학교는 사립 예술고등학교였다. 그 고등학교 셔틀버스는 대치동과 개포동, 삼성동과 청담동을 연결하고 다녔다. 유명 사립대학을 다니며 부모님의 지원 속에 유학을 떠났고, 어렸을 때부터 아무렇지 않게 살아 오던 곳이 바로 강남이라는 계층적으로 무척 특수한 세계였다는 걸 뒤늦게 알았다. 주변인도 친구들도 서울에서 대학을 다니지 않은 사람이 없었고 모두들 어학연수를 다녀오거나 유학이나 대기업 취업을 꿈꾸는 게 일상이었다. 그렇게 힘들고 어려운 고비를 겪지 않은 채 젊은 날을 연애와 낭만에 맘껏 탕진한 뒤 철없고 풍요로운 대학생활을 보냈다. 주변의 학생들 대부분 토익과 어학연수와 배낭여행과 교환학생으로 해외로 나가는 것에 매료되었다.

2003년 나는 새로 사귄 남자친구와 도서관에서 프랑스어를 공부하고 있었다. 그때 부산 영도에서는 노조 지회장이 배를 만드는 크레인에서 목을 매어 죽었다.

2008년 유학에서 돌아온 후 TV와 뉴스도 제대로 볼 짬이 없이 영화현장에서 스태프로 일하며 지방과 시골을 전전했다. 그 이듬해는 내가 연출한 작은 영화로 국내외 영화제를 돌아다녔고 몇 군데 영화촬영 현장을 뛰며 나름 평화로운 시절을 보내고 있었다. 그때 용산에선 다섯 명의 철거민과 한 사람의 경찰이 죽었고, 평택의 한 자동차 공장의 지붕에서는 물과 약도 없이 최루액과 테이저건에 상처 입은 사람들을 경찰들이 뛰어들어가 때리고 또 때렸다.

분명 뉴스도 보고 포털도 보고 인터넷도 보고 살았지만 보아도 보이지 않았다. 나의 현실은 그토록 조용했다. 거리와 지하철과 버스, TV와 인터넷 모두 내가 보고 듣고 느끼는 세상의 절반은 광고로 도배되어갔고 어떤 진실에서는 멀어져갔다. 경찰이 노동자를 밟고 있을 땐 올림픽에서 우리나라가 금을 몇 개 땄다 기뻐하라고 알려왔다. 대추리에서 사람들이 쫓겨나고 있을 땐 스타 여배우가 누군가와 열애를 시작했다고 알려왔다. 세상에 상처 입는 사람들이 존재한다는 사실은 제대로 알려주지 않았다. 어쩌면 그렇게 '언론'이라는 건 마치 사람들이 진공 속 평화로운 세상에 살고 있는 것처럼 느끼게끔 단단한 차단막이 되어주었다.

그렇게 수많은 가짜 기사 속에서, 수많은 광고 속에서 차단막이 아니라 다리의 역할을 해 줄 수 있는 기사는 거의 볼 수 없었다. 크레인에 올랐다는 어느 여성 노동자의 편지 한 통이 그녀와 나를 연결해준 첫 징검다리가 되었다.

그 편지에는 이렇게 쓰여져 있었다.

"여기가 85호 크레인입니다.

10년 전 그때도 구조조정이라는 이름의 대량학살이 있었고 2년을 싸워 노사가 합의를 했건만 그 합의를 사측이 번복하던 날. 키 큰 사내 하나가 숨죽이며 올랐던, 여기가 85호 크레인입니다. 갇힌 짐승처럼 이 크레인 위를 서성이며 오늘은 동지들이 얼마나 모일까 노심초사 내려다보던, 여기가 85호 크레인입니다.

동지들이 많이 모인 날은 삶 쪽으로, 동지들이 안 모이는 날은 죽음 쪽으로 위태롭게 기우뚱거리며 129일을 매달려 있던, 여기가 85호 크레인입니다. 도크에 배가 빠지던 날, 육중한 배보다 무거운 걸음으로 뒤돌아서던 조합원들을 보며 끝내 유서를 썼던, 여기가 85호 크레인입니다.

8년 동안 한 번도 주익 씨 이름을 편하게 불러본 적이 없습니다. 다른 사람들이 김주익이라고 발음하는 순간 대화는 거기서 끊어지고 했습니다. 저는 지금 주익 씨가 앉았던 자리에 앉아 주익 씨가 누웠던 자리에 누워 잠을 잤고 주익 씨가 살아생전 마지막 봤던 세상의 모습들을 봅니다.

그리고 저는 주익 씨가 못해 봤던 일, 너무나 하고 싶었으나 끝내 하지 못했던, 내 발로 크레인을 내려가는 일을 꼭 할 겁니다. 그래서 이 85호 크레인이 더 이상 죽음이 아니라 더 이상 눈물이 아니라 더 이상 한과 애끓는 슬픔이 아니라 승리와 부활이 되도록 제가 가진 힘을 다 하겠습니다."

그것은 김진숙 민주노총 지도위원이라는, 아무도 눈길 주지 않던 밟힌 들풀 같은 한 여성 노동자의 글이었다.

지하철에서 글을 읽다가 눈물이 뚝 떨어졌다. 그녀의 동료는 오래 전에 크레인에서 목을 매어 죽었다 한다. 그렇게 목숨과 맞바꾼 단체협약이 몇 년만에 깨졌고 그 동료에 대한 미안함 때문에 크레인 위에 올랐다고 했다. 그리고 그 동료가 보았던 그 눈으로 세상을 다시 보고 있다 했다.

그녀는 젊었을 때 미싱을 돌렸고 화진여객 버스 안내원을 했다. 그리고 최초여자 용접공으로 한진중공업 조선소[44]에 입사했다. 그러나 노조 활동을 이유로 어용 노조 간부에게 툭하면 얻어맞았으며 감옥과 대공분실을 다녔다. 그녀의 그런 모든 경험도 놀라웠지만 그런 삶의 존재를 모르고 살아왔다는 나 자신이 더 충격적이었다. 고통과 상처를 영화에서 그려내는 작업을 해왔던 나는 부끄러웠다. 미싱공과 버스 안내원과 파란 옷의 노동자를 나는 영화에서 수도 없이 보았다. 그러나 현실에서는 본 적이 없었다.

그녀의 동료는 스스로 크레인을 내려가고 싶어했으나, 끝내 그 약속을 지키지 못하고 세상을 떠났다 했다. 그녀는 꼭 그 사람이 못했던 그 일을 하고 싶다고 했다.

나는 영화 속에서 세상을 바꾸어 나간다면 굳이 현실에서도 그런 세상을 만들지 못할 이유가 없다는 생각이 들었다.

그녀를 알게 된 후로 마음 한켠에 남게 된 죄책감은 작은 의문을 불러일으켰다. 어찌 보면 누군가에겐 의문도 아닐 수도 있었지만, 그때 알았다. 나는 빚을 지고 있었다. 모든 것은 연결되어 있다. 내가

---

44 당시 대한조선공사

행복하게 살고 있다면 누군가의 희생을 딛고 사는 것이다. 오로지 그 거다. 나의 사랑하기는 그렇게 시작되었다.

발랄하게 세상을 바꾸는 법

"최초의 승리의 경험, 이 경험을 갖지 못한 사람들은 왜 그토록 사람들이 싸우는지 아마 알 수 없을 것이다."

김진숙의 ≪소금꽃나무≫에 적힌 글귀는 그해 겨울 해냈던, 작지만 큰 승리를 떠올리게 했다. 여기서 '날라리 외부세력'이라는 괴상한 모임에 관해 이야기하고 가야 할 것 같다. 그것은 조직도 아니었고, 후원을 받는 단체도 아니었다. 하지만 우리는 그저 자비를 들여 하고 싶은 것을 했고, 발랄하게 자그마한 변화를 만들어낼 수 있었다.

추운 겨울을 지낸 햇빛이 오랜만에 드러나 환하게 비추던 날, 한 달 반 조금 넘는 투쟁 끝에 얻어낸 타결이 있었다. 바로 어느 대학교 청소노동자들과 함께 싸웠던 그 싸움이었다.

"학생들 도와죠."

2011년 초 바람이 매섭던 겨울 홍익대학교 교정에는 현수막이 하나 걸렸다. 손글씨로 삐뚤삐뚤하게 쓴 이 현수막은 그곳 청소노동자들이 쓴 것이었다. 노조가입을 이유로 해고된 청소노동자들은 건물 하나를 점거했는데, 그 학교의 학생회는 그들을 돕기를 거부했다.

"외부세력은 나가주세요"라는 총학생회장의 이 말 한 마디 덕분에, '외부세력'을 자칭하는 이 정체 모를 모임이 시작되었다. 배우인 김여진 씨가 블로그에 쓴 글로 인해 홍대 청소노동자들의 투쟁의 여파는 일파만파 번졌다.

'번개'로 시작된 이 모임에서 '총장님이 보시는 신문'인 조선일보에 광고를 내자는 얘기가 나왔고 일주일 만에 트위터를 통해 천이백만 원이 모금이 되었다. 설마설마하고 아무도 기대하지 않았던 조선일보에 천만원으로 광고를 성사시켰고 남은 돈으로 바자회를 열었다.

"가르칠 분들은 나가주세요."

청소노동자 분들을 응원하려고 간담회에 애써 다녀온 홍대 학생들에게 자신은 무슨무슨 당원이라며 혹은 운동권 어느 조직이라며 너희들은 투쟁의 정신을 바로세워야 한다며 이러쿵 저러쿵 잔소리를 늘어놓는 사람들이 있었다. 그 사람들에게 김여진씨는 그렇게 한 마디를 했다. 그리고 덧붙였다.

"날라리...어때요? 하고 싶은 대로, 할 수 있는 걸로, 각자 알아서 즐겁게, 하는 거에요."

누구도 시키지 않는다. 조직도 없다. 그러나 하고 싶을 때 하고 빠진다. 의무도 없다. 그 의미였다. 외부세력은 나가 달라 했으니 대놓고 외부세력이라 하자. 그렇게 '날라리 외부세력'이라는 정체불명의 이름이 정해졌다.

조선일보 광고는 다시 SNS를 통해 알려졌고, 발랄한 공연들로 꾸며진 '우당탕탕' 바자회는 언론의 관심을 끌었다. 아무도 시키지 않았는데 너도 나도 참여를 했다. "뭐가 도움이 될 지 모르지만 이 한 몸뚱아리 하나 기꺼이..."라며 자발적으로 도우러 왔던 친구들이 있었다. 아마도 그때가 사람들의 자발성이 돋보인, SNS로 벌어진 최초의 유례 없는 사회운동이 되지 않았나 싶다. 2011년 1월이었다.

간절히 소망하면 이루어진다고 했던가. 사람은 기적을 만들 수 있다고 했다. 나는 생각하는 사람을 만난다거나, 생각했던 선물을 받는다거나 하는 작은 기적을 종종 경험하곤 했다. 하지만 일상에서 일으키는 '작은 마법 따위'라는 생각이 들었다. 시시했다. 분명히 큰 마법이 있고 큰 기적이란 게 있을 것만 같았다. 그런데 그런 건 어떻게 되는 건지 잘 몰랐다. 그런데 그때 처음으로 경험했다. 그것은 처음으로 '함께 만든 기적'이었다.

텐트가 필요하다고 하니 텐트가 생겼고 난로가 필요하다고 하니 난로가 왔고 바자회 물품이 여기저기서 들어왔다. 미디어가 주도하던 세계가 아닌, 트위터라는 드넓은 광장에서 사람들이 일대일로 만나는 경험은 놀라웠다. 미디어에서 보는 '대중'은 바보 같았으나 SNS에서 발견한 '시민'들은 선하고 멋졌다. 그렇게 사람들이 말하고 떠들고 기도하고 여론의 관심을 끌고 꼬박꼬박 연대를 오더니 결국 49일 만에 청소노동자들의 승리로 타결이 되었다. 매서운 겨울에서 따뜻한 봄으로 접어들던 그때 나도 모르게 터지던 울음.

최초의 승리의 경험이었다.

그리고 그것은 끝이 아니라 시작이었다. 모든 것의 시작이었다.

노동자와 친구가 되다

그날 조선소는 무척 평화로웠다. 4월, 날라리들이 함께 크레인 위의 노동자 김진숙 지도위원을 찾아간 날이었다. 큰 난로에 고구마를 굽고 있던 파란 작업복 입은 조합원들이 우리를 맞았다. 우리는 크레인 중간층으로 올라가 어처구니 없는 깃발을 흔들고 내려와 '우윳빛깔 김진숙!'을 외치며 손으로 하트를 만들었고 깔깔거리고 사진을 찍고 즐거워하며 국밥과 고구마를 얻어먹었다.

김진숙 지도위원은 강연과 인터뷰에서 종종 이때를 회고하며 이렇게 이야기하곤 했다.

"그때 4월 10일의 그 방문이 내가 이제껏 해오던 투쟁 방식에 아주 큰 변화를 가져왔던것 같습니다. 충격이었어요. 두 사람의 죽음이 얽힌 크레인에, 다른 사람들은 함부로 쳐다보지도 못하는 크레인 밑에 와서 철없이 깔깔깔 웃다 간 날라리들과 김여진 씨. 웃으며 끝까지 함께, 하자는데, 진지한 투쟁을 하면서 어떻게 웃을 수 있나. 처음엔 받아들이기 힘들었죠. 그러다 그런 느낌이 들었어요. 아, 웃어야겠구나. 웃자. 변화가 시작된 거지요. 그때부터 투쟁하면서 늘 웃으며 끝까지 함께라는 구호를 계속 외쳤습니다."

6월, 날라리들이 날라리 밴드를 만들어 처음으로 콘서트를 한 날, 김진숙 지도위원은 날라리들에게 편지를 썼다. 크레인 위에서 전화로 날아온 이 편지는 그날 몇몇 친구들의 발걸음을 바꾼다. 노동운동도 김진숙도 모르고 그냥 노래 들으러 찾아왔던 친구들은 그날 이 편지를 듣고 '희망버스'를 타기로 결심한다. 투쟁가나 혁명가도 아니었던,

그저 평범한 청춘들에게 보냈던 이 편지는 결정적인 신호가 되었다. 시리도록 아름다웠던 편지 한 편을 여기 소개한다.

"아, 아...전화가 잘 들리나요?"

"네"

"...시작하겠습니다."

전화기 너머로 그녀는 담담한 목소리로 편지를 읽기 시작했다.

꽃 한송이 없이도 봄은 가고 나는 다시 청춘에 대해 얘기하려 한다.

어디 낯선 길거리에 버려두고온 아이처럼 나는 내 삶의 모든 길목에서 늘 걸려 넘어지거나 아프곤 했다.

너희를 알고 비로소 나는 정신적 미숙아인 채 내 삶의 한 시절을 끊임없이 부정하고 외면해왔다는 걸 알았다. 삼십 년이나 되어감에도 또렷한 기억들. 너무 선명해서 버리지도 못하는 한결같은 기억들. 차라리 유실되기를 간절히 바랐던 저주받은 기억들.

열여덟 살부터 노동자로 살면서 그 삶이 꽃밭은 아니었으나 꿈은 있었다. 그 꿈이 무참히 꺾이는 일을 내 눈으로 목격하는 일은 생각보다 고통스러웠다. 대공분실, 대기발령, 또 대공분실, 부서 이동. 다시 대공분실. 그리고 마침내 해고. 이 과정을 겪는 동안 주인집 마당에 매화가 피었다 지고 목련도 피었다 지고 다시 라일락이 피었다 지는 걸 밤마다 혼자 지켜봤다. 그 겨울부터 여름까지 난 누워서 자본 적이 없다. 누웠다가도 벌떡 일으켜 세우던 그건 무엇이었나. 난 이제까지 그것의 정체를 분노나 치욕감이라 믿고 살았다. 지금 생각해보니 그건 외로움이었다.

누구에게도 사랑받고 위로받지 못했던 참혹한 외로움.

말할 수조차 없었던 일들. 비밀이어서가 아니라 난 그 일들을 아무에게도 설명할 수 없었다. 대공분실을 세 번 겪는 동안 내 의식은 이미 간첩이 되어 있었다. 아무와도 대화할 수도 없었다. 내가 피묻은 군복을 입고 거꾸로 매달려 있는 동안 이 사람은 뭘하고 있었을까. 나에게 매질을 하던 자들의 바짓가랑이라도 붙잡고 애원하고 싶었던 그 무참한 시간 누구라도 한 사람 달려와 내 이름을 불러주길 간절히 바라던 그 시간 이 사람은 어디서 뭘 하고 있었을까.

누굴 만나 무슨 얘기를 하든 화살처럼 꽂히던 의심들. 아무도 용서할 수가 없었다. 그들이 잘못한 것이 아님을 알면서도 어쩔 수가 없었다. 내 영혼을 악마가 지배하던 시간들.

이미 있는 존재를 저들은 끊임없이 부정하려 했고 내가 존재를 증명할 수 있는 방법은 밟히고 피 흘리면서도 다시 일어서는 방법 밖엔 없었다. 그 세월들을 겪으며 내가 나를 지탱하는 길은 꿈꾸지 않는 것이었다. 꿈이란 말만 들어도 서러워 눈물이 쏟아지던 청춘. 해고되고 난 후로는 경찰서에 있지 않으면 경찰들에 둘러싸인 집에 갇혀 살았다. 비가 억수같이 쏟아지던 날 그 집을 빠져나와 노숙을 했던 부산역 지하도 용두산 공원 어린이대공원, 그 거리에 밤새도록 흔들리던 나뭇잎들, 그악스럽던 모기들 나방들. 사람들의 시선들 내 몸에서 나던 냄새들.

그리고 들어간 징역에서 사형수를 만났다. 그녀의 손에는 늘 수갑이 채워져 있었다. 밥을 먹고 잠을 자고 화장실도 가야 하는 인간의 손에 스물네 시간 채워져 있었던 수갑. 그녀가 몸을 뒤척일 때마다 수갑이 귀뚜라미처럼 울던 그 가을 밤들. 수갑이 칼날처럼 몸을 베이고 지나가던 그 긴 긴 밤들. 수갑을 풀어주라고 누군가는 말해야 했다.

싸우다 들어간 징역에서도 싸움은 이어졌다. 그러다 어깨부터 발목까지 번데기처럼 오랏줄에 묶인 채 징벌방이란 델 끌려갔다. 불도 없는 독방에서 사지가 뒤로 묶인 채 손목은 다시 수갑이 채워졌다. 수갑을 풀어주라고 싸웠던 것에 대한 벌이었다. 그렇게 몸을 뒤로 말고 누워 하루 세 번 죽을 들고 오는 교도관의 발자국 소리를 기다렸다. 혓바닥으로 죽을 핥아 먹으며 밤인지도 낮인지도 모르는 삶은 이어졌다. 그 일주일 동안 나는 단 일 초도 어김없이 사형수를 미워했고 그녀와의 악연을 저주했다. 일주일 만에 오랏줄과 수갑이 풀렸는데도 내 몸은 일어설 수도 앉을 수도 없이 세워놓으면 와르르 허물어져 내렸다. 푸대 자루처럼 질질 끌려나온 나에게 아무 망설임 없이 등을 내밀어 준게 사형수였다. 내가 사라진 일주일 내내 내 이름을 부르며 울었다던 사람. 그때 나에겐 그런 사람이 필요했다. 날 위해 울어줄 사람. 일주일 동안 묶여있던 내 몸뚱아리를 울면서 지켜줄 사람.

이 벼랑끝에 매달려 온전히 혼자가 되고서야 나는 비로소 꿈을 꾼다. 이 크레인까지 올라오는 문을 내 손으로 모질게 잠궜듯이 꽁꽁 닫아 걸어 철처히 유폐시켰던 내 청춘의 얼굴들을 이제서야 똑바로 대면한다.

사랑 때문에 웃고 싶었고 사랑으로 인해 울고도 싶었던 꿈, 가보고 싶은 곳도 많고 하고 싶은 것도 많은 꿈. 어두운 거리를 울며 헤매던 청춘을 같이 울며, 웃으며, 어루만져주며 되찾게 해준 너희들. 고맙다.

아파도 되고, 울어도 되고, 비틀거려도 괜찮다. 그러나 외롭지는 말거라. 누구든 외롭게 두지도 말거라. 가슴 미어지도록 보고 싶은 내 청춘의 꿈들아.

— 김진숙, 〈청춘에게 보내는 편지〉

담을 넘다

17대의 버스가 만들어졌다. 기껏해야 두어 대의 버스가 가지 않을까 생각했던 제안자들도 놀랐다.

몇몇 사람들의 제안으로, 버스를 타고 함께 크레인 위의 노동자를 응원하러 가자는 '희망의 버스'가 만들어졌다.

생각보다 많은 사람들이 한꺼번에 연대를 온다는 소식 때문이었을까. 날라리들도, 여기저기서 오는 방문자들도, 조합원들도, 수녀님들도 자유롭게 드나들던 영도 조선소를 갑자기 봉쇄한다는 소식이 들려왔다. 희망버스가 출발하기 전날이었다.

영도 조선소에 용역들이 대거 들이닥쳤다.

"우리 조합원들이 끌려나가고 있어요!"

김진숙 지도님의 다급한 글이 올라왔다. 평소 반값 등록금, 강정마을 등 다른 투쟁 현장을 응원했으나 단 한 번도 스스로를 도와 달라거나 힘들다 외친 적이 없었던 사람이었다.

동영상이 떴다. 용역들은 방패로 조합원들을 밀어붙이고 있었다. 조합원들은 필사적으로 저항했으나 동문과 정문 봉쇄를 막지 못했다. 용역의 헬멧들이 가득하고 조합원들이 끌려가고 있는 아수라장의 사진. 헬멧을 쓴 용역 하나가 방패로 파란 작업복의 노동자를 내려치려고 있는 사진. 사진이 계속 트위터로 올라왔다. 기사보다 빨랐다. 전부 조선소 안 현장 노동자들이 올린 동영상과 사진이었다.

크레인 농성을 지켜본 이후로 처음으로 눈물이 쏟아졌다.

몰랐던 거다. 파업 현장의 노동자들에게 기업이 어떤지. 이 나라가 어떤지. 정말로 용역 깡패를 보내 어떻게 사람을 패고 끌어내는지. 홍대 청소노동자 아주머니들을 도울 때는 경찰도 용역도 없었다. 어느 누구도 이토록 폭력적이진 않았다.

그리고, 뉴스에서 아무도 알려주지 않았었다. 나라 한쪽에서는 용역이 집단으로 사람을 패고 폭행하고 있는데 포털의 메인에서는 한 연예인과 그녀의 남자친구가 더 중요했다. 그게 서러워서, 눈물이 왈칵 쏟아졌다.

그렇게 6월 11일, '희망버스'는 출발했다.

부산에서는 이미 수많은 사람들이 조선소 정문 앞에 모였다. 트위터에 올라온 사진에는 거리 가득히 촛불이 보였다. 김여진 씨도 도착해 있었다.

"정문이라도 사수하려고 했는데...동문, 정문 다 뺏겼어."

한 조합원 아저씨가 전해 주었다.

사진을 보니 용역이 문을 용접 중이었다. 늘 열려 있었던 정문이 굳게 닫혀 있었다.

"사다리차를 불러서 넘어가야 할까요? 배로 타고 들어 갈까요? 어떻게든 들어가죠 뭐."

들어가고 싶었다. 왠지 들어갈 수 있을 것 같았다. 아저씨들이 보고 싶었다. 진숙 언니가 보고 싶었다. 만나지 못하고 온다는 걸 왠지 상상할 수 없었다. 트랜스포머 같은 배를 모두 타고 바다로 기습 도착하는 상상. 소방 사다리차로 구궁 하고 들어가는 상상. 문을 부수고 들어가는 상상. 여러 가지 만화같은 상상을 머릿속에서 풀어내다 잠이 들었다. 몇 시간이 지났다. 버스는 영도다리를 지나 도착했다. 오후 8시쯤이었다.

촛불을 들고 목에 분홍 스카프를 두르고 우리는 걸었다. 서울에서 온 700여 명 사람들의 행진이 이어졌다. 좌측으로 셀 수도 없는 숫자의 경찰들이 일렬로 늘어서 있었다. 경찰차의 차가운 엔진 소리와 불빛들이 보였다.

사람들이 용역과 경찰과 싸워가며 담을 넘어 가던 그 현장에서 트위터로, 피켓으로 나눴던 가장 힘있는 말은 싸우자 죽일 놈 그런게 아니었다 "사랑해요", "사랑합니다, 여러분"이었다.

희망버스를 맞이하기 위해 모인 촛불 든 부산 시민들과 용역, 경찰과의 대치는 이미 여덟 시간이 넘도록 정체되어 있었다. 밤 열두 시가 다 되어가는 영도 한진중공업 조선소 앞은 전투 같은 긴장감과 따뜻한 열기가 함께 달아올라 있었다.

경찰, 용역, 촛불, 경찰, 용역, 촛불. 그리고 그 사이로 '당신을 통해 희망을 봅니다'. 밤 늦도록 봉쇄된 문에 가로막혀 남편을 만나러 들어가지도 못한 해고자의 아내들이 우리를 환영하기 위해 온 힘을 다해 머리 위로 흔들고 있는 피켓을 지나자 유달리 환하게 빛을 발하고 있는 크레인이 보였다. 85호다. 비록 담벼락 너머지만 분명히 알 수 있었다.

조종실 난간에서 힘차게 흔드는 라이트 불빛에 답하여 우리는 외쳤다.

"안녕하세요 우리는 서울에서 왔습니다."

그리고 새벽 1시. 방송차에서 서울에서 오신 분들은 담벼락 옆으로 붙어 걸어 달라는 방송이 나왔다. 영문도 모른 채 길을 건너 경찰차 틈새를 지나 조선소 담벼락 쪽으로 갔다. 잠시 후 그 이유를 분명히 알 수 있었다. 공장 담벼락 위에서 노란 사다리가 내려오고 있었다.

조합원 아저씨들이다. 망설이지 않고 뛰어갔다. 지금이 아니면 넘을 수 없다는 느낌과 함께. 스카프로 얼굴을 가리고 모자를 깊게 눌러쓴 파란 작업복의 조합원 아저씨들이 굳게 붙든 사다리를 타고 뛰어올랐다. 담 위에서 내 뒤에 올라오는 분의 손을 잡고 끌어올렸다. 곧 경찰들이 달려왔다. 사다리를 빼앗으려는 걸 있는 힘을 다해 붙잡았다.

몇십 개의 사다리가 담벼락을 따라 내려왔고 그 순간은 채 몇 분 되지 않았다. 사다리는 경찰과 용역들 수십 명이 달려와 곧 빼앗았다. 하지만 이미 많은 시민들이 담을 넘었다.

700여 명의 시민들이 공장 안에 모였다.

"사람들이 이만큼 있습니다...공장 안에!"

그 순간을 찍어 트위터에 올리자 사람들의 반응이 뜨거웠다.

"아아 감동입니다!!"

몇백 건이 알티가 되고 응원과 격려가 이어졌다.

"넘어와…" 크레인 수문장이었던 백이 아저씨의 트윗이다. 사다리를 내릴 때 올린 듯 했다. 바로 댓글을 달았다. "넘어왔어요…"

한 시민이 그 트윗을 리트윗하며 댓글을 달았다. "사랑합니다!"

수많은 사람들이 모인 담장 안에서 조합원들과 시민들이 용역들과 대치하고 있었다. 소화기 연기가 매캐하게 날리고 용역들이 헬멧을 마구 던졌다. 방패를 뺏은 조합원들이 정문을 다시 탈환하려 애썼다. 용역들이 헬멧을 던지고 소화기를 뿌린 뒤 정문 담을 뛰어넘어 달아났다. 너무 많은 사람들이 모여 있자 겁을 먹고 나간 것이다.

"밤새 지켜보고 있습니다. 눈을 뗄 수가 없군요. 여러분 정말 대단합니다."

"아아 사랑합니다."

트위터로 왔던 수많은 멘션들. 그 자리에 있던 사람은 칠백여 명이 아니었다. 그 에너지는 몇만 명이었다. 전국에서 몇만 명이 트위터로 계속 지켜보고 응원하고 있었다. 아무도 기대하지 않았었다. 아무도 몰랐었다. 바로 전날 조합원들을 폭력적으로 끌어내며 정문을 굳게 닫았던 자본의 철통같은 봉쇄를, 수많은 시민들이 뚫고 들어갈 줄.

그리고 그때 그 자리에서 외침으로, 수많은 댓글로 가장 많이 들을 수 있었던 말은 싸우자 투쟁하자 이런 말이 아니었다. '사랑합니다'였다.

"... 그때 그 해방감이란, 평생 한 번 느껴볼까 말까 한 일이었지."

조합원 아저씨들도, 담을 넘었던 시민들도 그때를 그렇게 회자한다. 그 일차 희망버스의 '해방'은 처음이자 마지막이었던, 다시는 겪을 수 없는 일이 되었다.[45]

어지럽도록 신나는 놀이판이 벌어졌다. 조선소 안을 축제 분위기로 만든 이 공연은 날이 밝도록 계속되었다. 우리는 '사랑해요 김진숙' 팻말을 신나게 흔들었다. 크레인 위에 조그맣게 보이는 김지도의 실루엣이 흥겹게 박수를 쳤다. 우린 함께 놀았다.

그녀는 크레인 난간 위에서 잠시 고개를 돌리고 움직임을 멈춘 채 하늘을 잠자코 바라보고 있었다. 그녀는 울고 있었다. 잘 보이지도 볼 수도 없었지만 느낌으로 알 수 있었다.

그날 하루 공장과 도크는 온전히 우리들의 것이었다. 노동자와 시민들의 세상이었다. 강철이 즐비한 삭막한 조선소의 도크가 그날만큼은 꿈꾸는 듯한 공간처럼 보였다. 사람들은 웃었고 마치 치유의 시간을 보내듯 그 자리에서 크레인 위 그녀의 목소리를 듣고 있었다. 그 짧은 하루는 그렇게 찬란했다.

"야 이 ××새끼들아!"

사람들이 대부분 졸고 있던 새벽에 쩌렁쩌렁한 목소리 하나가 사람들을 깨웠다. 연단 위에 올라 마이크를 잡은 오십대 중반의 어느

---

45 2차 희망버스가 오기 전, 조합원들은 모두 공장에서 쫓겨났다.

해고노동자의 절규였다.

그 사람의 아이는 아팠다. 그러나 해고된 상황을 아는 그 아이는 맹장에 문제가 생긴 걸 말도 하지 못하고 꾹꾹 참았다. 수술비가 없었다. 결국 심각한 수준으로 아플 때까지 있다 가까스로 수술을 받은 아이는 삼십 분만 더 늦었으면 죽었을 것이었다.

지금 이토록 많은 사람들이 연대를 왔지만 너희가 다시 가버리면, 다시 가버리면 더욱 우리는 비참해질 것이라며 다시 오지 않을 거면 아예 오지 말라며 그는 거침없이 말을 내뱉었다. 사람들은 침묵했다.

그 아저씨가 한스 아저씨와 욕쟁이 쌍벽을 이루던 용대 아저씨다. 그날 그렇게 속내를 아프게 풀어내었던 아저씨는 날라리들과 누구보다 따뜻한 관계를 맺으며 친한 친구가 된다.

빗방울이 하나 둘 떨어지기 시작했다.

날라리들이 붙들고 크게 현수막을 썼고 크레인을 향해 흔들었다. 몇몇 사람들은 생활관으로 가서 잠이 들고 다른 날라리들은 크레인 옆 컨테이너 안으로 비를 피했다.

비키니도 걸치지 않은 육덕진 몸매의 여자들 사진이 즐비한 달력들이 덕지덕지 붙어있는 컨테이너 안은 아담했다. 조합원 아저씨가 괜스레 쑥스러워했다. 여기가 조선소 노동자 아저씨들의 아지트였구나. 거친 일상의 흔적이 가감없이 느껴졌다. 그곳에서 우린 쉬었고, 이야기를 나누었고, 어린 친구는 내일 모레 있을 시험공부를 했다.

"...뉴스 봤어요?"

해가 뜨자 누군가 내게 알려주었다. 아침 뉴스를 확인해보고 적 잖이 놀랐다.

[한진중공업 영도 조선소 외부세력 폭도 대거 불법 침입]
...외부 노동단체 폭도 400여 명이 조선소에 대거 침입했다.

지난밤의 그 '사건'은 결국 뉴스에 보도되었다. "크레인 위에서 농성하고 있는 김진숙 지도위원을 응원하러 연대온 시민들, 용역의 저지를 뚫고 담을 넘다"가 아니라, "외부 노동단체 폭도 조선소에 불법 침입하여 폭력집회 하다"가 희망버스의 첫 보도가 되었다.

거대 기업과 어용 기자라는 존재를 그때 알았다. 경찰과 자본뿐만이 아니라 언론이라는 적이 있다는 사실을 그때 처음 알았다. 그리고 언론과의 전쟁이 그토록 길어질 줄, 그땐 짐작조차 하지 못했다.

조선소를 떠나는 모든 사람들에게 한진 조합원들의 박수가 기다리고 있었다. 긴 행렬과 끝없는 박수가 이어졌다. 수백여 명의 사람들이 전부 눈물을 훔치며 조선소 동문을 나왔다. 단 한 사람도 울지 않는 사람이 없었다.

그저 하나의 평범한 연대 행사로 끝났었을 법한 희망버스를, 전쟁 같은 동벽대첩으로 만들어버렸다는 어느 트윗이 기억에 남는다. 내게도 그랬다. 그저 평범한 문화행사겠거니, 생각했던 그 밤이 나의 삶을 바꾸어놓을 줄 몰랐다. 촛불집회에 나가 본 적도 없었다. 정치와 노동운동은 더더욱 몰랐다. 홍대 청소노동자 투쟁 때의 연대는 단순히 시간이 있었고 할 수 있었고 좋은 일이라 생각해서였다. 그때는 모든 사람들이 칭찬해 주었는데. 이번에도 당연히 좋은 일을 하는 것이라 생각했는데. 이웃의 아픔을 외면해서는 안 된다고 생각했을 뿐인데. 그렇게 하니 경찰과 법이 막아섰다. 범법자가 되었다. 노동자를 패는 사설 용역을 경찰은 가만 두고 있었다.

파업이, 경찰과 용역과의 전쟁이, 또한 감옥이 일상인 사람들이 이토록 많을 줄 몰랐었다. 늘 연행과 침탈의 위협에 시달리는 사람들이 이토록 가까이 있는 줄 몰랐다.

언론과 싸우다

"...크레인을 칠 것 같다."

용역 같은 한 무리들이 와서 84호 크레인을 꼼꼼히 답사하고 갔다며 조합원 아저씨들이 트위터로 전했다. 1차 희망버스가 다녀간 뒤 일주일이 채 안 되어 다녀간 것이다. 그날 있었던 동벽대첩에 대한 사측의 대답이었다.

85호 크레인과 구조가 같은 84호 크레인에 경찰과 용역이 몇 차례 다녀갔고, 크레인 강제집행이 거의 확실시 된 날, 김진숙 지도위원이 트윗에 한 줄을 올렸다. 그런데 느낌이 여느 때와 달랐다.

"짐을 내리고 문자와 소중히 간직했던 사진들을 지웠습니다 ...내일이나 모레 어떤 밤들이 제게 다가올지 모릅니다. 담담해지려 애쓰며 기다릴 뿐입니다. 그게 여러분들이든 특공대이든."

무엇을 할 수 있을까. 강제집행을 어떻게 막을 수 있을까. 힘없는 사람들이? 하루가 저물어 가고 있어 영도로 달려가기도 갑갑한 시간이었다.

그때 트위터에서 김태동 교수님이 희망버스에 대한 한겨레 영문 기사가 있다며 그것을 알려 보자는 제안을 했다. 150일 넘게 크레인 농성을 하고 있는 김진숙과 여진 언니, 그리고 담을 넘어 연행되었던 일에 관한 짧은 기사였다. 여진 언니가 그것을 리트윗했다. 다들 이거라도 해보자 싶어 그 기사를 링크해서 영문 트윗을 날리기 시작했다. 트위터리안들은 CNN, BBC 등 외신 언론에 멘션을 붙여 트윗했다. 금방 어떤 반응이 나타나진 않았지만 트위터리안들은 필사적으로 알렸다.

반응이 하나 둘 뜨기 시작했다.

"Korean actress connects with labor protester occupying crane for 150 days"

미국의 한 저명한 기자가 기사와 함께 트윗을 날렸다. 한 유학생이 지도교수인 그 기자에게 메일을 보내 부탁한 것이었다.

"가디언지 주말판이 리트윗했습니다. 널리 퍼지는 건 시간 문제에요." 또 다른 트위터리안이 알려왔다. 된다는 느낌이 강하게 들었다. 그날 밤, 여진 언니가 멘션을 보낸 기자 중 한 명이 흥미를 보여 왔다. 이집트 시위 때 빠른 보도로 널리 알려진 중동 언론, 알 자지라의 기자였다.

"난 한국의 여배우에요...제 친구가 크레인 위에서 150일 넘게 농성하고 있어요..."

"그런가요, 무슨 일이죠....당신은 배우라구요?"

몇몇 보수 트위터리안들이 이런 일 외국기자들한테 알려서 뭐하냐며 비웃는 트윗도 보았다. 그러나 여진 언니는 그와 끝까지 멘션을 주고받으며 대화했다. 지켜보고 있던 트위터리안들이 영어 문장을 만드는 걸 도와주었다. 마침내 LiveJ라는 한 한국인 트위터리안이, 자신이 기자와 통화했다며, 알자지라 더 스트림 아침 미팅에서 방송을 준비하고 있다는 소식을 알려왔다.

단비 같은 소식이었다. 아흐메드 기자는 동영상과 사진을 비롯한 여러 자료를 요청해 왔고, 메일을 공개했다. 그날 새벽 조합원 아저씨들과 몇몇 친구들은 밤새 번역해서 자료를 보냈다. 대책 없이 영상과 자료를 보내려 했는데 트위터로 기적처럼 번역을 도와준다는 친구가 연결된 것이었다. 믿을 수 없는 일이 벌어지고 있었다.

그날 한국시간으로 새벽 4시 알자지라 더 스트림 방송에 '킴진숙'이 소개되었다. 강제집행이 예고된 지 24시간이 채 안 되서 였다.

"크레인 위에서 고공 농성 중인 김진숙을 위해 여배우 김여진은 노동자들이 탄압되는 현장에서 그들을 응원했다. 수많은 사람들이 이를 응원하고 있으나 회장 조남호는 대화의 의지가 없고 경찰을 곧 투입할 예정이다"라는 내용으로 방송이 나갔다. 조선소를 봉쇄하던 날, 용역깡패들이 방패와 소화기로 조합원들을 사지를 들고 끌어내는 영상도 그대로 나갔다. 밤새 조합원 아저씨들이 자발적으로 번역을 도운 친구들과 함께 보낸 영상이었다.

밤새 모니터링하고 있던 나는 꿈틀거리는 예측 불가능한 에너지를 실감했다. 여기저기서, 기자들에게 멘션하고 메일을 보내고 영문, 일어, 중국어 트윗하는 사람들이 나타났고 유엔 인권위에 알렸다는 사람들도 나타났다. 조국을 걱정하는 사람들의 모임이라는 미주 한인사회에서도 움직였다.

조남호 회장, 졌다.

그때 알았다. 이길 것이라는 확신. 사람들이 각자 있는 자리에서 할 수 있는 일로 움직이고 있었다. 이런 종류의 에너지는 본 적이 없었다. 누구도 조직하지 않고 지시하지 않았는데 스스로 움직이는 에너지. 통제할 수도 없고 결코 멈출 수도 없었다. 어디서 어떤 사람들이 언제 도울지 전혀 알 수 없었다. 누가 시키지 않았는데 스스로가 각자의 자리에서 가장 잘 하는 일을 하는 것. 그처럼 크고 강한 에너지가 어디 있을까.

밤새 글을 하나 썼다. 트윗하고 있는 영문 기사는 한진중공업 사태 전반을 파악하기 어려울 듯 싶어서, 앞으로 꾸준히 알릴 수 있는 요약본이 필요하다는 생각이었다. 기자들에게 쓰는 편지와 함께 김진숙의 크레인 농성과 사태를 정리해 블로그에 올렸다. 말하자면 보도자료였다.

영문으로 번역하는 것은 그다지 어렵지 않았다. 공동 작업을 할 수 있는 인터넷 플랫폼을 통해 여러 트위터리안들이 자발적으로 부분 부분을 맡아 영어로 일어로 번역해주었다. 영문 글이, 또 일어 번역본이 속속 메일로 도착했다.

알자지라 이후 정식 일간지에 처음 실린 곳은 프랑스 중도 진보 일간지 르몽드였다. 어느 불어과 학생이 기자에게 편지를 보낸 것이었다. 기자는 자세한 자료를 요청했다. 학생은 트친들에게 한국 언론에 대한 기자의 물음을 전한 뒤 많은 트위터리언들에게 답변을 받았다. 그리고 6월 25일경 김진숙의 크레인 농성은 약속대로 르몽드 지면에 실렸다. 그 기사는 매우 객관적인 논조로 사실을 전하면서도 크레인 농성에 담긴 절박한 이유를 놓치지 않았다. 희망버스의 움직임, 한국의 보수와 진보 언론 양쪽 입장을 모두 전하였지만 어떠한 이야기에 귀를 기울여야 하는지를 감상적 주장 하나 없이 그러나 또렷이 전달하고 있었다. 그리고 누구도 잊을 수 없는 사실, 같은 크레인에서 129일간 있다 목숨을 끊은 노동자와 도크에서 뛰어내렸던 두 사람의 죽음이 있고 나서야 협상이 가능했다는 이야기로 이 기사는 끝을 맺고 있었다.[46]

크레인 농성 이야기는 최초로 방송한 알자지라 방송을 기점으로 놀라운 속도로 전 세계에 퍼져 나갔다. BBC와 CNN에서까지 다루었고 해외에서 연대가 들어오기 시작했다. 알 수 없는 연대의 에너지가 경계를 넘어 예측할 수 없게 부풀었고, 조남호 회장을 청문회에 불러오게 된 결정적 압박 중 하나가 되었다.

이 이야기를 해외에 타진한 사람들은 기자들이 아니었다. 트위터

---

46 Philippe Mesmer, Le Monde 2011년 6월 24일자 기사, 〈Six mois au sommet d'une grue pour contester des licenciements en Corée du Sud〉

리안과 유학생과 주부, 아이 엄마와 같은 평범한 시민들이었다. 아무도 시키지 않았다.

그리고 몇 주가 지났다. 전쟁같은 상황이 발생했다.

"한진중공업 노사갈등 극적 타결"

6월 27일 연합뉴스를 시작으로 일제히 보도되었던 문구다. 인터넷 신문에도 노조 지회장과 사장이 악수하며 웃는 사진이 실렸다. 그날 그 보도는 크레인을 지키던 김진숙과 한진중공업 노조원들을 죽였다. 타결 보도와 함께 법관 옷을 입은 용역들이 일제히 공장 안으로 들어와 연좌시위를 하던 노조원들을 끌어내었다.

현장은 아수라장이었다. 건장한 조합원이 소리내어 울면서 나왔다. 연대 온 한 젊은 친구는 분통을 터뜨리고 경찰에 항의했다.

어떻게 된 거냐고 물었다. 조합원분들이 전부 협상 소식을 듣지 못했다고 했다. 협상 테이블로 오던 모든 조합원들을 못 오게 막고, 아무도 모르는 식사 시간에 노조 지회장은 그날, 영혼을 팔았다.

"이길 수 없는 싸움이라고 생각했습니다. 법적인 협박이 너무 많았습니다. 두려웠습니다. 이러다 모두가 다 다칠 것 같다고 생각했습니다."

지회장이 훗날 청문회에서 한 말이었다.

크레인 농성과 희망버스로 한껏 올랐던, 어깨가 한껏 펴졌던 조합원들의 사기가 와르르 무너지는 순간이었다. 끝인가.

그날 트위터에서 최고의 영향력을 자랑하던 여성 기자인 김모 씨가 연합뉴스 내용을 바탕으로 '한진중공업이 타결되었습니다'라고 썼다. 그러자 거기에 곧바로 김여진 씨가 댓글을 달아 리트윗을 했다.

"사실이 아닙니다."

혹자는 이때 이 순간이 SNS가 공식 미디어를 뒤엎은 놀라운 순간이라 칭했다. 그 기자는 사실을 수소문하여 수정했고 사람들은 사실이냐 아니냐 논란이 일었다.

"...네, 아니에요. 타결 아니에요. 네, 네...문서상 형식상은 타결 맞아요. 그런데 지회장 빼고 아무도 몰랐대요. 조합원분들이 일일이 증언했어요. 네..." 현장에 있었던 나는 기자들에게 절박하게 알렸다. 아는 조합원들을 붙잡고 일일이 물었다. 그리고 단 한 사람도 그 타결을 알고 있었던 조합원이 없었다는 사실을 알았다.

크레인 밑에 조합원 스무 명 정도가 버티기 위해 크레인에 몸을 묶었다. 나는 현장 내부를 똑바로 보기 위해 담장 옆 나무 위로 올라갔다.

담장은 그다지 높지 않았다. 크레인을 언제 칠까, 무슨 일이 벌어질까, 기록이라도 해야 한다고 생각해서, 나무 위에서 지켜보고 있었다. 누군가 그랬던것 같다. 강정에서도, 그랬다. 지켜봐야 한다고. 보는 눈이 많으면 함부로 못한다고.

용역들이 잠긴 컨테이너 하나를 계속해서 쳐대고 있었다. 퉁. 퉁.

그런데 전화가 한 통 왔다.

"...봉주르, 성미?"

불어다. 새벽에 급하게 외신 기자들의 연락처를 찾아 이곳저곳에 이메일을 뿌렸던 기억이 났다. 그 중 한 명이었다. 라디오 프랑스 기자다. 생각도 못 했다. 갑자기 가슴이 뛰었다. 프레데릭은 내게 자세한 상황을 묻기 시작했다. 타결이냐, 아니냐. 나는 조합원 동의 없이 이루어진 일방적인 타결이고, 폭력적으로 강제 집행을 하고 있다고, 경찰과 용역이 지천에 깔렸다고 설명했다. 지금, 담장 너머 크레인을 지켜보고 있다고.

기자는 크레인을 오늘 칠 것 같냐고 물었다. 지금 계속 컨테이너에 사람이 들어갔다 나갔다 하고 있다. 아직 모르겠다. 안전하진 않다.

라디오 프랑스 기자가 관심을 가진후 알 자지라 아흐메드 PD에게도 곧 소식이 들어갔다. 현장 소식을 전한 트윗을 꾸준히 영어로 번역해 리트윗 했던 몇몇 트위터리언들 덕분이었다. 그날 어느 국내 뉴스보다 더 자세하게 "거짓이 아닌 사실"을 알자지라에서 보도해주었다. 이로써 알자지라는 사실을 최초로 전달한 외신이 되어 주었다.

"한진중공업, 오늘 타결 소식이 알려졌다. 그러나 조합원들의 동의 없이 누군가의 '배신'으로 타결이 되었다."

경찰과 싸우다

"마치 6월 항쟁을 보는 것 같다…" 크레인 위에서 트위터로만 소식을 접하고 있던 김진숙 지도위원이 2차 희망버스의 거대한 행렬의 사진을 보며 이러한 감상을 트위터에 남겼다. 맞다. 그때 그 행렬은 마치 혁명에 가까웠다. 만 명에 가까운 시민들이 영도 다리를 건넜다.

아이 엄마, 주부, 상사와 싸우며 일상을 보내던 회사원들, 미팅하고 동아리 모임하며 연애하던 학생들, 평범한 시민들이 영도로 달려왔다. 진짜로 185대의 버스가 만들어질 줄 아무도 몰랐었다. 비가 거세게 내리던 그날 우산과 비옷에 이미 물에 젖은 사람들은 그렇게 부산역에서 도로로 행진을 하고 영도다리를 건넜다. 크레인까지 1 km정도를 남기고 행렬은 막혔다.

"죄 없이 연행된 어묵을 석방하라!"

가족대책위에서 시민들을 위해 정성껏 준비한 대량의 어묵국이 경찰에 압류를 당했다는 소식에 우리는 실소를 금치 못했다. 어묵을 석방하라는 구호를 외치는 것을 시작으로 우리는 아스팔트 위에 자리를 잡았다.

새벽, 김진숙 지도위원을 만나지 못하고 빗속에서 마냥 정체되어 있는 동안, 사람들은 모래 주머니를 쌓아 차벽을 넘으려 했다. 하나 둘 모래 주머니를 옮기는데 무언가 시퍼런 물줄기가 쏟아졌다.

물대포를 쏠 것이라는 건 예고되어 있었다. 난 파랗게 쏟아져나오는 물줄기를 폰 카메라로 잡아 트위터로 올렸다. 첫 번째 물줄기는 우산으로 막을 수 있었다. 그런데 두 번째 큰 물줄기가 덮치자 사람들이 서 있던 자리가 아수라장이 되었다. 우산과 비옷들이 부딪치면서 사람들은 들풀 밟히듯 넘어졌다. 눈이 따가웠다. 사람들이 서로 눈에 물을 부어주고 있었다. 누구는 담배 연기를 눈에 쏘아 주었다. 그렇게 생수로 얼굴을 마구 씻어냈다. 팔과 다리가 매우 따끔거렸다.

불법 시위대라고 그들이 독한 캡사이신이 담긴 물대포를 쏘아댄 그곳엔, 장애인도, 임산부도, 어린아이도 있었다. 나는 그날 그 순간을 아마 잊지 못할 것이다.

아침이 되어 날라리 친구들은 슈퍼 크레인 85호 로보트가 그려진 티셔츠를 팔았다. 차벽과 사람들 사이 100여 미터. 넓은 콘크리트 바닥에 천을 깔고 사람들은 그림을 그렸다. 사람이 꽃이다. 노동자가 꽃이다. 우리는 뛰어들어와 차벽을 배경삼아 사진을 찍었다. V자. 치즈. 김치. 찰칵찰칵. 물대포가 사람들을 밀어냈던 차벽과 우리의 전쟁 같은 공터는 그림의 꽃밭이 되고 포토존이 되었다.

다음날 언론을 보니 어묵꼬치가 시위도구가 되고 우산이 무기가 되어 있었다. 2차 희망버스 현장에서 쇠파이프 50개와 각목 20개, 죽봉 1개가 발견되었다며 연합뉴스와 데일리안에서 특필을 했다. 자세히 기사를 읽어보니 그 도구들이 발견된 현장이 차벽의 건너편 어느 학교 근처였다. 희망버스 참가자들이 들어가지도 못한 곳이었다.

그러다 문득 경찰서에 한번 전화를 걸어 확인을 해 보자는 생각이 들었다. 영도서 번호를 알아내긴 어렵지 않았다. 기사에서 이러한 내용을 봤는데 실제로 쇠파이프와 각목이 있었는지 물어보았다. 경찰이 의외로 친절하게 답변해주었다.

"네 그게 발견되었어요."

"언제요?"

"오후 세 시쯤에..."

희망버스가 도착하기 한참 전이다.

"그거...공사장 개인 물품이에요. 공사장비요. 그냥 시위에 쓰일까봐 위험할까봐 경찰들이 미리 수거해둔 것입니다."

"아 그래요, 시위대와는 관련이 없나요."

"아 관련 없어요. 개인물품이에요."

아.

난 안도의 한숨을 내쉬며 전화를 끊었다. 됐다.

쇠파이프, 각목, 죽봉의 정체를 밝힌 트윗은 예상보다 빨리 퍼졌다. 하루 종일 리트윗이 되며 그날 리트윗 건수 1위를 유지했다. 왠만한 뉴스보다 빠르고 널리 퍼졌다. 사람들은 악의적으로 관련 없는 물품을 기사화한 언론에 분개했고 기자에게 항의하기 시작했다.

시민 언론

나는 한 사람의 시민에 불과했다. 그러나 어떤 기사 하나를 뒤집는 데에 그렇게 큰 노력도 시간도 필요하지 않았다. 시민 한 사람이 할 수 있는 일은 생각보다 다양한 곳에 존재했다.

스마트폰 사진이, SNS가 무기였고 기록이 힘이었다. 한 사람의 개인은 결코 약한 존재가 아니었다. 할 수 있는 게 없다면 지켜보기라도 할 수 있었다.

얼마 후 김진숙의 크레인 농성이 200일이 되자 BBC와 CNN에 잇따라 실렸다. 번역이 가능하신 분들이 그간 멈추지 않고 꾸준히 영문으로 트윗을 전한 영향도 컸다. 곧이어 로이터통신에서 보도했다. 전부 조선 중앙 동아와 같은 한국의 보수 언론과는 다른 시선이었다.

김진숙이 어떠한 이유로 크레인에 올라갔는지, 어떠한 각오로 그곳에 있는지, 사측이 어떠한 협약을 맺었고 어떻게 그것을 어겼는지, 필리핀에 조선소를 짓고 해고하고 주식배당을 받은 일 등이 전부 드러났다.

3차 희망버스 며칠 전엔 내가 연락했었던 라디오 프랑스 기자로부터 연락이 왔다. 강제집행 당시 나무 위에서 통화한 후 꽤 오랜만이다. 희망버스에 대한 자세한 인터뷰를 원한다 했다. 그는 김진숙의 육성 인터뷰와 희망버스의 승객으로서 내 인터뷰를 땄다. 나는 그녀가 크레인 위에서 유머를 잃지 않고 따뜻함과 격려로 사람들과 소통함으로써 감동을 주고 있다고 말했다. 그것이 인상깊었는지 그 기자는 Exellent Communicatrice(탁월한 소통자)라는 표현을 쓰며 김진숙을 소개했다. 그것이 라디오프랑스 인터내셔널 아침 방송에 짧게 소개되었다.

외신용 보도자료를 만든 후 누군가가 그 보도자료를 가져다 쓰고 싶다 했다. 어디든 많이 가져다 써 주세요라고 답했다. 그분은 며칠 후 어떤 동영상을 트위터로 보내주었다.

"보세요. 성미 씨가 보내준 자료가 이런 결과가 되어 돌아왔어요."

동영상 속에는 미국인들이, 필리핀 사람들이, 여러 나라 사람들이 "한진중공업 조합원 여러분을 응원합니다"라는 뜻의 외국어를 써서 들고 미소짓고 있었다. 놀라웠다. 전 세계에서 연대 메시지를 보내온 것이었다. 트위터를 통해 김지도에게도 전달이 되었다. 조합원 아저씨들도 보았다.

그 동영상을 보내준 분은 한 세미나에서 그 자료로 김진숙 이야기를 소개했다 한다. 그러자 연대메시지 보내기 동영상이 만들어졌다 한다.

얼마 후 독일어로 크레인 농성 이야기를 전하던 한 유학생의 정성 어린 편지 하나로 독일 대통령이 김진숙 지도위원에게 연대 메시지를 보내왔다. 믿을 수 없는 일이었다.

그리고 전 세계에 가장 널리 알려진 언론 중 하나인 LA타임즈 1면에 김진숙이 크레인 위에서 팔을 활짝 벌리고 서 있는 사진이 실리게 된다. "8개월째 크레인 위에서 투쟁하고 있는 노동운동가"라는 제목과 함께 상세한 기사가 실렸다. 그리고 며칠 뒤 조남호 회장이 귀국하여 일주일 후 몇 번이고 불발되었던 청문회가 열리게 된다.

강제 행정집행이 되었던 날 밤에 약속했던 알자지라와의 인터뷰가 있었다. 아흐메드 피디와 간략하게 통화한 뒤 생방송을 준비했다. 김진숙 지도와의 인터뷰가 있었고 또 시민으로서 내가 참여하기로 했다.

한진 크레인 영도조선소 앞에서 미국 워싱턴과 스카이프로 연결을 했다. 새벽 4시였다. 조합원 아저씨와 친구들이 방송 현장 세팅을 도와주었다.

"희망버스에 왜 참여를 하게 되었나요?"

"오늘도 경찰 침탈이 있었다고 들었는데…"

"그녀와 얘기해본 적이 있나요?"

"네, 통화로 몇 번..."

"뭐라고 하던가요?"

"거기 춥지 않냐고... 걱정해주었어요"

"아...."

알자지라에서는 필리핀 조선소에 있는 여성노동자와도 3자 통화를 연결했다. 한진중공업의 상황을 전 세계에 걸쳐 자세히 보도한 것이다. 20분에 걸친 한진 특집 방송. 아흐메드 PD도 통역을 도와주신 시민분도 참으로 고마웠다.

방송이 끝나자 날이 밝아왔다. 새벽 여섯 시. 차가운 길바닥에 몸을 누였던 조합원 아저씨들이 하나 둘 일어났다.

아저씨들은 몸을 누였던 스티로폼 돗자리를 둘둘 말아 개켰다. 그리고 현수막을 하나 둘 꺼냈다. 아침 일곱 시에 맞추어 아저씨들은 전부 담담한 표정으로 공장 정문 앞으로 갔다. 횡단보도를 사이에 두고 양쪽으로 서서 현수막을 펼치고 섰다. 전단지를 나누어 주었다. 사람들이 많이 출근하기 시작하고 있었다. 현수막을 들고 담담히 서 있는 사람들과 바삐 조선소 안으로 들어가는 사람들의 풍경이 교차했다. 나는 아저씨들을 도와 전단지를 나누어주었다. 하청 노동자들과 용역들까지, 김진숙의 편지였다. 다들 관심있게 보고 지나갔다. 전단지를 돌린 후 나는 초등학교 담벼락을 따라 뒤돌아보지 않고 걸어갔다. 갑자기 눈물이 나왔다. 울컥.

바로 어제 행정집행을 당하고, 연행을 당하고, 쫓겨나고, 그래도 아침에 일어나 묵묵히 선전전을 나오는 사람들. 해고당하고, 파업을 하다 결국 공장 안에서도 쫓겨나고, 크레인 앞 길거리에 있는 것조차 허락 받지 못해 또 쫓겨 나고, 그래도 새벽 여섯 시에 돗자리를 걷고 걸음을 옮겨 늘 하던 일상을 지키는 사람들. 파란 작업복의 스머프 아저씨들.

밟아도 밟아도 아무 것도 바라지 않고 묵묵히 제자리를 지키는 들풀들 같아서, 울었다.

그렇게, 싸우는 사람들.

KBS에서 드디어 한진중공업 사태를 방영한다는 이야기가 들려왔다. 지금껏 국내 언론, 특히 국영방송에서는 단 한 번도 제대로 보도해주지 않았었다. 조합원들도 가족대책위도 날라리도 트친들도 기대 반 의심 반으로 그 프로그램을 보았다. 그런데 보고 있으면 있을수록 놀라웠다. 이제껏 알려지지 않았던 사실들이 공개되기 시작했다. 노동자의 심장이 옳았다. 그들의 요구는 정당했다. 해고가 옳지 않았다는 것. 경영 위기가 아닌 이윤을 위해 해고를 했다는 사실. 김영선 PD는 한진중공업이 과연 영업이익이 적자였는지 추적했다. 건설에서 난 적자가 조선소로 옮겨갔다는 사실을 증거를 제시하며 밝혔다. 이재용 사장을 인터뷰했는데 그는 꿀먹은 벙어리였고 모든 증거에 제대로 답변하지 못했다. PD는 해외로 가서 조 회장의 아들인 상무를 찾았으나 상무도 자취를 감추고 자리를 피했다.

PD는 필리핀으로 갔다. 수빅에서도 어마어마한 착취가 이루어지고 있었다. 필리핀의 한 상원의원은 청문회를 연 뒤 말했다. "사장이 필리핀에 온다면 가만 두지 않을 겁니다. 당장 연행할 겁니다!"

공중파 방송에서 이 사실들이 낱낱이 드러났다. 조합원과 가족 대책위 모두 방송이 끝나자 환호성을 질렀다. 우리는 박수를 쳤다.

회장을 청문회에 세우다

몇 차례 청문회가 무산되었다.

급한 출장으로 해외에 나갔다던 조 회장은 세 차례 희망버스가 다녀가는 동안 모습을 드러내지 않았다. 그러나 끈질겼던 수많은 사람들의 애달픈 연대는 세상을 바꾸어 놓았다. 국내 언론이 침묵하자 해외 언론이 수 차례 보도했다. 한국 대통령이 침묵하자 독일 대통령이 연대의 뜻을 표했다. 국내 인권위가 멀뚱이 바라보자 국제인권위가 한국 대통령에 성명서를 내었다. 국내 공중파 방송이 처음으로 실상을 낱낱이 보도했고, 여론이 기울었다. 그렇게 결국 조남호 회장은 8월 귀국한 후 눈물을 흘리며 대국민 사과와 기자회견을 한 뒤, 18일 청문회에 모습을 드러냈다.

청문회에서의 조남호 회장의 모습은 너무나 어리숙하고 무능해 보여 허탈할 정도였다.

마치 신이 있어 어떤 영혼은 너무도 통찰력과 생각이 깊고 말과 글에 뛰어나 세상에서 가장 헤쳐나가기 어려운 세상에 태어나게 했고, 또 다른 한 영혼은 너무 무능하여 모든 게 다 갖춰진 환경에서 태어나게 한 것 아닌가, 하는 생각이 들 정도였다.

재벌 회장이 국회 청문회에 불려온 것, 국내에서 13년 만에 있던 일이었다. 이렇다 할 적자를 낸 적도 없으며, 건설에서 벌금을 물게 된 빚을 조선소 노동자들이 떠안게 되었다는 사실도 만천하에 드러났다.

한 야당 의원이 조남호 회장에게 질문을 하기 전 동영상 하나를 보여주었다. 어떻게 저 동영상을 국회에서 틀 생각을 했을까 할 정도로 소름 돋는 동영상이었다. 그것은 오래 전, 2003년 조성봉 감독이 한진 영도 조선소에서 김주익, 곽재규 열사의 장례식을 촬영한 동영상이었다. 김진숙이 울며 추도사를 읽고 있었다.

그 의원이 조남호 회장에게 한 첫 번째 질문은 의외였다. 수주가 어떻냐 경영이 어떻냐 하는 질문이 아니었다. 8년 전 크레인 위에서 목을 매어 죽은 바로 그 사람의 사진을 보여주면서 담담하게 물은 질문이었다.

"이 사람을 아십니까?"

조남호 회장은 대답했다.

"모릅니다."

그러자 그 의원은 곽재규 열사의 사진을 보여주었다.

"그럼 이 사람을 아십니까?"

"모릅니다."

"이 사람들은 바로 8년 전 증인이 죽인 사람입니다."

의외의 질문에 국회가 술렁였다.

그때 투쟁하다 죽은 자신의 회사 노조 지회장의 얼굴도 모른다던, 그 회장은 그 자리에서 유족들에게 사과했다. 그들이 죽은지 8

년 만의 일이었다. 죽음에 대한 사과라는 사람에 대한 예의를 얻어내
는 데, 걸린 시간이었다.

자본 없는 공화국

하루는 크레인이 가장 잘 보이는 명당자리 길거리에 돗자리를 깔
고 누웠다. 트위터로 김 지도와 하늘의 별 얘기를 나누고 있었던 것
같다. 길바닥인데 왜 그토록 행복했는지 모르겠다. 그때 알았다. 오
래 전 아프리카 흙바닥에서 느꼈던 사랑을 난 다시 보았다. 그곳에
사랑이 있었다. 지붕도 재화도 없는 그곳. 아무 것도 없으니 사랑이
드러났다. 영도 크레인 담벼락 밑에서 나는 조금 다른 세상을 경험
했다. 사람들은 침낭과 돗자리 위에서 모기장을 치고 잤다. 별과 하
늘이 지붕이고 보도블럭이 잠자리였다. 그런데 따스했다. 사람들이
음식과 물을 들고 찾아왔다. 무엇 하나 부족하지 않았다. 무자본 공
화국. 그곳에서는 사랑이 화폐고 호의가 돈이었다. 차비가 부족해지
니 지인들이 택시비와 기차비를 가끔 보태주기도 했다. 가끔 조합
원 아저씨들이 맛있는 것을 사주기도 했다. 우리는 나누고 얻어먹
고 연대했다.

먼 곳에서 사비를 들여 찾아온 사람들. 그저 사람이 걱정되어 찾
아온 사람들. 사랑하기 위해 달려온 사람들. 크레인 밑에는 수녀님
들도 신부님들도, 스님들도 왔다. 그분들은 싸우지 않았다. 함께 기
도했고 함께 나눴다. 종교는 없었고 사랑만 있었다. 그곳에선 그곳

에 오는 사람들이 가져온 간식과 음식을 나누었고 누구도 부족해하지 않았다. 성경에서 배웠던 오병이어의 기적은 바로 그 곳에서 벌어지고 있었다.

위기를 넘기다

크레인에 전기가 끊긴지 오래, 용역과 경찰이 85호 크레인을 침탈하려는 시도가 끊임없이 이루어졌다. 매일같이 긴장이었고, 하루하루 경찰, 용역과 끊임없는 밀고 당기기가 이어졌다. 85호 크레인 바퀴는 풀려져 있었다. 85호 크레인을 84호 크레인까지 끌고 가는 데에는 얼마나 걸리는가 스머프 아저씨들끼리도 얘기가 많았다.

용역들이 매일같이 크레인 밑으로 왔어요. 바퀴 잠궈 놓았던 걸 급기야 풀었어요. 크레인 밑에 담장을 치기도 했고, 실제로 조선소 안에서는 매일같이 시도를 했어요. 사수대 분들이 죽기살기로 저항을 했죠. 볼트를 투척하기도 했고 용변을 받은 봉지를 무기삼아 던졌어요. 가까이 오지 못하도록요. 침탈 당하면 끝이니까요. 매일 피를 말리는 순간이 계속되었고, 한숨도 잠을 못 잤어요.

84호 크레인 붐대가 움직이면 원래 딸랑딸랑 소리가 나도록 되어 있었어요. 그 딸랑딸랑 소리가 언제 나는지 온 신경을 곤두세운 채 귀를 기울이고 있었어요. 그런데 어느 순간 84호 크레인 붐대가 움직이는 게 보였습니다. 그런데 소리가 나지 않는 거에요! 소리 나는 걸 풀어놓은 것이었습니다....

— 김진숙의 회고, 재구성

하루는 용역이 85호 크레인 밑에 그물망을 쳤다. 침탈 시도였다. 4명의 사수대 분들의 거센 저항이 이어졌다. 트위터로 보아도 불안할 정도였다. 그때 김 지도가 크레인 난간 밖으로 몸을 내미는 일까지 있었다. 그것은 다시 생명을 담보로 하겠다는 뜻이었다.

나는 어느 시민과 통화를 하고 있었다.

"85호 크레인에 대한 강제집행영장이 떨어진 상태래요."

"법적으로 갈 수 없을까요? 아는 변호사님들을 모아서 함께 싸울 수 없을까요?"

"정말...이걸...어떻게 막을 수 있을까요? 생명이 급한데...한번 치면 끝나잖아요...."

그분과 통화하다 문득 그런 생각이 들었다. 사설 용역은 권리가 없다. 경찰이 강제집행 권한이 있다. 그런데 크레인을 치면 김진숙 지도는 분명 다른 선택을 하지 않을 것이다. 생명이 위험하다. 가장 비극적인 결말이 날 수도 있다. 만약 그렇게 되면, 우리는 크레인을 친 경찰들에게 책임을 물을 수 있을까. 만약 그들이 몰랐다고 잡아 빼면? 본인들은 사람이 위험해질 줄 몰랐다고 하면?

그런데, 만약에, 발뺌할 수 없게 된다면, 그들의 책임이 된다.

크레인을 치면, 사람이 죽는다.

이 사실만 경찰에게 책임을 물을 수 있다면. 그들이 분명히 알고 있었다는 것을 온 국민이 알 수 있게끔만 할 수 있다면.

이 생각을 조심스럽게 얘기하자 그분이 말했다.

"그런 방법이라면...방법이 있어요."

내용증명.

그렇다. 누군가가 '알고 있었다'는 것을 확인시킬 수 있는, 어떤

'무기'. 경찰에게 내용증명으로 편지를 보내는 것은 훗날 책임을 물을 수 있는 작은 무기가 될 수 있을 것이다. 그런데 누가 내용증명을 보내야 하지? 그분이랑 얘기를 해보니, 나 한 사람 시민의 이름으로 보내도 상관 없을 것이라는 결론이 나왔다.

이거다. 유명하지도 않고, 힘있는 기관도 아니지만, 한 사람의 시민, 개인이라도 할 수 있는 것.

"제가...보내 볼게요. 시민의 이름으로, 보낼게요. 내용 증명, 배달 증명만 받아 놓으면, 단 한 통의 편지라도 힘이 있겠지요."

"아...그래요 좋은 방법이에요. 조현오 경찰청장부터, 부산경찰청장, 영도경찰서장 전부 보내야 해요, 꼭."

나는 다음과 같은 내용으로 편지를 썼다.

"현재 85호 크레인에는 김진숙 지도위원과 7명의 조합원이 남아 있습니다. 이들에 대한 강제퇴거 조치 혹은 체포 실행 계획이 있다고 알고 있습니다. 여기서 한 가지만 분명히 말씀드립니다. 김진숙 지도위원은 여러 차례 언론과의 인터뷰에서, '공권력이 투입되어 크레인을 강제 진압할 경우에는, 나에게 선택은 하나 밖에 없다'라며 강제 진압하면 뛰어내리겠다는 뜻을 밝혔습니다. 사람의 생명이 걸려 있습니다. 만약 강제진압 시 김진숙 지도위원이나 노조원 분들께 만에 하나 어떤 불상사가 일어날 경우에는 그 원인은 공권력 투입과 강제 진압 밖에 없다는 것을 이 사태를 지켜본 모든 국민들은 잘 알고 있습니다. 따라서 만에 하나 김진숙 지도위원과 한진중공업 조합원들에게 생명이 위태로운 불상사가 발생한다면 국민들은 경찰과 공권

력과 명령권자에게 그 책임을 물을 수밖에 없음을 분명히 밝히고
자 합니다."

편지를 프린트한 후 세 부를 복사하여 조현오 경찰청장, 서천호
부산경찰청장, 그리고 영도경찰서장에게 내용증명으로 보낸 후 증명
도장이 찍힌 편지를 스캔하여 트위터에 올렸다. 같은 내용을 한진 조
합원에게도 보냈다.

얼마 후에 소식이 왔다. 금속노조에서도 그 내용으로 내용증명을
보내기로 했다고 한다.

됐다. 이것이 얼마나 영향을 미칠 수 있을 지 모르겠다. 그러나
나 한 사람 일개 시민에 불과하지만, 트위터에 올리는 순간 공중이
된다. 여러분이 리트윗을 해주셨다. 나 혼자만이 아닌, 누군가 알고,
또 누군가의 팔로워들이 알고, 수 많은 사람이 똑똑히 보았다. 나는
이제 더 이상 힘 없는 한 사람이 아니다.

며칠 후, 85호 크레인을 바다 쪽으로 끌고 가려던 날 밤, 김진숙
지도위원은 위기 상황임을 알렸고, 여기 저기 전국에서 사람들이 급
히 내려왔다. 신도브래뉴 앞에서 돗자리를 깔고 앉았다. 평소 열 명
내외 사람들만 지키고 있던 그 자리에 삼십...오십여 명의 시민들이
왔다. 내려와서 밤새 크레인을 지켰다. 아무 일도 없었다. 강제 침탈
의 시도도 무엇도. 그런데 우리는 훗날 알았다. 그날 우리가 그 자리
에서 지켜보고 있었다는 것만으로, 크레인에 대한 마지막 침탈 시도
를 막아냈었다는 것을.

크라우드 펀딩으로 영화를 만들다

인형들이 각자 색색가지 블록과 물건을 들고와 건축물을 조립한다. 블록들은 모두 다르고, 인형들은 누가 부르지 않아도 각자 스스로 움직인다. 사람 하나하나가 각자의 재능을 가져와서 역사를 건축한다. 오래 전에 어떤 광고를 위해 생각해두었던 아이디어다. 음악도, 콘티도, 머릿속에 있었다.

5차 희망버스는 부산국제영화제 기간에 열리게 되었다.

부산국제영화제. 몇천 명의 외신기자와 몇만 명이 넘는 외국인들이 찾아온다. 그리고 85호 크레인은 그 자체로 영화다. 부산영화제에서 가장 멋진 살아있는 영화다.

한 달여 정도 남은 기간, 나는 두 가지 프로젝트를 진행시키기로 결심했다. 시간도 없고 혼자 하기엔 무리가 있었지만, 왠지 모든 게 가능할 것 같았다. 영상을 올리자. 희망버스가 어떤 건지 알리자. 수많은 외국인들에게. 예전에 생각해두었던 그 아이디어는 희망버스와 정말 잘 맞았다.

사실 아무 것도 준비된 것은 없었다. 아이디어 하나 외에. 말하자면 대책 없이 시작한 셈이다. 트위터에서 얘기하면서 생각은 구체화가 되었다. 시작을 하고 알리고 나니 마치 모든 게 준비되어 있던 것처럼 스스로 움직였다. 짜 맞춘 것처럼 모든 게 마련되었다.

소셜 펀딩 사이트를 통해 제작비를 충당했다. 2만원이나 5만원 정도의 소액으로 여러 사람들이 후원하여 예술 작품의 제작비를 충당하는 것이다. 트위터에서 85호 크레인을 응원하고 있는 사람들의 에너지라면 펀딩이 충분히 가능할 것 같았다.

포스터를 본 여러 사람들의 머릿속에서 레고들이 살아 움직여 희망버스를 만들고 크레인으로 달려갔다. 그러자 그 상상은 현실이 되었다. 촬영이 시작되었다.

120여만원이 금방 모아졌고 사람들이 레고 부품과 레고 인형을 보내주었다. 무척 고맙고 짠했다.

스탭이라곤 영화경험이 없는 날라리들과 나, 달랑 그렇게 있었는데 뜻하지 않게 귀한 손님이 왔다. 상업영화를 여러 편 하신 프로 미술감독님이 트위터로 연락해 왔다. 일손이 필요하면 알려달라고 했다. 그분은 뭐든지 다 만들었다. 세트도 만들고 찻길도 만들었다. 버스의 날개도 만들고 해와 달이 있는 배경도 만들고, 담벼락의 철문도 만들고 경찰 방패도 만들고 차벽도 만들었다. 재료를 사는 것도 있었지만 대부분 생활폐기물을 많이 활용했다. 진숙언니가 크레인 위에서 말려 널던 이불도 만들었다.

김 지도의 레고인형을 만들 때 흰 티셔츠에 파란 멜빵 바지를 입히고 그리고 크레인에서 자주 쓰고 계시던 흰 모자를 씌웠다. 표정도 눈에 띄게 밝은 아이로 골랐다.

담을 넘는 씬과 물대포 씬을 찍을 때는 현장에 있던 경험이 다들 너무 생생하게 기억이 났다. 사실상 연출이 필요 없었다. 파란색 철사와 반짝이풀로 '물대포'를 만들었다. 레고들은 쿨럭이며 기침을 하고 쓰러졌다. 그날 새벽 경찰 차벽과 사람들 사이엔 백여 미터 정도의 빈 공간에, 전단지와 신문지와 휴지들이 굴러다니던 그때 아스팔트의 빈 느낌을 다음 컷에 추가했다.

수시로 현장 촬영 모습을 찍어 보내드렸고 김 지도는 좋아하며 계속 답장을 보내왔다. 레고 장난감 따위로도 응원을 하고 함께할 수 있다니. 고작 별 거 아닌 것들로 이렇게 힘이 될 수 있다니.

로봇이 변신하기 전에 사람들이 풍등을 날리는 장면을 잊지 않았다.

약 5분의 영상을 만드는 데 촬영기간이 꼬박 한 달 걸렸다. 약 6,000컷 정도의 스틸 사진을 찍었다.

우리는 부산국제영화제 개막 당일날 새벽까지 촬영을 했다. 레고 인형 수백 마리가 나오는 몹MOB 씬을 마지막 남은 촬영 스텝이었던 김선미와 둘이서 찍었다.

반응은 폭발적이었다. 유튜브에 업로드하고 트윗하자 순식간에 수백 개의 RT가 붙으며 퍼져나갔다. 하루 이틀 사이에 조회수가 만 명이 넘었다. 사람들이 부산영화제의 해시태그를 붙이고 RT를 해주며 영문으로 리트윗해주었다.

택시 안에서 보면서 울었다는 친구도 있었다. 여진 언니는 눈물이 난다며 RT를 해주었다. 김진숙 지도위원도 크레인 위에서 울었다.

처음에 자리를 내주기로 했던 모 호텔 노조에 압력이 들어와서 부스를 차리는 것은 녹록지 않았다. 양해를 구하고 전원만 제공 받았다. 우리는 그것을 끌어와 해운대 해변가 모래 조각상 한 켠에 자리를 잡았다. 플로그티비에서 커다란 LCD 모니터를 빌려주었고 한진 조합원들이 차로 실어주었다. 한예종에서 온 대학생 친구들과 부산

사는 친구들이 함께 도와주었다.

모니터를 설치하고 테이블을 하나 두고 브로슈어와 버튼을 가져다 두었다. 포스터도 붙였다. "This is not a film. 이것은 영화가 아니다."

첫 영상을 틀었을 때는 해가 뉘엿뉘엿 지고 있었다. 바닷가 게릴라 극장이 완성되는 순간이었다. 사람들이 발걸음을 멈추고 영상을 바라보는 그 순간엔 바닷가 바람도 공기도 노을의 선선한 빛깔도, 모든 게 아름다웠다. 이제껏 극장에서 영화도 상영해보고 영화제도 많이 가 보았지만, 어떤 영화제의 어떤 극장에서 상영되었을 때도 그때만한 기분은 느껴보지 못했다. 영화를 완성하고 사람들의 박수를 받을땐 늘 좋았지만, 그때의 그 해방감과 뿌듯함은 느껴본 적이 없었다. 초대 받지 못한 어떤 영화. 팜플릿도 티켓도 없었고 일부러 보러 오는 사람도 없었지만, 그냥 지나가다 발걸음을 멈추게 할 수 있다는 것이 마치 마법 같았다.

김선미가 날 꼭 안았다. "우리 해낸 거 같아! 잘 만든 것 같아!"

바닷가 한 켠에서 상영되는 멋진 음악과 레고 인형을 사람들은 가만히 보다 갔다. 사람들이 하나 둘 브로슈어를 가져가 읽을 때는 더더욱 뿌듯했다. 희망 버스를 전혀 모르는 사람들, 관광 온 사람들. 부산영화제에서 차려준 평화로운 무대와 일상과 휴가를 보내고 가는 사람들이 발걸음을 멈추었다.

노란 머리의 외국인 청년 하나는 두 번 세 번 찾아왔다. 그리고 말을 걸었다. 85호 크레인에 가보고 싶다고. 그녀가 지금 정말 거기,

있냐고. 물론이라며 자세히 안내해 주었다. 다음날 외국인 청년 셋이 호텔 앞에서 기다렸다.

부산영화제에 그냥 관광 삼아 왔던 친구들이었다. 택시를 타고 영도 크레인 앞에 도착하자 그 청년들은 성큼성큼 길을 건넜다. 크레인 담벼락 앞 용역들이 적잖아 당황했다. 멕시코의 다니엘, 네덜란드의 올리버, 그리스의 안드레아스가 크레인 위의 진숙 언니와 인사했다. 그 친구들은 쉬지 않고 파이팅을 외쳤다.

"킴진쑥! 싸랑해요"

그들은 응원을 적는 방명록 노트에 영어로 무언가 길게 적고 갔다. 크레인 위에서 혼자 거대한 회사에 맞서는 진숙 언니의 용기있는 싸움이 무척 대단하다 했다. 자기들이 용기를 많이 얻고 간다 했다.

안드레아스는 그녀에게 장미꽃을 주고 싶다며 어디서 장미꽃을 사 줄 수 있는지 물었다. 이 얘기를 진숙 언니에게 전하자 "꽃은 필요 없다. 당신들이 꽃보다 아름답다"라고 트위터로 답변을 주었다.

아주 오래전 나는 영화가 마법이라고 믿었다. 사람들의 마음을 움직이는 순간은 정말이지 마법이다. 그런데 마음이 움직여 몸까지 움직이게 만든다면, 관객이 행동하고 어떤 선택을 하게 만든다면 기적이다. 단 한 사람의 마음이 움직이고 다른 행동을 하게 할 수 있다는 것은 영화를 만든 사람이 얻을 수 있는 최고의 경험이다.

309일째

이른 아침 전화 한통을 받았다. 크레인 아래를 오래 지키고 있었던 한상철 조합원 아저씨였다. "김 지도가...내려올 것 같다."

멍했다. 전화를 끊고 바로 기차를 타고 내려갈 준비를 했다.

합의안은 '재고용'이나 근속년수를 인정하기로 했단다. 이 안으로 투표를 해서 과반이 넘으면, 타결로 정해지기로 했다고 한다.

아주 오랜만에 스머프 아저씨들이 조선소 안으로 들어가게 되었다.

한 해고자 아저씨는 울음을 터뜨렸다. 분통의 울음이었다.

"내는 인정 몬한다. 이럴 수가 있나. 복직이어야 한다. 정리해고 철회여야 한다 아이가...."

몇몇 해고자 분들은 부당해고 소송을 끝까지 가고 싶다 했다.

끝까지 아쉬움을 남기고 조합원 투표는 만장일치 박수 가결이 되었다. 다들 김 지도님이 내려오길 기다리고 있었다. 꽃 목걸이와 큰 걸개그림을 가지고. 크레인 수문장이었던 형백이 아저씨가 크레인 문을 땄다. 한 발짝 한 발짝 올라갔다.

"백아, 내려가자." 형백이 아저씨와 삼백일 만에 조우한 김 지도는 그렇게 말했다.

믿어지지 않았다. 내가 바라는 건 딱 한 가지였다. 아주 오래 전부터 가졌던 바람. 꼭 한 번 안을 수 있을까.

KTX를 타고 한진중공업 정문 앞에 도착했을 때는 김 지도가 꽃 목걸이를 걸고 정문 앞에 나와 있었다. 카메라 플래시는 쉴 새 없이

터졌다. 만삭이 된 여진 언니가 김진숙 지도를 끌어 안고 울고 있었다. 너무나 많은 사람들과 기자들이 줄을 서 있었다. 앰뷸런스와 경찰차가 동시에 와 있었다. 나는 사람들 틈에서 기다리고 있었다. 김진숙 지도가 과연 날 알아볼까.

그녀가 가까이 왔다. 내가 그녀에게 인사하자 그녀는 와서 활짝 웃으며 꼭 안아 주었다.

나는 그 자리에 주저앉아 울어 버렸다.

변화

그 해 겨울, 한진 조합원 중 한 명인 최강서씨가 죽었다. 나는 그때 비로소 이해했다. 백양로의 이한열이 누구였는지 노수석이 누구였는지. 숱하게 백양로를 지나다니면서도 무관심했던 '열사'라는 이름의 영정이, 내가 얼굴도 보고 술도 한잔 기울였고 인사도 했던, 익숙한 얼굴이, 열사라는 이름의 영정으로 나타난 기분을. 그렇게 한진의 한 젊은 노동자가 죽었고, 또 늙은 노동자가 죽었다. 그때 타결된 합의로 아저씨들은 1년 후 복직했지만, 회사는 휴업을 강행했고, 복직한 사람들도 일을 할 수가 없었다. 아저씨들은 천막을 쳤고 또 싸웠다.

3년이 지났다.

얼마 전, 한 통의 전화를 받았다.

"내…복직한다. 고맙다. 살다보니 이런 날도 오네."

한진중공업 해고자였던 용대 아저씨였다. 그토록 다시 몰고 싶다던, 내 새끼 같은 크레인이 녹슬고 있다 걱정했던, 4년간 해고자였던, 아저씨였다. 한진 말고도 강정에서도 함께하고 쌍차 현장에서도 함께했던, 삼촌이라고 불렀던, 오십 줄의 아저씨였다. 크레인으로, 공장으로 다시 돌아간다고 전화가 왔다.

"포기할라캐도 포기할 수가 있어야제. 포기하지 못하게 붙들어 놓고…고맙데이."

김진숙 지도위원이 크레인에서 내려오던 그날도, 이렇겐 안된다며 끝까지 싸우겠다던 아저씨였다.

꼬박 4년 만에 아저씨는 그토록 잡고 싶었던 크레인을 다시 잡았다. 삶의 터전으로 다시 되돌아왔다.

희망의 버스 이야기에는 보석 같은 여담이 있다. 훗날 어느 사진작가로부터 들은 이야기였다. 2010년 경 어느 사진작가 한 사람이 기륭전자 투쟁 현장을 혼자 사진을 찍으며 돌아다녔다. 그 분이 꾸준히 찍고 다니는 것을 보고 다른 사진작가들이 하나 둘 합류하기 시작했다. 사진작가들은 우리가 이렇게 찍은 사진들로 무엇을 할 수 있을까 고민하다 달력을 만들었고 그것을 팔아 천만원이 만들어졌다. 그래서 기륭전자 조합원들에게 전달을 하려던 찰나, 기륭전자가 타결이 되어 버린 것이었다. 더 이상 투쟁자금이 필요치 않았던 기륭 조합원들과 사진작가들은 그렇게 만들어진 돈을 어디에 전달할까 고민했다. 그때 마침 '비정규직 없는 세상'이라는, 자금이 모자라 해체 위기에 있었던 커뮤니티를 누군가 떠올렸고, 그 돈이 그곳에 전달되었다. 그것이 희망버스의 최초의 씨앗이 되었다.

바람 한 줄기 촛불 하나는, 결코 작은 것이 아니다.

제11장

왜
복종하는가

그날, 나는 법을 어겼다

2011년 그 여름, 나는 처음으로 법을 어겼다.

경찰서에서 소환장이 한 통 날라 왔다. 내가 1차 희망버스를 다녀온 뒤 한 달 정도 지나서였다. 소환장에는 '폭력 및 처벌에 관한 법률'에 의거한 '공동주거침입죄'라고 쓰여 있었다.

나는 경찰서에 출석해 조사를 받았다. 경찰이 물었다.

"김진숙씨와 어떤 관계인가요?"

"트친[47]...인데요."

---

47 '트위터 친구'의 줄임말

나도 대답하고서 웃어 버렸다. 무슨 대단한 관계라도 있어야 하나.

경찰은 김진숙씨가 크레인을 점거한 것은 불법인데 범법 행위를 도우러 간 것에 대해서는 어떻게 생각하냐고 물었다. 나는 그 사람이 친구와의 약속을 지키기 위해 그곳에 있는 것이고 나는 그 사람이 살기를 바랐기 때문에 그곳에 갔다고 말했다. 그랬다. 크레인도 공장도 모두 조남호라는 사람의 '소유' 였고 그 어떤 것도 그곳에서 일하는 노동자의 것이었던 적은 없었다. 내가 소환장과 벌금을 통보받은 것도, 법이 사람보다 사유재산을 더 보호해 주었기 때문이었다. 소환장을 통보받은 사람은 사실 나뿐만이 아니었다. 홀로 싸우는 외로운 노동자를 응원하러 갔고, 촛불을 들고 행진을 하고 담을 넘어 들어가 사랑해요라는 피켓을 들고, 노래하고 춤추고 크레인에 바람개비를 붙이고 풍등을 날렸던 수많은 사람들이 경찰로부터 소환장을 받았다. 백여 명이 넘는 숫자였다.

민변의 변호사님과 상담한 후 법원에 출석했다. 깔끔하게 기소내용을 전부 인정하고 대신 최후 변론서를 써서 선처를 호소하기로 했다.

"존경하는 재판장님. 저는 영화를 만드는 연출자입니다. 영화에선 탄압받는 사람들이 무척 많이 등장하지만 크레인 위에 있는 그녀는 배우가 아니었습니다. 그리고 약한 사람들이 행복해지는 현실을, 영화 속에서만 만들어왔던 게 매우 미안해졌습니다. 현실에서 조금이라도 그분들을 돕지 않으면, 그런 사람들의 이야기를 저는 시나리오에서 단 한 줄도 쓸 수 없다는 생각이 들었습니다.

용기 있는 그녀에게 감동을 받은 저는 트위터로 말을 걸었고, 그녀와 친구가 되었습니다. 그녀는 극한 상황에 있었지만 늘 다른 사람을 격려하였고 따뜻하고 유쾌한 유머로 웃음을 주곤 했습니다. 8년 전 그녀의 동료는 점점 희미해지던 관심 속에 죽어갔다 했습니다. 지금 크레인 위의 이 사람도 외롭게 두면 죽음을 선택하겠구나. 그동안 노동운동 같은 것도 전혀 몰랐고 정치나 사회에도 관심 없었던 저이지만, 어떻게든 이 사람 만큼은 살리고 싶었습니다.

보통의 건강한 심장을 갖고 있는 사람이라면, 만약에 누군가의 집 안에서 어떤 사람이 폭력을 당해 죽을 위기에 놓여 있는 것을 알게 되었을 경우, 담을 넘어서라도 들어가 사람을 구했을 것입니다. 제가 6월 11일 영도 조선소에 들어갔을 때도 같은 심정이었습니다. 회사는 대답이 없고, 사람들은 관심이 없고, 언론이 관심을 가져주지 않았다면, 그녀는 외롭게 그곳에서 최후의 결단을 선택해야만 했을 것입니다. 그것은 묻지 않아도 알 수 있었습니다."

법정에서 낭독한 '피고인 최후 변론서'였다. 그리고 나는 내게 떨어진 벌금 백만원을 집행유예 받았다. 운이 좋았던 것 같다. 그러나 수많은 사람들이 그 후에도 벌금으로 고통받고 있다. 특히 송경동 시인의 죄는 아직도 없어지지 않았다.

나는 김진숙 지도위원이 크레인에서 내려온 후 남겼던 가장 아름다운 트윗 중 하나를 기억한다.

"병원에서 연극치료를 했습니다. 올해 가장 많이 한 동작을 해보라 해서 팔을 활짝 벌려 흔들었습니다. 올해 가장 많이 한 말을 해보라는데 '고맙습니다'하며 목이 메였습니다. 가장 고마운 사람이 누구냐 묻는데 '감옥에 있습니다' 그 말을 미처 못 끝내고 울었습니다."

희망버스 최초 제안자 중 한 사람이었던 송경동 시인은 김진숙 지도가 크레인에서 내려온 후 체포되어 형을 살았다.

어떻게 이렇게 '불법적인 범죄행위'는 김진숙으로 하여금 '고맙습니다'란 말을 수도 없이 하게 했고, 또 목이 메이게 했을까. 어떻게 이 범죄행위는 막막한 생활 그리고 억울함에 우울증에 걸려 죽음까지 생각했던, 한 한진중공업 해고자의 아내에게 살 수 있을 것이란 희망을 되찾게 했을까. 결국 이 '범죄행위'는 삶에 대한 기약 없이 크레인 위에 오른 사람이 죽음과 삶의 경계에서 삶을 택하게 했고 결국 살아 내려 오게 했다. 또한 열심히 일하고 부당하게 해고된 사람들 모두에게 힘이 없지만 해낼 수 있다는, 살 수 있다는 희망을 갖게끔 했다.

여기서 나는 큰 수수께끼에 직면했다. 어째서 인권을 위해 뛰어다닌 사람들은 하나같이 감옥에 갔으며 자신이 아닌 다른 이의 '삶'을 살리고자 한 사람들은 늘 탄압을 받았는가 하는 것이다.

각자의 법은 그 법이 보호하는 가치들이 있다. 그 가치들은 때로는 상반되거나 상충하기도 한다. 예를 들어 어떤 법은 사람들이 밤에 조용히 잠을 잘 수 있는 권리를 보호하기도 하고(야간시위금지), 차가 막히는 불편을 겪지 않게 해주기도 하고(일반교통방해죄), 사람의 개인 사유재산을 보호해주기도 한다(건조물 침입죄). 그리고 회사나 기업, 국가가 방해 받지 않고 업무를 수행하는 것을 보호해주기도 한다(업무방해 죄). 물론, 이 업무의 목적에 대해서는 아무도 묻지 않는다.

그리고 물론 인권이나 사람의 생명과 같은 큰 가치를 보호하는 법도 있다. 그것을 헌법이라고 한다.

사실 형법 재판에는 한 가지 함정이 있다고 한다. 작은 가치를 보호하는 법을 가지고 큰 가치를 지키려 한 행위에 대해 얼마든지 처벌을 내릴 수 있다는 것이다. 그 의도와 결과가 선하다 해도 말이다.

예를 들어, 어떤 집에서 누군가 부당한 폭력을 당해 죽을 위기에 처해 있다. 누군가 살려달라 외치는 소리를 듣고 그 집 문을 부수고 들어가 사람을 구했다 한들, 그 사람은 기소 당하고 처벌받을 수 있다. 남의 집에 허락 없이 침입했기 때문이다. 이것이 바로 1차 희망버스 참가자들에게 적용되었던 '건조물 침입죄'다.

사실상 법정은 피고인이 도덕적으로 잘했냐 못했냐를 판단하는 곳이 아니라 단지 그 재판에서 검찰이 기소한 법률에 관해 판단하는 곳이다. 한 법대생의 말을 인용하면 재판이란 이렇다. "형사재판에서 피고인은 웬만해서는 검사를 이길 수 없다. 형사재판은 검사가 공소장에 기재한 내용을 근거로 다투는 것이고 검사는 반드시 이길 만한 핵심증거를 갖추고 있는 경우가 대부분이다. 열 가지 증거 중 아홉 가지가 피고인에게 유리해도, 공소장의 쟁점을 만족시키는 검사의 증거 하나면 유죄 판결이 나기 때문이다." 작은 법률들을 가지고 사회의 부당함에 맞서는 사람들을 처벌하는 것은 그래서 '아주' 쉽다.

결국 법정에서는 '불법' 여부는 판가름해 주어도 그들이 진정 옳은 일을 했는가 아닌가는 판단해주지 않는 것이다. 판사는 하느님이 아니기 때문이다. 누가 더 도덕적이었는가는 오히려 머리가 아닌 직관으로, 혹은 그저 현실을 보고 알 수 있는 것이다.

이를테면, 부당한 일을 정당한 일처럼 하기 위해서는 언제나 비싼 돈이 필요하다. 용역을 고용하는 데에도, 언론과 기자를 사는 일에도, 권력을 유지하기 위해 공직자들에 뒷돈을 대는 일에도. 그러나 85호 크레인 위의 김진숙은 아무 것도 갖지 않았다. 한진 조합원들도 아무 것도 없었다. 그러나 여기저기서 사람들은 스스로의 돈을 들여서 왔다. 사람들이 그것이 옳은 일이라는 것은 직관으로 알고, 마음으로 알기 때문이다. 돈 한 푼 들이지 않고 사람을 움직이게 할 수 있는 일은 아름다움과 사랑 그리고 올바름 밖에 없다. 두 사람이 스스로 목숨을 던지고 나서야 겨우 기계가 아닌 인간으로서 대우받을 수 있었다는 현실, 그리고 쌍용자동차 노동자들의 해고의 결과로 사람들이 계속 죽어가도 아무것도 고쳐지지 않는 현실, 다시는 이와 똑같은 죽음이 되풀이되지 않도록 막아야 하는 일이 옳다는 것은 그냥 아는 것이지 법으로 아는 것은 아니다. 그리고 크레인과 그 아래 그곳에선 누구 하나 제몸 챙기지 않고 같이 나누고 베풀고 갔다. 거기서 스스로의 이익을 위해 있는 사람은 단 한 명도 없었다. 김진숙은 죽은 동료가 목숨으로 지킨 협약을 이루기 위해서, 그리고 다른 해고자들의 복직을 위해서, 다른 조합원들은 김진숙을 살려내기 위해서 거기 있었다. 희망버스 참가자들은 조합원도 아니었고, 스스로의 이익과 아무런 관련이 없었지만, 홀로 크레인 위에서 외롭게 싸우고 있는 노동자를 돕기 위해서 갔다. 그래서 많은 돈으로도 할 수 없을 것 같은 일들이 한 푼 없이 이루어졌다. 이것을 사랑이라고 한다.
　사랑이라는 이념을 좇은 사람들은 기소되었고, 혐의가 씌워지고,

감옥에 가고 법정에 섰다. 이들이 처벌의 대상이 되는 것은 이상한 일이 아닐지도 모른다. 권력은 늘 그렇게 해왔다. 단지 역사만 처벌된 그들을 뒤늦게 높이 평가해왔을 뿐이다. 사랑이나 인권이라는 가치가 아무리 위대해 보여도 우리가 늘 놓치고 미끄러지는 이유는 사람들이 무자비하게 추구하는 다른 어떤 가치 때문이다. 그것은 경쟁과 승리다.

헨리 데이빗 소로우는 법에 대한 존경심보다 정의에 대한 존경심을 지키는 것이 바람직하다고 했다. 나 또한 동의한다. 법이 사람을 지켜주지 않는다면 사람이 사람을 지켜야 한다.

어쩔 수 없는 어른의 사회

법에 대한 복종을 거부하는 것보다 더 어려운 것이 있다. 자본에 대한 복종을 거부하는 것이다. 삶의 터전에서 주어지는 명령을 거부하는 것이다. 우리는 정치와 싸우기는 쉬워도 자본과 싸우기는 몇 백 배 더 어렵다.

2014년 4월 16일, 그날 이후 많은 것이 달라보였다. 세월호가 가져다준 충격은 지금까지의 세상을 다르게 보게 하기에 충분했다. 그날 이후 예전에 즐거웠던 많은 것들이 즐겁지 않았고 기쁜 것을 보아도 죄책감이 들었다. 예전에 보던 TV 프로그램도 똑같아 보이지 않았다. 웃을 수 없었고 웃어도 웃는 것 같지 않았다. 그 누구에게 혐의를 씌워도 세월호는 우리가 살고 있는, 우리가 지금껏 만들어온 세상이 만들어낸 결과였다. 나는 차라리 누군가 아주 고의적으로 음모를 세워서 배를 뒤집은 것이었으면 하고 바랐다. 하지만 그게 아니라면 정말 모든 사람들이 각자의 자리에서 평범하게 자신의 일을 하다가 만들어낸 결과라면, 지금 살고 있는 세상은 무언가 심각하게 고장나 있는 것이다.

세월호 참사가 일어났을 때 나는 왜 아이들이 그대로 수장되어야만 했는지 납득하기 어려웠다. 집요하게 생각했다. 단순한 무능이었는지. 그러다가 정말 소름끼치도록 두려운 사실을 깨달았다. 그것은 우리가 행여 세월호와 함께 가라앉는 사람이 될 지도 모른다는 사실보다 사람들이 배와 함께 가라앉도록 내버려둔 그 선원들이나 해경과 같은 사람들이 될 수 있다는 사실이었다. 그저 명령에 따르다 그렇게 했다던 사람들 말이다. 내가 만약 그 당시 해경이나 선원이 있었던 자리에 있었다면, 어떻게 행동했을까 곰곰히 생각해보았다. 선원들은 분명 얘기했다. '배를 버리라'는 명령을 받았다고. 정말 소름돋았던 것은, 아무리 생각해도 내가 그 상황에서 그 해경이나 선원과 특별히 다르게 행동했을 거라는 생각이 들지 않았기 때문이다. 평소에 공무적인 명령만 따르는 데 익숙해져 있다가, 시키는 대로만 할 줄 알고 스스로 결정할 줄도 책임질 줄도 모르는 상태였다면, 나 또한 그렇게 행동했을 확률이 훨씬 많았기 때문이었다. 그들은 그저 시키는 대로 하고 윗선의 지시를 들으며 책임지려 하지 않는, 우리 사회의 아주 평범한 모습들과 다를 바 없었기 때문이었다. 나는 그렇게 되지 않으려면 어떻게 해야 하는지 고민에 빠질 수밖에 없었다. 정말 그런 상황에서 그들처럼 행동하고 싶지 않았기 때문이었다.

나는 어쩌면, 세상을 바꿀 수 있다면 그런 상황에서 그들처럼 행동하지 않을 '나'를 만드는 일이, 가장 중요한 첫 번째 싸움이 되는 것이라 생각했다. 혁명이 이루어지려면 자신을 혁명하는 게 시작이다. 우리가 사는 세상에 그 선원들과 같은 수 많은 '나'들이 존재하느냐, 아니면 스스로의 판단에 따라 구명조끼를 나누어주고 아이들을 먼저 대피시킨 고 박지영 선원이나 아이들을 구한 민간 어선의 주인이나 커튼으로 동아줄을 만든 사람과 같은 수 많은 '나'들이 존재하느냐에 따라 세상의 모습이 달라질 것이다.

1964년 뉴욕에서 한 여성이 자신의 아파트 건물 앞에서 강간 당한 뒤 살해되었다. 이 살인사건이 일어났던 새벽 3시 15분에서 50분까지 약 35분 동안 아파트에서 불을 켜고 이 장면을 지켜보고 있던 목격자는 무려 38명이었다. 이 여성은 분명하고 큰 목소리로 구조 요청을 했으나 아무도 구하러 내려오거나 경찰에 신고하지 않았다. 시간은 있었고 범인은 사라졌다 나타났다를 반복하며 무려 세 차례나 범행을 저질렀다. 그 동안 아무도 신고하지 않았다. 사건이 끝나고 단 한 사람이 경찰에 신고했으나, 그녀의 목숨은 이미 끊어져 있었다.[48]이 사건이 '제노비스 신드롬'이라고 불리는 사건이다.

어째서 그 사건을 목격한 38명은 아무도 그녀를 구하지 못했나?

누구나 예기치 못한 상황에 닥치면, 그것이 쓰러지는 사람이나 살

---

48 《스키너의 심리상자 열기》, 로렌 슬레이터

인 사건을 볼 때, 평소에 훈련이 된 사람이 아니라면 누구나 두려움을 겪기 마련이다. 여기서는 누구도 책임을 지지 않으려는 태도를 보인다. 목격자가 너무 많았기 때문이다.

"괜히 나섰다가 봉변만 당하면.."

"내가 아닌 누군가가 나서 주길 바랬다."

이러한 심리는 누구에게나 존재한다. 그런데 누군가를 돕는 데에도 투철한 정의감이 필요한 게 아니다.

'사람은 다쳐선 안되고, 사람의 생명은 언제 어떤 순간에서든 그 모든 것보다 중요하다'라는 기준이 있느냐 없느냐가 그 순간에 사람의 행동을 가른다. 우발적 상황에서 사람을 구하러 먼저 행동하는 사람들은 그 내면에 '사람'이 단지 다른 규칙이나 질서보다 우위에 있기 때문이다. 그리고 사람들이 무기력한 목격자가 되어 버리는 건, 특별히 이기적이어서가 아니라 단지 가장 우선순위를 두어야 할 가치가 무엇인지 모르기 때문일지도 모른다.

또다른 이야기로 스탠리 밀그램이라는 심리학자의 실험이 있다. 그는 나치에서 근무하며 수많은 유태인을 학살한 아이히만이라는 장교가 집에서는 좋은 아빠이자 평범한 가장이라는 사실을 알았다. 그는 '단지 명령에 따라' 사람들이 얼마나 옳지 않은 일을 죄책감 없이 할 수 있는지 실험을 했다. 밀그램은 '징벌과 학습 효과'를 실험한다고 말한 뒤 임상 실험자를 모집했다. 그리고 학생 역할을 할 실험자와 교사 역할을 할 사람을 뽑았다. 여기서 학생 역할을 할 사람들은 미리 고용된 배우들이었다.

학생이 한 문제를 틀릴 때마다 한 번씩 전압을 높여 전기 충격을 주는 실험이었다. 선생들은 실험자가 시키는 대로 충격기를 올렸고 학생들이 고통스러워하는 것을 보았다. 사실 전기 충격기는 가짜였고 고통은 연기였다.

밀그램이 주목한 것은 선생 역할을 한 피실험자들이 '학생들의 고통을 보고 충격을 주기를 거부할 것인가'였다. 즉 고통을 보고 명령을 거부하는가의 여부였다.

65퍼센트의 사람들이 주저하다가도 명령에 따라 전기 충격기를 끝까지 올렸다. 중간에 거부한 사람들은 40퍼센트 정도였다. 사실 밀그램은 예상보다 '복종하는 사람이 많았다'는 사실에 충격을 받았다. 이 피실험을 수행한 대가는 4달러에 불과했다. 명령을 거부하는 것에 대한 피해는 생계를 위협하거나 그렇게 큰 것이 아니었다.

옳지 못한 명령에 복종하는 것은 사람들이 특별히 나쁘기 때문이 아니다. 복종을 하면 인간에게 고통을 주게 되고, 거부하면 인간적인 상처를 입히지 않을 수 있는데도 불구하고, 사람들의 60퍼센트가 권위에 대한 복종을 선택했다. 거부에 대한 대가가 크지 않은 실험과 같은 상황에서도 복종하는 사람들이 60퍼센트 이상이다. 그렇다면 생계가 달린 직장이나 사회에서 우리가 옳지 못한 걸 알면서도 복종할 확률은 더 높다. 명령을 거부할 경우에 대한 두려움이 더 크기 때문이다. '어쩔 수 없는 어른'이 되는 것이다.

스탠포드 감옥 실험이라는 유명한 모의 감옥 실험에서는, 그러한 '악의 평범성'을 한층 더 나아가 증명한다. 얼마 전 전 국민을 충격으로 몰아넣은, 군대에서 벌어진 끔찍한 폭력 사건이 있었다. 어느 힘없는 말단 병사가 상병들로부터 끊임없이 집단 구타를 당하다 숨진 사건이었다. 누구도 이해하기 어려운 폭력 사태였지만, 나는 이것이 결코 '이해할 수 없는' 일만은 아니라는 것을 깨달았다.

1971년에 스탠퍼드에서 모의 감옥 실험이라는 것을 진행했다. 2주간 24명이 교도관과 수감자의 역할을 나누어 진행하는 실험이었다. 평범한 지원자들은 감옥과 똑같은 환경에서 똑같은 복장과 똑같은 권위와 도구들을 부여받았다. 그런데 2주간 진행될 예정이었던 실험은 단 6일 만에 중단되고 말았다. 눈 깜짝할 새 실험이 통제 범위를 벗어났기 때문이었다. 교도관 역할을 한 이들은 폭력적으로 변했고 정도를 벗어나는 가혹 행위를 하기 시작했으며, 수감자 역할을 한 이들은 굴욕적인 대우에 괴로워하다 미친 짓을 하기 시작했다.

이 모의실험 참가자들 24명은 지원자들 중 가장 심리적으로 안정되고 정신적 육체적 장애가 없으며 과거 약물이나 범죄 이력이 없는, 미국 중산층 출신의 좋은 교육을 받은 청년들이었다.

결코 '가해자도 평범한 이들이었다'라고 변호하는 게 아니다. 아무리 평범한 사람이라도 이 악마 같은 시스템에 들어가면 괴물이 될 수 있다고, 혹은 그 괴물의 협력자와 방조자가 될 수 있다는 것을 말하고자 하는 것이다.

악한 세상이 만들어지는 것은, 미친 세상이 만들어지는 이유는 정말 나쁜 사람들이 세상에 있기 때문이 아니다. 선한 사람들이 악한 시스템에 복종하기 때문이다. 제노비스의 방관자들과, 밀그램의 순종자들과, 스탠퍼드 감옥의 주어진 역할을 맡게 된 사람들이 바로 그러한 세상을 만든다. 그들은 '특별히 악한 사람'도 아니고 '특별히 탐욕스럽거나 냉정한 사람'도 아니다. 어딘가엔 따뜻한 피가 흐르는 사람들일 것이고 감정이 있고 사랑하는 가족이 있고 친구가 있는 사람들일 것이다. 사회에 '나쁜 악마'는 존재한다. 제노비스를 살해한 범인이나, 옳지 않은 명령을 내리는 히틀러와 같은 명령권자가 이들이다. 그 사람들은 세상 사람들의 대부분이 아니라 소수다. 그러나 당신은 언제든 방관자가 되거나 복종하는 사람이 될 수 있다. 기억해야 할 것은, 눈치를 보는 방관자들과 스스로 옳고 그름을 판단하지 않는 순종자들은 평범한 사람들의 대다수라는 사실이다.

그래서 '내가 나로서 존재하지 않는다면' 내가 옳다는 가치를 스스로 갖고 있지 않다면 나는 남들이 만든 나에 의존할 수밖에 없다. 남들이 만든 나는 사회에서 만들어준 가치를 따를 뿐이다. 그것이 옳건 옳지 않건 말이다.

생각하지 않는 죄, 옳음의 기준을 외면한 죄, 우선순위를 올바른 곳에 두지 않는 죄, 내가 나의 주인이 되지 못하는 죄는 그 누구도 책임져주지 않는다. 대신 사회 시스템에서 벌어지는 끔찍한 폭력들에 대한 책임에서 나는 결코 자유로울 수 없다.

평소에 생각하지 않는다면 누구나 악마가 될 수 있다. 단지 옳고 그름에 관심을 두지 않고 옳고 그름을 판단하지 않는다는 이유로 누구나 악마가 될 수 있다. '부당한 현실은 대부분 악마가 아니라 '어쩔 수 없는 어른'들에 의해 만들어진다.

모든 사람이 전쟁에 나가길 거부한다면 전쟁은 일어나지 않을 것이다. 모든 사람이 동시에, 옳지 않은 일을 하길 거부한다면, 그러한 일은 일어나지 않을 것이다.

딱 하루만 그런 날을 꿈꾼다. 전경들이 시위진압 명령을 거부하고, 강정마을 공사 인부들이 손을 놓고, 용역 깡패들이 더 이상 폭력을 쓰지 않겠다고 지시를 거부하는 그런 날. 그 누구도 죄없는 사람을 다치게 할 수 없다고 손을 놓는, 그런 날.

정의냐 생계냐

SNS를 보면 많은 사람들이 옳은 걸 말하고, 양심을 알고 있는 것 같은데 어째서 세상이 바뀌지 않는 걸까. 그것은 온라인도 거리도 아닌, 실제로 살고 있는 세계에 균열을 내기가 그토록 힘들기 때문이다. 먹고 사는 일상과 우리를 밥 먹게 해주는 직장에서 우리는 스스로 옳다고 생각하는 대로 행동할 자유가 대부분 '없기' 때문이다.

그래서 대부분 옳고 그름에 대한 판단을 '윗선'에 맡긴다. 윗선의 말을 잘 따르는 게 옳은 것이었다. 그래야 돈도 벌고, 출세도 하니까. 그렇게 사회에서 인정받으면 가족들에게는 책임 있는 인간이 되니까.

누구는 거기서 자유로운가? 경영자들은 주주의 이익을 벌어줘야 하기 때문에, 사장은 직원들을 먹여 살려야 하기 때문에, 직원들은 가족들을 먹여 살려야 하기 때문에. 내일 월세 내야 하니까, 아기 우유값은 벌어야 하니까. 대출금 갚아야 하니까.

돈보다 사람이 먼저다라는 걸 몰라서가 아니었을지도 모른다. 밥을 먹여주는 게 돈이니까, 돈이 최고라는 '사회적 명령'과 싸울 수가 없는 것 뿐이었다. 사람들이 사실 대부분 고민하게 되는 건, '정의냐 불의냐'가 아니라 '정의냐 생계냐'이다.

　안타깝게도 돈은 사람을 희생시키면서 더 많은 돈을 벌어 왔다. 인건비의 희생 없이 이윤을 더 남기기 어려운 것처럼 말이다. 우리는 어쩌면 옳은 게 뭔지 알고도 나쁜 짓을 할 수밖에 없는 그런 세상에 살고 있는지도 모른다.

　자본의 욕망을 바꾸는 건 그렇게, 대통령을 바꾸는 일보다 훨씬 어렵다. 설령 행정부의 수장을 바꿀 수 있다 해도 그 이후에, 아주 길고 오랜 싸움을 시작해야 할 것이다. 생활이라는 영역에서 평생을 걸고 매 순간 당신이 옳다고 생각하는 그것을 선택하는 싸움을 해야 할 것이다. 사람들이 생각하고 일하고 소비하는 것이 바뀌는 것, 여기서 바뀌면, 세상은 진짜 바뀐다.

　우리가 명령에 따르다 침몰하는 배에 잠겨버린 사람들처럼 될 수 있다는 사실보다, 명령만 따르느라 사람들이 죽도록 내버려 둔 해경이나 선원들이 될 수 있다는 사실이 훨씬 두렵다. 설령 콘크리트에 손톱으로 균열을 내는 것만큼 어렵다 하더라도 이 싸움을 포기할 수가 없는 이유가 바로 그것이다.

　침몰하는 배에서 살아남으려면 서바이벌 기술과 안전장비가 필요할 지 모르지만, 해경이나 선원처럼 되지 않기 위해서는 옳은 신념과 의지가 필요하다.

스물여섯 명의 희생자를 만든 쌍용차 회계 조작에 가담한 사람들이 악마 같은 사람들이었을까? 그들은 명령에 따랐을 뿐이다. 스스로 옳고 그름을 판단하길 포기한 사람들일 뿐이다. 그들은 착실히 공부하여 사회에서 성공한 회계사들이자 회사와 클라이언트의 명령에 충실한 직업인이었을지도 모른다. 그렇게 자신도 모르는 사이에 죽음을 부른 쌍용차 해고의 '선원들'이 되었을 것이다. 결과적으로 스물여섯 명이 이 세상에서 돌파구를 찾지 못하고 죽었다. 사회적 명령과 그 명령에 복종한 사람들이 만든 살인이었다.

남의 욕망

우리는 사실 선하고 악한 모든 결정을 내리는 데 있어 우리의 욕망보다 남의 욕망에 더 많이 얽매여 있다. 세상에서는 '눈치'라는 것으로 대변되기도 하고 '알아서 기기'라는 말로 표현되기도 한다. 사람이 어리석은 결정을 하게 되는 이유다. 만약 사람들이 모든 결정에 있어 전부 완전히 자유롭게 스스로 판단할 수 있다면 세상은 선해질 것이다. 사람은 다들 생각하는 것보다 훨씬 이타적이다. 나는 그렇게 믿는다. 혼자 이익을 얻는 것보다 타인과 함께 이로운 게 사실 더 행복하기 때문이다. 그리고 누군가를 해치고 무언가를 얻는 성취감보다 죄책감이 훨씬 사람을 괴롭게 하기 때문이다. 사람들이 악한 결과를 만들어낼 때는 그것이 의도한 것이 아니거나 혹은 자신이 만들어내는 결과를 보지 못할 때뿐이다. 내가 사람들에게 '사람들이 어리석다고 생각하느냐고 물으면 대부분 그렇다고 말한다. 사람은 악하고 어리석다고. 그러나 '당신이 어리석다고 생각하느냐'라고 물으면 대답하지 않는다. 사람들은 대부분 다른 사람들이 악하고 어리석다고 생각한다. 그래서 악하게 행동한다.

실제로 내가 본 사람들은 스스로의 동기보다 다른 이들이 원한다는 이유로 악한 선택을 하는 경우가 훨씬 많다. 사실은 누군가를 해치고 죄책감을 갖는 것을 원하지는 않지만, 역시 상사에게 핀잔을 듣거나 직장에서 잘리고 싶지도 않고 몸담고 있는 공동체에서 왕따가 되고 싶지도 않기 때문이다. 우리는 흔히 직장 안에서, 누가 봐도 굉장히 바보같은 일을 한다고 스스로 생각할 때가 종종 있다. 그러나 나를 취직시켜준 선배 얼굴을 봐서 거부하지 못할 수도 있다.

세상을 바꾸기 위해 가장 먼저 할 일은 사람들이 생각보다 악하지 않다는 사실을 나 자신과 내 이웃들에게 설득시키는 일이다. 쌍용차 회계 장부에 정리해고 숫자를 기재해 넣었던 사람은 어린 아이 둘을 남겨두고 뛰어내린 아내와 죽은 아버지의 장례식을 알 수 없었다.[49] 뉴타운이라는 이름의 건축 설계도를 작업하는 사람은 용역 깡패가 문을 부수고 사람을 질질 끌어내는 현장을 보지 못한다. 커다란 사회에서는 수많은 단계를 거쳐야 자신이 행한 일의 결과가 보인다. 자신이 어떠한 일에 참여한 것인지 그 일들이 미칠 영향은 무엇인지 아

---

[49] 쌍용자동차 정리해고의 희생자였던 고 임무창씨는 2011년 2월, 중 고등학생 아이 둘을 남기고 세상을 떠났다.

무도 알지도 고민하지도 않는다. 사람들이 정말 태초에 악의가 있어서 악하게 행동하는 경우는 드물다. 대부분 남들이 악하다고 생각하기 때문에 스스로 무장하기 위해 계산적이 되고, 악해진다. 세상에 악은 그렇게 만들어진다. 대부분 그렇게 공공의 악이 된다.

그래서 서로의 선함을 집단적으로 발견할 때 변화가 생긴다. 그때가 가장 눈부신 순간이 된다.

'다른 사람들이 전부 어리석다는 생각'은, 세상을 바꾸는 걸 가로막는 의외의 벽이다.

옳은 게 뭔지 아는 사람들이 100명이 있기만 하면, 옳은 행동으로 이루어질까? 답은 '그렇지 않다'이다. 그 100명이 '다른 99명은 나처럼 생각지 않을 것'이라 생각하기 때문이다. 100명의 현명한 사람들이, 다른 이들이 전부 바보라고 생각하면 바보처럼 행동하게 된다. 그렇게 선한 의지가 죽는다. 하지만 때때로 한 사람의 선한 의지가 밖으로 나오면 놀라울 정도의 용기있는 사람들이 계속 나온다. '안녕들 하십니까' 현상이 그러한 것이었다. 이러한 슬픈 세상에서, 당신은 안녕하시냐고 물었던 대자보는 예기치 않았던 반향을 불러일으켰다. 서로 모르고 있었던 양심들이 깨어났고 그걸 확인하게 된 작은 기적이었다.

사람들이 대부분 미개해서가 아니라, 다른 사람들이 미개할 거라는 생각이 두려움의 벽을 만들어두었기 때문이다. 그 벽을 깰 때 얼마나 많은 변화가 일어나는지 보라. 나 빼고 다른사람이 전부 어리석다고 생각하면 한탄만 하게 되지만, 다른 사람들도 나처럼 선할 수 있다고 여기면 행동하게 된다. 당신보다 어리석을 거라고 생각되는 사람들의 반응까지 생각하면 결국 아무것도 못하게 된다. 설득보다는 계도를 하게 되고 정치적으로 강제성을 띠게 된다.

이 생각의 차이는 행동의 차이를 만든다. 다른 사람이 어리석다는 생각은 두려움을 움직여서 세상을 바꾸려 하지만, 다른 사람들이 선하다는 생각은 사랑을 움직여서 세상을 바꾸려 한다. 현명한 세상을 만들려면 사람들의 현명함을 믿는 수밖에 없다.

'대체 누가 그렇게 해'라는 생각이 든다면, 그 순간이 바로 당신이 그렇게 해야 할 순간이다.

사람들에겐 전부 욕망도 있지만 양심도 있다고 생각한다. 그걸 수면 위로 끌어올리는 게 중요하다. 악한 사람과 선한 사람이 있는게 아니다. 아직 양심보다 두려움이 더 큰 사람들과, 양심이 두려움을 이긴 사람들이 있을 뿐이다.

그 두려움이 깨지는 순간 우리가 일상이라는 영역에서 옳은 행동을 할 자유를 얻어내는 싸움이 이루어지는 거다. 그래서 서로의 선의를 드러내고 확인하는 작업은 그토록 중요하다. 옳은 걸 말하고 공유하는 작업도 중요하다. 그래서 대자보와 게시판과 집회와 행진이 의미가 있다. 같은 생각을 갖고 있다는 것을 확인하고 생각을 나눈다는 점에서. 옳은 생각을 말하는 것은 그토록 중요하다.

세상은 내가 옳은 게 뭔지 알고 있고, 다른 사람들도 역시 옳은 생각을 하고 있다고 믿을 때 바뀐다. 사람들이 그 생각을 완전히 공유할 때 바뀐다.

악인과의 싸움이 아니다. 미개한 이들을 가르치는 싸움도 아니다. 평범한 생각들에서 우리 안의 두려움을 깨는 싸움이고, 두려움보다 사랑을 선택하는 싸움이고, 다른 이들이 어리석을 거라는 오해를 깨는 싸움이다. 양심을 가르치는 싸움이 아니라, 사람들 안에 이미 존재하는 양심을 밖으로 끌어내는 싸움이다.

선한 개인과 나쁜 사회

동네에 사장님이 직접 운영하는 작은 식당이 있다. 나는 생선구이 백반을 시키면서 혹시 된장찌개 같은 것이 함께 나오느냐고 물었다. 된장찌개도 먹고 싶었기 때문이다. 그러자 사장님은 그냥 작은 국물이 나온다고 했다. 나는 실망스러웠지만 포기했다. 그런데 잠시 후 나온 백반에는 된장찌개가 포함되어 있었다. 사장님의 작은 선물이었다.

만약에 그 가게가 프랜차이즈였다면 '본사 지침' 외의 예외적인 메뉴를 내어 줄 수 없을 것이다. 사장님은 자신에게 아량을 베풀 선택권이 있었기 때문에 콩나물국 대신 된장찌개를 내어 줄 수 있었다. 우리가 대하는 게 사람이라면 호의와 이해가 가능하다. 하지만 우리가 만나게 되는 게 본사 지침이라면 영혼 없는 기계를 상대하는 것과 마찬가지이다.

집단이라는 시스템은 호의를 베풀어도 고마워하지 않고 고맙다는 말을 들어도 기분 좋아하지도 않고 미안하다는 말을 해도 용서하지 않는다. 집단은 양심과 사랑이 없으며 이익을 위해서만 움직이는 기계와 같다.

그것은 집단의 구성원이 '서로의 이익을 위해', '이타적으로' 움직이기 때문이다. 아파트의 주민들이 집값 떨어진다고 장애인 입주자를 반대하는 놀라운 이기심은 '주민들 서로에게는' 이타적이기 때문에 발현된다. 그래서 다른 사람의 오피스텔 임대료를 떨어뜨리지 않기 위해 담합해서 임대료를 떨어뜨리지 않을 수 있는 놀라운 이기심이 발현되는 것이다. 그들이 개인이었으면 그렇게 하지 못했을 것이다.

개인이 혼자의 이익만을 추구하면 욕을 먹지만 집단 안에서는 집단의 이익을 지켜야 욕을 안 먹는다. 이것이 놀랍도록 이기적인 단체, 놀랍도록 이기적인 기업을 만드는 이유일 것이다.

그렇게 우리 사회에서는 현명한 개인과 어리석은 집단이 존재한다.

집단이 커질수록, 단계가 높아질수록 왜 집단은 이기적이 되는가? 의사결정구조의 함정 때문이다.

특별한 경우가 아니면 대부분이 그 집단에 이익이 되는 행동을 선택한다. 이타적인 행동을 하고 싶으면 그 자리에서 스스로 책임을 질 동기를 가질 경우에만 가능하다.

세월호 참사로 숨진 아이의 핸드폰을 들고와 해지해 달라고 했던 아빠에게, 위약금을 물어야 한다고 말할 수 있었던 것은 피도 눈물도 없는 냉혹한 통신사 직원이 아니라, 스스로 판단조차 할 수 없는 시스템이었다.

악마가 존재하는 것이 아니다. '본사 지침' 같은 관료적 구조라는 보이지 않는 유령이 있다. 아무런 명령이 내려지지 않을 때, 사람들은 자연스럽게 자신이 고용된 회사에 혹은 자신이 속한 공동체에 가장 이익이 되는 방향으로 행동한다. 다른 사람이 시켜서도 아니고 내가 먼저 알아서 복종해버리고 마는 경우도 더 많다. 다른 사람이 욕망하기도 전에 다른 사람들이 이렇게 생각하겠지에 따라 내 결정이 좌우되는 경우는 훨씬 많다.

대형 마트나 백화점, 프랜차이즈 같은 곳에서 우리는 도움을 청할 때 기계적인 대답을 반복하는 직원들을 자주 본다. 팀장님과 매니저의 허락을 거쳐야 어떤 결정을 할 수 있는 구조의 함정이다.

그러한 구조 밑에서 한 개인은, 이익은 허락 없이 취해줄 수 있어도 아량은 허락 없이 베풀 수 없다. 허락 없이 선한 일을 할 수 있는 경우는 개인 스스로가 책임을 지거나 혹은 리더가 극단적으로 이타적 행동을 하도록 규칙을 부여했을 경우 밖에 없다.

나는 여기서 어째서 SNS에서 집단적인 선함을 발견할 수 있었는지 알게 되었다. SNS에서 만큼은 모두가 누구의 비서도 어느 회사의 과장도 누구 엄마도 어디의 매니저도 아닌, 완전한 개인으로서 만나기 때문이다. 순수하게 '개인'이라는 지위가 선한 행동을 하도록 용기를 불어넣었기 때문이다. SNS 같은 네트워크에선 큰 집단이나 조직을 통하지 않고 무한한 자유로운 개인을 연결했다. 그 결과는 놀라웠다.

제12장

세상을
바꾸려면

매트릭스는 어떻게 무너지는가

자유를 억압하는 시스템은 경쟁으로 유지되고 사랑으로 깨진다.

돈이 가진 권력을 유지하기 위해선 부자들이 아름답게 보이도록 하는 것으로 충분하다. 매트릭스가 존재하게 하기 위해서는, 사람들로 하여금 상위 1퍼센트를 바라보며 경쟁하게 만들면 충분하다.

영화 매트릭스에서는 사람의 에너지를 착취하고 통제하며 가상의 환상으로 지탱하는 거대한 시스템을 보여준다. 이 시스템은 바로 현실에 존재하는 것이었다. 욕망을 조장하면 사람들은 미끼를 물고 한없이 허우적거린다. 그런데 모든 사람들이 자신의 이익과 관련 없이 희생하고 이유없이 연대하면 매트릭스는 깨진다. 지배층이 통제할 수 있는 욕망이라는 도구가 사라지기 때문이다. 사람들은 경쟁이 아닌 연대를 선택했다. 스스로 움직이는 생명체처럼, 김진숙이라는 여성 노동자를 살리겠다는 수만 명의 자발적인 힘이 사회를 출렁이게 했다. 그것이 이 사회의 매트릭스를 깼다. 어떠한 권력도 힘도 통제할 수 없는 것이 바로 사랑하는 마음이다.

김진숙 지도위원이 크레인 위에 올라 있는 동안, 이집트에서는 18일만에 독재자를 몰아냈고 홍대 청소노동자 투쟁이 승리로 타결되었다. 반값 등록금 시위가 확산되었고 아주 오랫만에 대학생들이 거리로 쏟아져 나왔다. 리비아에서는 시민군이 독재를 몰아내고 수도를 탈환했고 미국에서는 자본의 심장인 월 스트리트를 점령하는 시위가 시작되었다. 희망버스를 탔던 우리들처럼 그들도 텐트 치고 노숙하기 시작했다. 그 와중에 김진숙 지도위원의 월가 점령 시위 연설이 성사되기도 했다.

그리고 그해 가을엔 서울시장이 바뀌었다. 개발과 건설 중심 시정을 펼쳤던 여당 출신 시장이 무상급식을 반대하며 주민투표를 실시했다 스스로 물러나면서 새 서울시장 선거가 실시되었다. 각종 네거티브 공세를 펼치던 여당 후보를 물리치고 시민들의 자발적 후원금으로 선거를 시작한 박원순 시장이 당선되었다. SNS로 유례없는 선거운동이 일어났다.

세상이 바뀌었다. 2013년 12월 타임지는 올해의 인물로 The Protester '시위자'를 뽑았다.

힘 없던 사람들이 세상 모든 권력에 저항했다. 그 해는 그랬다.

6월 11일, 영도 조선소의 담을 넘었을 때 그 해방감의 진짜 의미를 이제서야 알 것 같았다. 그 담은 내가 아닌 사회적 시스템이 뿌리 박은 담장이었으며 그 시스템이 내게 이유를 알 수 없도록 금지한 것이었다. 체제는 수많은 사람들을 줄 세우고 경쟁하게 하고 내가 나의 주인이 아닌, 돈이 나의 주인이 되도록 만들었다. 세상엔 적은 수의 사람만 살아남을 수 있고, 잘 복종하고 순종하면 너 하나는 살아남을 수 있다고 믿게끔 했던 그런 시스템의 담벼락이었다. 그 담장을 넘는 순간 두려움이 깨졌다. 내가 살아온 서른 세 번의 해 동안 나를 짓누르던 강박이 깨졌다.

자본이 만들어낸 눈부신 공화국을 사랑했었다. 우리는 브랜드를 사랑했고 소비로부터 행복을 찾았다. 그렇게 누군가 만들어준 욕망을 끊임없이 좇았다. 우리는 사랑할 틈이 없었다. 모든 건 네 탓이라는, 네가 생각만 바꾸면 성공할 수 있다는 수많은 책들이 쏟아져 나왔으나 그 책들 중 어느 하나 우리를 99퍼센트에서 1퍼센트로 만들어주진 않았다. 너 하나 일등할 수 있다는 책은 많았으나 다 함께 일등하자는 책은 없었다.

그렇게 사회의 억압적 시스템은 뿌리를 내리고 견고해져 갔는데, 그것은 나쁜 자본가에 의해서가 아니라 수많은 우리 안의 욕망에 의해 지탱되어 왔던 것이다.

미국에서부터 전 세계로 퍼진 occupy wall street 운동이 일어나기 이전에 희망버스가 있었다. 난 비단 희망의 버스가 김진숙을 위한, 혹은 한진중공업 노동자를 위한 싸움이 아닌, 우리 모두를 위한 싸움이었다는 걸 뒤늦게 깨달았다. 그리고 나를 살려달라 할 때

보다 저 사람을 살려달라 할 때 훨씬 크고 강한 움직임이 일어난다
는 것을 알았다. 그리고 저 사람을 위한 싸움이 바로 나를 위한 싸
움이 된다는 걸 알았다. 내 이기심을 위한 싸움은 장벽에 부딪히면
두려움에 수그러들지만 사랑하기 위한 싸움은 밟힐수록 더 커지고
단단해졌다.

대학생들이 쌍차를 외치고 쌍차 해고 노동자들이 강정을 외치고
강정의 활동가들이 반값 등록금을 외치면, 모든 게 훨씬 쉽게 해결될
거라는 어느 트윗을 기억한다.

'추수에 대한 기대 없이 희망의 씨앗을 뿌리는 법을, 보상에 대한
기대 없이 우리의 의무를 다하는 법을' 알아야 한다고 김상봉 교수
는 말했다. 트위터로 이루어진 모든 기적들의 공통점은 바로 이 지
점이다.

현장을 다니고 트위터를 하면서 가장 기쁠 때는 "성미님 트윗을
보고 한진에 관심을 갖게 되었어요. 그래서 여기 왔습니다"라고 하는
사람을 영도에서 만나거나, "님을 보고 나도 강정에 한 번 가봐야지
하는 생각이 들었어요"라고 말하는 사람을 만날 때였다. 그때야 비
로소 '아, 사람들은 이렇게 움직이는구나' 하는 것을 깨닫게 되었다.

강정마을이 위급할 때 사람이 필요하다는 외침에 한 대학생은 그
냥 바로 달려갔다. 고작 한 사람 간 것은 물론 그때 큰 도움이 되지는
않았다. 하지만 그 모습을 보고 내가 움직였다. 아, 저렇게 그냥 달려
가면 되는구나. 그리고 또 내 행동을 보고 다른 사람들이 움직였다.
그것이 강정으로 달려가는 사람들이 계속 늘어났던 이유다.

배우 김여진 씨는 이야기했다. "아무런 눈에 띄는 결과가 없다 해도 그저 바라보라, 그리고 말하라. 꾸준히 지켜보라. 그러면 언젠가는 사람들이 궁금해 하고, 같이 바라보기 시작하고, 나중에는 함께하기 시작한다."

세상은 밑에서부터 바뀐다

더 옳은 방향으로 바뀌는 변화는 언제나 아래에서부터 일어난다. 권력자와 부자는 결코 우리 대신 바꾸어 줄 수 없다.

한때는 착한 부자가 나타나 세상을 알아서 바꾸어주기를 꿈꾼 적도 있었다. 하지만 아주 최근에 깨달았다. 어째서 그러한 일은 결코 일어나지 않는지를, 어째서 착한 세상을 만드는 일은 그토록 길고 고통스러운가를.

착한 세상은 돈으로 만들 수 없다. 정확히 말하면 어떤 사람 혼자서 돈이 아무리 많아도 세상을 착하게 만들 수 없다. 회장님의 거액 사재 출연과 기부로도, 부자의 올바른 회심으로도. 몇만 명을 돈으로 움직여도 그 동기가 욕망인 한 세상은 바뀌지 않는다. 누군가가 만들어서 그냥 주는 복지와 시스템으로도 사람들은 바뀌지 않으며, 시키는 것을 따르는 것으로도 바뀌지 않는다. 돈으로 평등하고 이상적인 시스템을 만들 수 있더라도 그걸로 끝이다. 사람들은 그 시스템 안에서 또다시 욕망을 추구할 것이고, 더 빼앗고 더 싸울 것이다.

착한 세상은 여러 사람들이 힘껏 그리고 '함께' 싸워서 얻어내야만 하는 것이다. 그 과정에서 사람들의 의식이 하나하나 바뀌어야 하는 일이다. 사람들의 내면의 세상이 바뀌면 진짜 세상이 바뀐다.

희망버스는 어쩌면 우리가 상상하는 가장 올바른 방법으로 그 세상에 가깝게 가는 길이었다. 그토록 다양하고 많은 사람들이 사랑이라는 동기로 자발적으로 움직여서, 함께 살자라는 구호를 외치며 누군가를 돕기 위해 움직였던 적이 있었나. 사람들은 함께 싸웠고, 또 깨달았다.

세월호 참사가 일어난 뒤, 어린 학생들이 '목숨을 걸고' 대통령을 향해 외쳤다. 당신은 헌법을 어기셨다고. 고등학생들이 만장을 들고 거리로 나왔다.

그러자 학생들이 '쓸데없는 얘길' 말하게 하지 말라는 명령이 떨어졌고 그걸 교사들이 거부했다. 그 학생들에게 부끄럽다는 43명의 교사들이 실명을 걸고, 생계를 걸고 외쳤다. 그 학생들에게 부끄럽다고, 이런 명령 밑에선 옳은 걸 가르칠 수 없다고, 우리가 존재의 이유를 알 수 없게 만든 '리더'는 퇴진하라고. 그러자 그들에게 징계 명령이 떨어졌다. 그런데 그것을 담당한 몇몇 교육청이 그 명령을 거부했다. 명령을 거부한 교육청은 둘에서 다섯으로 늘어났다.[50]

방송국의 막내 기자들이 자신들은 '기레기'가 될 수 없다고, 이런

50 2014년 5월 13일 교사 43명이 청와대 게시판에 실명으로 올린 〈아이들, 그리고 국민을 버린 박근혜 정권 퇴진 운동에 나서는 교사선언〉을 말함. 교육부가 세월호 관련 집회에 공무원인 교사가 참여하는 것은 용납될 수 없다는 공문을 발송한 데 대한 반대 선언.

명령에 따를 수 없다고 통렬한 반성문을 썼다. 그것이 중견 피디들을 부끄럽게 만들었다. 노조가 일어섰고 그 위의 본부장들이 총사퇴를 했다. 그렇게 그들은 리더를 바꾸기 위해 움직이기 시작했고, 권력의 앵무새 역할을 충실히 했던 사장은 쫓겨났다.

2007년 김용철 변호사가 삼성의 법무팀에서 나와 양심선언을 했을 때, 그가 그 대가로 부와 지위와 가족 모든 걸 잃고 삶이 짓밟혔다는 사실을 난 기억한다. 그러나 그것으로 인해 대기업과 검찰의 유착의 비리가 견고한 벽을 깨고 세상 밖으로 터져 나왔다는 사실을 알고 있다. 이건희도 감옥에서 나왔고 여전히 검찰은 삼성에 협력하고 있지만, 수많은 시민들의 연대로 우여곡절 끝에 완성된 '삼성을 생각한다'라는 책 한 권이 무엇을 바꾸었는지 난 보았다. 최초로 사람들의 시선을 바꾸었다. 자랑스러운 한국의 대기업이라는 맹목적인 신봉에 균열을 내고, 탐욕과 독재의 존재를 알렸다.

같은 해 딸을 잃은 어느 택시기사 한 사람이 싸움을 시작했다는 사실도 기억한다. 그는 온갖 협박과 회유, 그리고 일감이 끊긴 하청업체 친척으로부터의 비난까지 받아가며 몇 년을 싸웠다. 그런 큰 기업과 싸우는 것이 불가능할 것이라는 믿음은, 용기 있는 노무사와 용기 있는 기자들과, 하나 둘 함께 싸운 사람들에 의해 깨졌다. 2011년 법률적으로 '승소'하는 기적을 만든 이들은, 1만 명이 넘는 사람들에 의해 영화가 되고 알려진 후에, 삼성으로부터 공식적인 사과와 대책 마련을 위한 약속을 받아내었다.

황유미씨가 삼성 반도체 공장에서 걸린 백혈병으로 죽은 지 7년

만이었다.

MBC에서 양심 보도를 했던 이들은 죄다 쫓겨났다. 그렇지만 그 사람들이 수많은 독립 대안언론의 씨가 되었다는 사실 또한 기억한다.

쌍용자동차 해고자들은 스물 여섯 명의 희생자들에 공감한 수많은 시민들의 끊임없는 연대와 5년에 걸친 싸움과 농성으로 결국 고등법원으로부터 해고 무효 판결을 받았다. 이후 대법원으로부터 설득력 있는 이유 없이 파기 환송 되었고, 해고노동자 김정욱과 이창근은 다시 굴뚝에 올랐다. 노동자들의 혼신을 다한 투쟁과 소셜네트워크를 통한 연대와 싸움은 지금도 지치지 않고 계속되고 있다.

나는 2011년 초에 부당하게 해고되었던 청소노동자 아주머니들이 사람들의 관심과 연대 속에 대학 총장을 상대로 49일만에 타결을 얻어내고 일자리로 돌아가는 걸 지켜보았다. 그 해 가을에 아무것도 갖지 않은 사람이 모든 걸 다 가진 사람을 이기는 걸 보았다. 배를 만들던 크레인 위에서 혼자 싸우는 한 사람을 살리기 위해 믿을 수 없이 많은 사람들이 거리로 나왔다. 그렇게 13년 만에 재벌 회장이 청문회에 섰고, 그로 인해 사망한 노동자들에게 8년 만에 사과를 하는 걸 보았다. 복직이라는 약속을 얻어낸 뒤 그녀는 크레인에서 살아서 내려왔다. 3만여 명의 사람들이 움직여 그렇게 사람 한 명을 살렸다.

실제적으로 자본이 바뀌진 않았다. 죽고 다치고 또 죽었다. 그러나 그때 돈에 맞서 싸워서 사람을 살려낸 한 번의 경험. 그것은 사람들로 하여금 다시 싸우게 만들었다.

자본을 움직인 싸움도 있었지만 가열차게 싸워도 지는 싸움이 있었다. 내가 배운 건 적어도 이 모든 것을 누군가는 기억한다는 것이었고, 그것이 세상을 뒤집진 못해도 그것들이 만든 '균열'이 아주 조금씩 변화를 일으킨다는 것이었다.

명령을 거부한 이들이 어떻게 조금씩, 변화를 만들어내는지 보라.

세상을 바꾸지 못하는 유일한 경우는 세상은 안 바뀐다고 믿을 때 뿐이다.

제13장

사랑, 돈
그리고 혁명

사랑을 돈의 위로 올려놓는 것이 혁명이다

사람의 아픔을 위로한 게 반권력적인 힘이 될 줄 몰랐다. 사람을 살리려 한 게 반체제적인 운동이 될 줄 몰랐다. 사랑하는 게 혁명이 될 줄 몰랐다.

시장 경제는 기본적으로 사람들이 이기적이길 바란다. 사람들이 이기적이지 않으면 시장 경제는 돌아가지 않는다. 왜냐하면 사람의 욕심에 미끼를 던져 돈을 벌고 또 벌기 때문이다. 금융자본주의도 마찬가지다. 사람들이 전부 경쟁하지 않고 함께 사는 걸 추구하면, 시장의 시스템은 완전히 스스로를 재편해야 할 것이다.

사랑하는 것은 경제성장을 이끌지도 않았고 생산을 효율적으로 만들어주지도 않았다. 사랑은 재물을 지키는 대신 사람을 지켰고 이윤 창출 대신에 사람의 인권을 보호했다. 하지만 돈은 사람을 희생시키면서 이윤을 남겼고, 돈이 최고의 가치인 이 세상에서 사랑하는 이들은 그래서 죄인이 되었다.

사랑은, 계급을 나누려 하지 않으니까. 사랑은, 소유하지 않고 나누려 하니까. 사랑은, 어느 하나 죽이지 않고 살리려 하니까. 사랑은 결국, 경쟁시스템 안에선 가장 위험한 신념이었다.

돈을 번다는 것, 이윤을 창출한다는 것, 그리고 경제성장이라는 이토록 긍정적인 가치들이 사람들로 하여금 사랑을 잊게 만들었다. 단지 사랑이 옳은 것인데 승리가 옳은 것이라고 생각했다.

나는 아이러니하게도 사람들이 사랑을 선택하지 못하는 이유는 돈이 없어서라고 결론을 내렸다. 돈이 없어 고통을 느끼기 때문에 사람이 돈을 찾게 된다. 사람이 돈이 없으면 살 수 없다는 말은 맞다. 그러나 사랑이 없으면, 사람의 영혼이 살 수가 없다. 아마 사랑이 없으면 영혼은 숨 막히는 갑갑함을 느낄 것이다.

예수의 '서로 사랑하라'라는 말. '내 이웃을 내 몸과 같이 사랑하라'는 말은 단순히 그저 '좋은 말'이 아니다. 그것은 시스템을 무너뜨리고 다시 재편할 만큼 혁명적인 말이다. 사람들이 서로 사랑한다면 어떻게 되겠는가? 만약 사회의 모든 사람들이 서로를 신뢰하고, 누구든 자기 몸처럼 생각한다면, 진실로 어떻게 되겠는가? 우리는 예수의 그 말만 알고 있지 그 말을 실천했을 때 변화될 극단적인 세상의 모습을 거의 상상해본 일이 없다.

국가와 세금이 필요없어질 것이다. 왜냐하면 사람들은 어느 한 사람도 나락으로 떨어지지 않게 서로 받쳐줄 것이기 때문이다. 감옥과 법과 경찰도 필요 없을 것이다. 사람들은 서로를 지켜줄 테니 말이다. 사람들이 서로 사랑한다면 자본의 넘치는 이윤이란 존재하기 어려울 것이다. 왜냐하면 번 것을 공정하게 나눠가질 테니까 말이다. 인간적인 대우를 할 테니까 말이다.

사랑은 이해하는 것이다. 사람들이 서로 이해를 한다면 여러 집단의 갈등도 없을 것이고 전쟁도 없을 것이고 군대도 필요치 않을 것이다.

사랑이 욕망을 앞선 세상은 '통제'가 필요 없고 모든 균형이 자발적인 자의에 인해 이루어진다. 마치 서로 알아서 규칙을 지키고 법을 지키는 누구든 남들이 상처 받거나 손해를 입게 놔두지 않을 것이다. 왜냐하면 다른 이가 다치면 내가 마음이 아프기 때문이다.

유토피아는 통제된 세상에서 오는 게 아니라 사람의 내면에 존재하는 깊은 양심을 바깥으로 불러올 때, 스스로 옳은 행동을 하게 만들 때 온다. 그것의 시작이 '사랑'이었다.

그가 품은 것은 내가 사랑하고 있고 남들도 서로를 사랑한다는 것을 아는, 완벽한 신뢰 사회였다. 서로 사랑하라는 말을 그토록 강조한 그는 혁명가였던 것이다.

서로 사랑하라는 것은, 즉 가장 이상적인 정치이자 이상적인 사회로 가는 가장 중요한 '해법'이었던 것이다. 그 모든 이들에게 관대한 예수가 부자와 상인들에게 만큼은 관대하지 않았던 까닭은 자본의 규칙이 사랑의 정 반대편에 서 있기 때문이었다.

제 정신이 아닌 세상에서 제정신인 소리를 하면 미쳤다고 할 것이다. 양심 없는 세상에서 양심을 지키려 하면 비난을 받는다. 옳지 못한 사회에서 옳은 일을 주장하면 당연히 비난을 받는다. 사람을 죽이는 세상에서 사람을 살리려 하면 비난을 받는다. 사랑을 잊게 하는 세상에서 사랑을 외치면 형벌을 받는다.

옳은 일은 '할 수 있어서' 하는 게 아니다. 옳은 일은 늘 '그럼에도 불구하고' 해야 하는 것이다.

세상엔 우리를 욕망으로 몰아가는 힘이 있다. 돈과 권력이 그렇고, 경쟁이 그렇다. 이것이 사랑을 잊게 했다. 그 힘으로부터 끊임없이 반대 방향에 서서 반대 방향으로 달려감으로써 균형을 잡아내는 거다. 이 중력 같은 힘이 존재하는 한 우리는 끊임없이 싸워야 하고, 끊임없이 에너지를 다해 이 힘을 거꾸로 돌려야 하고, 끊임없이 사랑을 잊게 하는 것으로부터 사랑을 지켜내야 하는 것이다.

그렇게 사랑이라는 가치를 돈의 위로 있는 힘껏 올려 놓는 것이 혁명이다.

심장에 나침반 세우기

"잘 모르겠지만 이게 옳은 것 같아요. 다른 사람들은 아니라고 하는데 그냥 이게 맞는 것 같아요. 그래서 응원하기로 했어요."

한 트위터리안이 김 지도에게 보낸 멘션이 기억에 남는다. 그 분도 노동자 투쟁이 무엇인지, 정리해고가 무엇인지, 비정규직 없는 세상이라는 모토가 무엇을 의미하는지 잘 몰랐을지도 모른다. 그러나 옳다는 느낌은 옳다는 생각보다 더 정확하다.

어떤 일이 옳은지 그른지, 어디를 선택해야 하는지 잘 모를 땐 나는 단 하나의 기준만을 본다. 그건 사랑이다. 조건 없는 사랑이다. 이유 없이 누군가를 좋아하고, 상처에 공감하며 치유를 위해 내 한 몸 아끼지 않는, 그런 것. 내가 죄인이라 빚을 갚고 싶은, 미안하고 고마운 그런 마음이다. 차별 없이 나누고 돈 없이 병자를 고치고 창녀에게 죄를 묻지 않고 네 이웃을 내몸과 같이 사랑해라 했던, 그리고 남의 죄를 갚으러 자신이 희생했던, 예수의 그런 마음이다.

단 한 번도 그 사랑이라는 기준은 틀린 적이 없었다. 정치적 가치는 세월이 흐르면서 변해도, 그 사랑이라는 가치는 언제나 옳았다.

안타깝게도 사랑과 돈에 관해선 아무도 배우는 방법도 쓰는 방법도 가르쳐주지 않았다.

그 '사랑'이라는 기준에 어느 쪽이 더 가까이 있는지, 단지 그것만을 보기로 했다. 그 사람들이 그것을 행하는 이유가 사랑인지, 아니면 두려움인지. 심장에 나침반을 세워야 한다. 사랑이 삶을 이끄는 자기장이 되어야한다.

조금은 알 수 있었다. 사람들은 옳은 일을 할 때엔 사랑을 쓴다. 옳지 않은 일을 할 때엔 돈을 쓴다. 용역 깡패를 고용하는 일에는 천문학적인 돈이 들지만 사람을 지키러 달려와 달라고 했을 때에는 돈 한 푼 들지 않았다. 모든 게 사람들의 선의로 이루어졌다.

부당한 일에 대해 분노할 권리, 아픈 사람과 함께 아파할 권리,

절규하는 사람들과 함께 목소리 낼 권리, 사람을 사랑할 권리, 왕이 아니어도 당원이 아니어도 기자가 아니어도 당신이 '사람'이기 때문에 가진 권리다.

단지 어떤 것이 옳은 지 알 수 없을 때, 옳다는 것의 기준이 사랑이 되어야 한다. 더 많은 돈을 버는 것이 옳음의 기준이 아니라, 사랑에 조금 더 가까운 것이 옳음의 기준이 되어야 한다.

욕망의 방향

불통 정부와 싸우거나 탐욕스런 자본가에 저항하는 건 사실 아무것도 아니었다.

다른 사람의 착취를 통해 성공한 사람들을 존경스런 눈으로 바라보는 시선들과 싸우는 게 힘들었고, 그 사람들처럼 되고 싶다는 의지들과 싸우는 게 더 힘들었고, 사람보다 돈이 우선이고 돈을 벌면 모든 게 용서된다는 그런 생각들과 싸우는 게 더 힘들었다. 가난과 질병은 무능력과 게으름이라는 편견들과 싸우는 게 더 힘들었다.

나도 힘들게 살았으니 너희들도 힘들게 살아야 나중에 잘 될거야 하는 값싼 위로들과 재테크와 아파트와 보험이 희망이라는 속삭임들과 경제성장을 위해서 누군가의 희생은 필요악이라는 믿음, 내 가족 지키느라 다른 이의 가족을 상처 입힐 수도 있다는 걸 전혀 모르는, 무지와 싸우는 게 더 힘들었다.

사람의 희생을 발판 삼아 부를 창출한 기업들을 비판하는 것보다 그 기업들이 만든 싼 값과 할인을 좇는 욕망들 그리고 브랜드와 편한 고객서비스에 길들여진 소비에 대한 욕망들과 싸우는 게 훨씬 힘들었다.

불이익을 당할까 걱정하는 두려움들과 싸우는 게 훨씬 힘들었고 알아서 기는 자기검열들과 싸우는 게 훨씬 힘들었다. 그리고 다들 그렇게 살잖아, 세상은 원래 그래, 하고 말아 버리는 체념들과 싸우는 게 가장 힘들었다.

세상을 바꾼다는 싸움들에 연대하면서 깨달은 건 어마어마한 적보다 그런 '평범한 사람들의 생각들'과 싸우는 게 훨씬 어렵다는 사실이었다.

그렇게 돈이 최고 가치가 되도록 만든 건, 평범한 사람들의 평범한 두려움이고, 평범한 사람들의 평범한 욕망이다.

우린 사실 평등 따위 원하지 않을지도 모른다. 다른 누군가 죽어야 내가 살 수 있는 괴물 같은 세상을 지탱하고 있는 것은 평범한 우리의 평범한 욕망들인지도 모른다. 그렇지 않으면 우리는 왜 항상 가장 이기적인 사람을 리더로 추대하고, 그들과 싸우기 위해 또 물대포를 맞는가? 그렇지 않다면 우리는 어째서 우리와 같은 사람들에겐 결코 투표하지 않고, 늘 왕자님과 공주님만 뽑는 것일까? 우리는 왜 부자들을 비판하면서 부자가 되고 싶어 하는 걸까? 우리는 왜 임대료가 비싸다고 불평하면서 언젠가 월세 받는 빌딩 주인이 되고 싶어 하는 걸까?

과연 부자들이 돈을 더 쉽게 벌 수 있는 세상을, 지금의 이 시스템을 지지하는 걸까? 바뀌길 바라는 걸까? 난 우리가 정작 무엇을 바라는지를 묻고 싶다. 정말 바뀌길 바라는가.

정말 일등과 꼴찌가 없는 세상을 바라는가. 부러워하고 싶어서 우리보다 잘난 사람이 존재하길 바라고, 경멸하고 싶어 우리보다 못난 사람이 존재하길 바라지는 않는가.

돈이면 다 되는 세상을 비판하지만 사실 돈으로 무엇이든 할 수 있는 걸 다행으로 여기고 있지는 않은가. 다른 이들은 나만큼 잘 살지 않아서 안심하고 있는 욕망이, 타락한 부자들을 비판하는 말 뒤에 숨어 있지는 않은가.

말도 안 되는 시스템인 걸 알지만 이 시스템 속에서 성공하길 바라는 게 우리 모습이고, 경쟁 시스템이 죽도록 싫지만 경쟁 시스템의 혜택을 누리길 원하는 게 우리 모습이다.

나쁜 정치인과 나쁜 자본가, 그리고 착한 시민들이 있는 게 아니다. 우리는 전부 어느 정도는 속물이고, 어느 정도는 의인이며, 약간은 꼰대이며, 약간은 혁명가이다. 조금은 나쁜 자본가이고, 조금은 싸우는 노동자이다. 불합리한 세상은 어딘가에 있는 욕심 많은 천박한 이들에 의해 유지되는 것이 아니라, 대부분의 보통 사람들이 가진 그 약간의 부분만으로 유지되고 지탱이 되는 것이다. 나쁜 기업과 나쁜 정권과 같은 존재는, 만약 그 누구도 욕망하지 않는다면 결코 지속될 수 없다.

한 가지 중요한 사실은 언론과 정치, 자본이 사람들의 그 욕망에 민감하게 바뀐다는 것이다.

언론과 정치와 자본이 먼저 바뀔까? 사람들의 욕망이 먼저 바뀔까? 전자는 먼저 바뀌지 않는다. 그저 사람들의 욕망에 따라 움직일 뿐이다. 그러나 만약 사람들이 스스로 욕망을 표시하지 않으면 그들은 사람들이 가장 쉽게 좇을 욕망을 찾아내 그렇게 욕망하라고 가르친다. 그들은 이것이 멋진 것이라 말하고 이것이 유행이라 말하며 이것이 아름다운 것이라 가르친다. 그들은 우리에게 사람을 보지 말고 브랜드를 보라고 한다. 그들은 스스로 생각하기를 잊은 사람들에게 가짜 욕망을 만들어주었다.

그들이 만들어준 욕망을 착실히 받아들이고 사는 게 '고객님'이다. 그들의 고객님은 이기적이며, 빠르고 편리한 것을 추구하고, 남들보다 더 돋보이고 잘나기를 바란다. 더 돈을 써서라도 더 돈을 벌기를 바란다. 고객님들은 혼자 잘 사는 것엔 관심이 있지만 함께 사는 것에는 관심이 없다. 그렇게 우리가 충실한 고객님으로 살아온 결과 세상에 권력을 만들었고, 욕망을 미끼로 조절하는 이들에게 힘을 실었다.

고객님은 만들어주는 대로 판단하지만 시민은 스스로 판단한다.

고객님은 남들이 원하는 것을 욕망하지만 시민은 스스로가 원하는 것을 욕망한다.

고객님은 할인을 좇아 다니지만 시민은 할인을 만들어내는 구조를 본다.

고객님은 편리하고 싼 물건을 소비하지만 시민은 내가 필요한 물건을 소비한다.

고객님은 언제나 많이 주겠다는 말을 듣고 결국 많이 잃는다.

고객님은 브랜드의 편리성을 보지만 시민은 브랜드의 윤리성을 본다.

고객님은 기업가들의 뜻대로 돈을 써주는 편리한 존재지만, 비판하는 시민은 매우 버거운 존재다.

만일 우리가 진실만을 신경쓰기 시작하면 다들 진실을 보기 시작할 것이다. 우리가 자동차나 냉장고가 아니라 올바름에 욕망을 가지면 기업들은 경품이 아니라 캠페인으로 마케팅을 할 것이다. 우리가 돈이 아니라 정의를 원하면 기업과 방송은 정의를 팔 것이다. 혁명을 원하면 혁명을 팔 것이다. 우리가 죽어가는 이들에게 관심을 가지면 방송은 죽어가는 이들을 취재하고 보도할 것이다.

세상의 모든 걸 독차지하는 나쁜 부자들만이 과연 우리의 모든 것을 가져갔을까. 설령 그것이 사실일지라도 그들이 모든 걸 훔쳐갈 수 있도록 내버려두는 것은 우리다. 그들처럼 되고 싶다는 욕망이다. 하나의 분명한 적과 싸우기는 쉽다. 그러나 우리 안의 적과 싸우기는 어렵다.

모든 사람이 갖고 있는 사소한 1퍼센트의 비양심들이 수백만이 되면 사람 하나를 죽인다. 1퍼센트의 사소한 욕망들이 수백만이 되면 그것이 권력을 만들고 갑질을 만든다. 사소한 타협과 사소한 복종이다. 마찬가지로 1퍼센트의 작은 양심들이 수백만이 되면 사람 하나를 살리고, 1퍼센트의 용기들이 수백만이 되면 권력의 질서를 깬다.

세상을 바꾸는 건 한 사람의 힘 있는 악마와 한 사람의 착한 권력자가 아니다. 수많은 사람들이 가진 그 1%의 마음들이다.

'마우스랜드'라는 애니메이션이 있다. 쥐들은 흰 고양이에게 투표한다. 고양이가 고양이를 위한 세상을 만들고, 쥐들을 더 잡기 쉽게하는 구멍을 만들자, 쥐들은 흰 고양이에게 화를 내고 다시 투표를한다. 두 번째 투표에서 쥐들은 검은 고양이를 뽑는다. 역시 검은 고양이가 고양이를 위한 세상을 만들자 쥐들은 다시 흰 고양이에게 투표한다. 흰 고양이, 검은 고양이가 맘에 들지 않자 줄무늬 고양이에게 투표한다. 참다 못한 쥐가 고양이는 결코 자신들을 위해 줄 수 없음을 깨닫고 스스로 선거에 나온다. 그러자 고양이들은 공산주의자라며 감옥에 가둔다. 우리는 어째서 청소노동자를, 택시기사를 국회로 보낼 수 없는 걸까? 나는 국회에는 온갖 종류의 사람들이 다 있어야 한다고 생각한다. 자영업자도, 철거민도, 혜택을 받지 못한 자들도, 국회는 똑똑하고 교육받고 잘 사는 사람들만의 집단일 수 없다. 국회는 국민 중 다양한 그룹의 사람들을 대표하는 사람이 모여 각 층의 이해를 이야기하고 털어놓고 서로 타협할 수 있는 규칙을 만드는곳이다. 당연히 가장 어렵고 힘들게 사는 사람들, 그들로서 살아본사람도 대표가 될 수 있어야 한다.

의외로 우린 느낌에 의존해서 투표를 많이 한다. 부자인 사람을뽑으면 우리도 부자가 될 것 같고, 각종 고시에 많이 패스한 사람을뽑으면 우리 아이도 그렇게 똑똑해질 것 같고, 성공한 사람을 뽑으면 우리도 잘 살 것 같은 '느낌'이 있기 때문이다. 그러나 그런 '성공한' 사람들은 자기계발서 잘 쓰고 혼자 잘 사는 법만 알려주면 된다.

정치는 생존 처세술이 아니라, 공동체의 균형에 대한 깊은 이해가 필요한 문제다. 그러한 느낌은 마치 신용 카드를 잘 쓰면 부자가 될 수 있다는 광고와 같다. 당신이 광고판에서 행복해하고 있는 광고모델을 보고 신용카드를 많이 쓰면 당신이 부자가 되는 게 아니라 신용카드사가 부자가 된다. 특별히 할인한다는 말, 적립금을 쌓아 준다는 말, 그리고 좋은 상품이 나왔으니 펀드에 투자하라는 말, 저축보험을 넣으면 만기에 얼만큼 돌려받게 된다는 말. 당신에게서 돈을 가져가는 그 모든 것들은 당신이 돈을 벌 것 같은 두근거림을 이용해 당신에게서 돈을 빼낸다. 돈을 벌 것 같은 그 두근거림은 기대 만큼의 열매를 돌려주는 일이 거의 없다. 펀드도 보험도 신용카드도 그렇다.

부자를 부러워하는 것 또한, 그들을 칭송하는 것 또한 당신을 부자로 만들어주지 않는다. 부자들은 모든 사람들의 두려움과, 그들처럼 될 것 같은 두근거림을 이용해서 그들의 부를 지탱하고 있다. 만일 모든 사람들이 부자들이 부자가 될 수밖에 없었던 시스템에 문제를 제기한다면, 부자들은 더 이상 부자일 수 없다. 부자를 지지하는 게 당신을 부자로 만들어주진 않는다.

> "씨티그룹은 부자들에게 최고의 거래를 약속하면서 1퍼센트를 위한 부귀 열차가 끊임없이 달려갈 수 있을 것이라 했다. 나머지 95퍼센트를 다 합친 것보다 더 많은 부를 소유한 그 1퍼센트가 두려워한 한 가지는, 그들이 다른 99퍼센트와 동일한 투표권을 갖고 있다는 사실이었다. 하지만 걱정할 필요가 없었다. 그 99퍼센트는 고맙게도 1퍼센트를 위해 투표해 주었는데, 그것은 부자를 부러워하고 언젠가 그들처럼 될 수 있을 거라는 희망 때문이었다."

마이클 무어의 다큐멘터리 〈자본주의, 러브 스토리〉에 나오는 이야기는 적나라할 정도로 사실로 드러나고 있다.

혼자 잘 사는 법을 아는 것과 함께 잘 사는 법을 아는 건 별개의 문제다. 생존에 필요한 빠른 계산 능력을 갖춘 것과 공감 능력을 갖춘 건 다른 문제다. 똑똑한 것과 연민을 아는 건 다른 문제다. 돈을 잘 벌어내는 능력과 돈을 잘 분배해내는 능력은 다른 문제다. 홀로 성공하는 능력과 모두에게 기회를 돌리는 능력이 있는 건 다른 문제다. 정치인에겐 전자가 있어야 하는 게 아니라 후자가 있어야 한다. 정치인을 뽑는 이유는 장사나 마케팅을 하라는 게 아니고, 경쟁에서 일등 하라는 것도 아니다. 단지 경쟁에서 탈락했다는 이유로 삶의 바깥으로 추방되는 이들이 없도록 공정한 규칙을 만들어달라는 것이다.

그러나 우린 왠지 소박하고 허름해 보이는 사람보다 뭔가 많이 갖고 멀끔한 외양을 갖춘 사람에게 투표를 하게 된다. 잘나 보이니까. 그러나 후자의 삶에 투자를 많이 해온 사람은 솔직히 말해 멀끔한 양복보다 허름한 옷차림을 하고 있을 가능성이 많다.

우리나라는 모든 사람이 일등이 될 수 없는 사회다. 일등부터 꼴찌까지 서열이 매겨지는 사회에서 일등은 다른 사람들과 함께 일등이 되는 법을 모른다. 시장도 확장하기 어려운 이 좁은 땅덩어리에서 우리나라 부자들은 다른 이들과 다 같이 부자가 되는 법을 모른다.

공자는 그렇게 이야기했다. "나라에 도가 있으면 가난하고 천한 게 부끄러운 일이지만, 나라에 도가 없으면 부하고 귀한 게 부끄러운 일이다."

지금 이 세상의 룰을 타고 성공한 이들보다 세상의 룰이 뭐가 잘못되었는지 고민해온 이들에게 투표하는 것이 현명하다. 구름 위에서 지내는 이들보다 차라리 우리의 사정을 잘 아는 이들을 뽑는 것이 현명하다.

정부를 비판하는 사람은 많다. 부자를 비판하는 사람은 그보다 적다. 노조나 약자에 적극적으로 연대와 지지를 보내는 이는 그보다 적다. 자본주의적 삶을 비판하는 사람은 그보다 적다. 그리고 그 자본주의적 삶을 뚫고 이겨낸 사람은 그보다 적다. 우리는 그만큼 정치엔 저항할 수 있어도 돈에는 저항하기 어렵다.

어느 지인이 그랬다. 만약 진보가 세상을 바꾸지 못한다면, 그것은 우리나라 진보가 부자가 되고 싶어하는 진보이기 때문이라고. 보수들은 지독할 정도로 일관성을 갖고 있다. 그러나 세상을 바꾸고자 하는 사람들은 스스로 모순에 부딪힌다. 정의냐 생계냐는 둘째 치고, 시스템의 문제를 이야기하지만 사실은 시스템에서 인정받고 싶어하는, 그러한 욕망이 있다.

이를테면, 임대업자들만 점점 소득이 느는 비정상적인 법체계와 기형적인 구조를 알고도 다들 임대업자의 꿈을 갖고 있다면 결코 그 구조는 바뀌지 않는다.

주중에는 자본시스템에 충실히 살다가 주말에 자본주의에 저항해봤자 바뀌지 않는다. 주중에 어떻게 돈을 더 벌까 고민하다가 주말에 우리가 노예냐고 화를 내도 바뀌지 않는다. 주중에 주가가 오르는지 이윤 배당과 자본소득을 찾아다닌 후, 주말에 왜 일하는 사람들이 돈을 못 버는 거야라고 화를 내도 소용 없다.

간단히 이야기하면 그렇다. 당신이 당장 눈앞에 세상의 부를 쉽게 훔칠 수 있는 기회가 있고 돈을 공짜로 벌 수 있는 기회가 있다며 온갖 유혹들이 달려드는데 그것을 발로 차 버릴 수 있다면, 그리고 그런 당신과 같은 사람이 모두가 되면 세상이 바뀔 것이다. 진짜다. 지금껏 죽어간 사람들을 다신 만들지 않을 수 있고 세 모녀도 세월호도 생기지 않도록 할 수도 있다. 그러나 만약 그러한 기회를 당신이 발로 찰 수 없다면, 세상은 왜 지독히도 바뀌지 않는지 절감하게 될 것이다. 왜 불평등은 계속되고, 사람들은 굶어 죽고 자살하며, 왜 돈앞에 사람 목숨은 벌레만도 못한 존재가 되는지.

모든 것은 연결되어 있다. 세상에 대가 없는 부는 없다.

아파트 시세차익에 불나방처럼 뛰어들던 욕망들 때문에 더 이상집을 구할 수 없는 다음 세대를 보았다. 이윤을 많이 내는 기업의 주가는 올랐고, 경제신문에서 천문학적인 영업이익을 보도하는 기사에사람들은 매료되곤 했다. 바로 그 욕망들이 다음 세대가 직장도 구할 수 없게 된 현실을 만들었다. 그럼에도 불구하고 지금은 집을 팔려고 하지만 조금 오르기 시작하면 또 안 팔려고 붙들고 있게 되는것이 사람의 욕망이다.

그렇게 우리는 여기 저기 욕망을 던지고 소비하면서, 나중에 그욕망들에 깔려 죽은 사람들을 보고 분노한다. "도대체 누가 죽였어!"

나쁜 세상은 평범한 사람들의 욕망 위에 탄탄하게 지어져 있으며,

욕망이 아니면 결코 돌아가지 않는다.

인정해야 한다. 이토록 불합리한 세상을 지탱하고 있는 이면에는 반드시 '우리'의 욕망이 있다는 사실을. 우리가 의지가 없다면 바뀌지 않는다는 사실을. 누군가 다치고 죽어가도 우리가 경쟁 시스템을 고수하고 성공과 승리에 대한 욕망만 있다면 바뀌지 않을 것이라는 사실을. 대통령보다도 힘이 센 게 사람의 욕망이다. 밑도 끝도 없고 집착도 강하다. 천정부지로 치솟던 아파트 값은 정부의 온갖 규제정책에도 불구하고 멈추지 않았다. 그리고 지금 그 대가를 다음 세대가 치루게 되었다. 결국 엄청난 가계부채와 불황이라는 현실을 남겼다.

더 나은 세상을 위해서 깨야 할 것이 있다면 두려움이고, 포기해야 할 것이 있다면 욕망이다. 권력 그리고 돈, 내가 내 욕망을 멈출 수 없다면 세상에 나쁜 사람들의 욕망도 멈출 수 없다.

내 스스로가 혁명하지 않으면 사회도 혁명할 수 없다.

돈을 많이 버는 것이 성공이라면, 돈으로부터 자유로워지는 것은 혁명이라고 생각한다.

나는 사람들이 결코 어리석지 않다고 생각한다. 돈을 벌고자 하는 욕망만큼 올바르게 살고자 하는 욕망도 있다고 생각한다. 재산을 지니고 싶어하는 만큼 옳은 생각을 지니고도 싶어한다고 생각한다. 왜냐하면 옳은 가치관이란 값비싼 물건보다 멋진 것이기 때문이다. 단지 그 양심은 평범하고 두려운 생각들과 편견들 밑에 깊이 숨어 있을 뿐이라 생각한다. 욕망의 방향이 바뀔 때, 양심이 수면 위로 나올 때, 그때 비로소 세상이 덜컹거리기 시작할 것이다.

돈의 방향

돈은 투표권과 같다고 했다.[51] 우리가 돈을 어디에 소비하느냐에 따라 세상에 영향을 미칠 수 있다. 브랜드가 갑의 권력을 마음대로 행사할 수 있는 것은 우리가 브랜드에 돈을 더 쓰기 때문이다. 브랜드를 권력으로 만들어주는 것은 그곳에 돈을 쓰는 소비자들이다. 만약 편의점에 가는 사람보다 슈퍼에 가는 사람이 많다면, 사람들이 브랜드 회사에 로열티를 주지 않고 자신의 가게를 차릴 용기를 가질 것이다. 사람이 스스로 생각하고 운영하고 스스로 각자의 철학을 담아 운영할 수 있는 자유로운 가게를.

독립 언론에 돈을 보내면 우리는 언론을 권력과 대기업으로부터 독립시킬 수 있다. 미디어들을 대기업과 정부 방송 언론에 의존하게 하는 대신 수 많은 개인들이 돈을 보내고 운영하면, 우리는 대기업 홍보성 기사를 공짜로 보는 대신, 우리에게 필요한 기사를 정당한 대가를 지불하고 볼 것이다. 우리는 돈을 보내 공정함과 정직을 지키고자 하는 기자들을 보호할 수 있고, 대기업과 정부의 부당함을 고발하는 이들이 계속 기사를 쓰고 신문을 펴내게 할 수 있다.

G20이라는 세계 정상회담이 개최될 당시 어느 아티스트가 G20 포스터에 쥐를 그려넣은 것이 있었다. 그 쥐가 대통령을 풍자한 것이라는 건 누구나 알 수 있었다. 그 미술가에게 소환장과 벌금이 부과

---

51 《시골 빵집에서 자본론을 굽다》

되었다. 벽보를 훼손했다고 재물 손괴죄로 법원에서 300만원의 벌금을 선고받은 이 웃지 못할 사건을 접한 트위터의 친구들은 기가 막힌 아이디어를 제안했다. 날라리 외부세력 친구 중 한 명이 티셔츠에 쥐 벽화를 그려 넣어 팔자는 이야기를 트위터에 제안한 것이었다. 그리고 티셔츠를 팔아 벌금을 충당하자고 했다. 단 몇 분 만에 리트윗이 늘고 동참하겠다는 의견들이 올라왔다. 나는 곧바로 시안을 만들어 올렸다. 티셔츠가 만들어지기도 전에 예약자가 백여 명 가까이 늘기 시작했다. 그때 제작한 '쥐벽서' 티셔츠는 천 개 가까이 팔렸다.

크라우드펀딩과 같은 시스템은 우리가 원하는 가치에 직접 후원할 수 있도록 만들었다.

나는 이윤이나 보상이 아니라 단지 영화가 만들어지기 원한다는 이유로 사람들이 보내준 돈이 통장에 찍히는 것을 보았다. 영화의 완성을 보고 싶어했고, 사람을 살리고 싶었던 사람들이 이 영화에 돈을 보내왔다. 쥐벽서 티셔츠를 팔 때에는 상품이 아니라 정의를 팔아 천만원 가까운 돈이 통장에 찍히는 것을 보았다. 좋은 가치는 최고의 마케팅이었다.

나는 그래서 사람들이 이기적이기만 하다는 사실을 믿지 않는다. 이러한 것들에 돈을 흘려보낼 수만 있다면 가치 있는 일에 사람들이 돈을 지불하지 않을 이유가 무엇이 있겠는가?

쓸모 있는 물건을 만드는 대신 거리를 수많은 광고판으로 도배하는 일에도 천문학적인 금액이 투자되는데, 사람을 살리거나 지구를 살리는 일에 돈을 투자하지 않을 이유가 무엇이겠는가?

미국에서는 정리해고를 한 기업의 주가가 뛰었다. 만약 정리해고를 하는 기업이 아닌 고용을 늘리는 기업의 주가가 오르면 어떻게 될까? 만약 사람들이 이윤을 늘리는 회사가 아닌 사람들에게 충분한 임금을 주는 회사의 주식을 산다면 어떻게 될까? 이윤 때문에 노동자의 안전을 소홀히 하는 기업이 아니라 안전에 돈을 투자하는 기업에 돈을 보낸다면? 그리고 만약 환경을 보호하고 지구를 살리는 기업의 주식을 적극적으로 매입하면 어떻게 될까.

물론 그 대가로 배당금이나 이윤이 돌아오지는 않을 수 있다. 그러나 돈을 받는 대신 당신은 사람을 살리고, 지구를 살리게 될 것이다. 그리고 더 많은 사람들이 그런 일로 직업을 가지게 될 것이다.

우리는 의미 있고 창조적인 일을 하며 돈을 버는 직업을 꿈꾸곤 했다. 그러나 어느새 정신을 차려 보면, 예전에 우리가 꿈꾸었던 그런 일이 아니라 다른 이의 욕망을 낚는 일에 수 많은 시간을 보내고 있다. '내가 생각했던 것은 이런 일이 아니었는데' 라고 생각하는 경우도 많다.

만약 당신이 연예인 뒤태 기사를 무심코 많이 클릭한다면 당신은 기자가 되어도 연예인 뒤태만 취재하는 일에 종사할 확률이 더 높다. 욕망을 클릭하면 욕망을 낚는 일에 종사할 확률이 높다. 광고를 보고 돈을 쓰면 광고업에 종사하게 될 것이고, 사람을 살리는 일에 돈을 쓰면 그 일로 먹고 살게 될 것이다. 강자의 것을 구매하면 그들에게 권력을 싣는 것이다. 가만히 있어도 돈이 불어나는 유혹에 사람들이 돈을 흘려보낸 나머지, 돈이 생산을 위해 쓰이기보다 돈 불리기에 더 많이 들어갔다. 바보 같은 일로 돈을 벌고 싶지 않다면 바보 같은 일이 돈을 벌게 하지도 말라.

당신이 쓰는 돈 하나 하나는 투표권이다.

만약 모든 사람들이 돈을 뺏고 뺏는 일을 멈추고 다른 일을 하자고 약속한다면, 진짜 풍요를 생산하고 공정하게 나누어 갖는 일을 하자고 약속한다면. 그리고 더 이상적인 꿈을 꾼다면, 더 많은 사람들이 같은 생각을 가지고 있다면, 좋은 가치를 살리는 기업에 투자한 주식이 오를 것이다.

뺏고 죽이는 게임에 진절머리 난다면 말이다. 중요한 것은 사람과 지구를 죽이고 돈으로 바꾸었던 그 모든 돈의 방향을 거꾸로 되돌리는 것이다. 돈을 사람과 지구로 다시 바꾸는 것이다.

기술의 방향

나는 2000년 초 냅스터와 소리바다가 생겼을 때의 그 놀라움을 기억한다. 냅스터와 소리바다의 출현은 그들이 가진 것 이상으로 큰 의미가 있었다. 역사적으로 말이다. 디지털 세상은 사람들이 갖고 있던 소유의 개념을 뒤엎었다. 여기서 사람들은 혼란스러워하기 시작했다. 이것이 합법인가? 불법인가 그리고 음악 저작권은 어떡할 것인가? 소리바다의 출현은 음악 예술가들에게 과연 도움이 되는가, 안 되는가?

무엇보다도 사람들이 혼란스러워 했던 것은, 돈을 주고 상품을 사고, 상품을 소유했던 개념이 흔들리기 시작했다는 것이다. 디지털 파일은 그것을 복사하고 나누어도 원본이 줄어들지 않았다. 사과를 둘로 나누면 나는 사과 반쪽만 먹게 되지만 디지털 파일은 나누어도 내 몫은 줄어들지 않았다. 즉 1을 둘로 나누었는데 2분의 1이 되는 것이 아니라, 1이 두 개가 되는 것이었다. 그것을 복사하면 하드 디스크의 아주 작은 자리만 차지할 뿐이었다. 디지털 파일은 마치 공유를 위해 태어난 것처럼 스스로를 복사하는 데 드는 비용과 시간 — 한계 생산 비용 — 을 제로에 가깝게 만들어 주었다. 사람들은 곧바로 이렇게 '공유'하는 행위를 무단 복제로 규정하고 '나쁜 일'로 규정했다. 하지만 이것은 디지털 재화라는 속성을 인위적으로 통제하는 것이었다. 냅스터는 법원에서 패했고 소리바다는 힘겨운 대기업들을 상대로 싸우다 사라졌다. 음악저작권협회가 나선 것은 사실이나 사실 소리바다를 없애려고 노력한 것은 음악가들이 아니었다. 그것은 음악가들에게 도토리만한 저작권료를 주고 나머지로 수익을 얻었어야만 했던 대기업 자본들이었다.

여기서 기술의 방향을 언급하는 이유는 사람들이 사랑을 지켜내는 과정에서 그리고 변화를 이끌어내는 과정에서 놀랍게도 기술의 발전이 매우 고무적인 역할을 했기 때문이다. 그리고 기술이 가져온 변화들을 자세히 관찰해보면, 기술의 두 가지 방향을 읽을 수 있었다. 기술에는 사람의 생활을 편리하게 하는 기술도 있었지만 사람을 평등하게 만드는 기술도 있었다. 자본에 더 많은 이윤을 주기 위해 고안된 기술도 있었으나, 권력을 해체해버린 기술도 있었다. 나는 기술의 발전이 최첨단을 부르짖는 군사 권력과 자본가들의 도구였으나 역설적으로 사람을 '평등하게' 만들고 있다는 사실에 놀랐다. 모든 것이 작고 쉽고 저렴해진 덕택에, 소수가 독점했던 권력들이 서서히 해체되고 있었다. 디지털 재화는 스스로 소유되고 거래되기를 거부했고, 광범위한 네트워크는 큰 집단들을 통하지 않고 자유로운 개인들을 연결하고 있었다.

첫 번째 신호는 미디어에서 나타났다. 한 번 장악하기만 하면 전국 모든 사람들에게 원하는 내용을 뿌릴 수 있었던 공중파 방송이 더 이상 전처럼 작동되지 않았다. 사람들은 매스미디어가 한 이야기를 SNS에서 뒤집었다. 사람들은 개인 대 개인으로 뉴스를 공유했다. 개인들의 네트워크는 힘으로 통제되지 않았다. 또한 사람들은 스스로 비디오를 만들어내고 공유하면서 엔터테인먼트를 만들었다.

그 다음은 돈이었다. 사람들은 돈을 많이 가진 자본가가 아니어도 '큰 돈'을 만들어낼 수 있었다. 크라우드펀딩의 마법이었다. 여러 사람들이 힘을 합치니 자본을 만들 수 있었다. 그렇게 사람들은 영화도 찍고, 창의적인 회사도 만들었다. 비영리 프로젝트를 기획할 수도 있었다.[52]

---

52 광주민주화항쟁과 전두환 암살 계획을 다룬 영화 '26년'은 2008년 영화화가 시도되었으나 투자자들의 잇다른 제작 철회로 난항을 겪다 2012년 소셜 펀딩을 시작으로 제작이 제개되었다. 삼성 반도체 백혈병 문제를 다룬 영화 '또 하나의 약속'은 상업자본의 투자가 어려운 악조건 속에서 오로지 7,700여명의 후원자와 100여명의 개인투자자들의 크라우드펀딩으로만 제작 배급을 완성하였다.

그리고 마케팅 권력이 해체되고 있었다. 기존에는 돈이 마케팅의 효과를 결정했다. 그런데 지금은 저렴한 비용으로도 알릴 수 있는 방법이 많아졌다. 돈 대신 호소력 있는 가치가 SNS에서 더 많이 퍼졌다.

기술은 비용을 줄였고, 사람을 노동에서 해방시키고, 에너지와 재화가 공유 가능한 사회를 만들며, 권력의 독점을 깨고 있었다. 그러나 자본은 기술을 더 많이 노동하고 생산하게 하는 데 쓰며, 네트워크는 마케팅의 도구로 썼다. 권력은 첨단 기술을 무기와 전쟁에 썼고, 사람을 감시하는 데 썼다. 발전한 기술은 양날의 칼이 되었다.

예를 들어 우리는 3D프린터로 어떻게 돈을 벌까를 고민할 수도 있고, 3D프린터로 어떻게 더 평등한 세상을 만들 수 있을까 고민해볼 수도 있다. 이를테면 3D프린터로 사람들이 스스로 소규모 생산 능력을 갖추고, 설계도를 서로 공유하며, 더 이상 대량 생산과 자본에 의존하지 않는 세상을 상상해볼 수도 있다.

우리는 디지털화된 음악과 영화를 상업 플랫폼을 통해 사지 않고, 자유롭게 복제하고 공유하며 대신 음악가들과 영화인들이 마음껏 창작을 계속할 수 있도록, 앞서 이야기했던 것처럼 그들의 삶을 음악의 향유자들이 뒷받침해주는 '아주 다른 방식'을 상상해볼 수도 있다. 음악이 상품이 되지 않고 음악으로써의 역할을 마음껏 할 수 있도록 말이다.

SNS는 마케팅의 도구이기보다 혁명의 도구로 더 어울렸는지도 모른다.

기존의 미디어는 일방적이었다. 미디어가 대중의 특징을 정했다. 미디어가 어림잡고 있는 대중의 특성은 '자극적인 것과 화려한 것, 세일을 좋아하며 남들보다 돋보이고 싶어하고 부자들을 부러워한다는 것'이었다. 하지만 트위터에서는 광고도 경쟁도 죽었다. 트위터에서 살아남은 것은 감동을 주는 글과 진정성 있는 글, 연대를 호소하는 글이었다. 그 첫 번째 경험이 홍대 청소노동자들과의 연대에서 있었던 작은 움직임들이었다. 사람들은 의미 있다고 생각될 때 리트윗을 했고 좋은 의도를 가진 사람들의 글을 팔로우(구독)했다. 그리고 기존의 만들어진 언론의 불편한 진실들을 밝혀내기 시작했다. 트위터는 기존의 미디어와 아주 다른 방식으로 소통되었고 선한 의도를 가진 가치 있는 글들이 걸러지고 물 위로 떠올랐다. 그리고 사람들은 기존의 광고나 미디어로부터 속임을 당하고 살아왔다는 것을 통탄하기 시작했다.

그 결과로 부와 성공이 아닌, 다른 가치가 트위터를 덮쳤다. 그것은 정의와 연대와 사랑과 감동이었다. 혹자는 트위터에서 두드러진 이러한 성향에 놀라워했다. 사실 사람들에겐 누구나 아낌없이 베풀고자 하는 마음이 내면에 있지만 기존 미디어는 이것을 무시해왔다. 하지만 '팔로우(가치 선택)'와 '리트윗(연대의 방식)'으로 이루어지는 트위터는 대중들이 기존의 미디어에서 판단했던 것보다 훨씬 선하고 현명하다는 사실을 증명했다.

이렇게 만들어진 힘의 가장 놀라운 폭발력은 '예측 불가능성'에 있다. 문제의식을 공유한 트위터리안들이 당장이라도 세계 외신에 뿌릴 준비가 되어 있고 당장이라도 항의를 보낼 준비가 되어 있다는 사실. 누구는 번역을 하고, 누구는 그림을 그렸다. 스스로 있는 그 자리에서 가장 잘하는 것을 한다는 것만큼 무서운 힘이 어디 있을까. 어떠한 권력도 이 보이지 않는 실체를 상대할 수 없었다.

그렇다면 어떻게 이런 움직임이 가능했을까? 트위터에서 벌어졌던 모든 크고 작은 움직임들의 공통점은 '아무도 시키지 않았다'는 점이다. 트위터라는 생명체는 다루려 하면 다루어지지 않는다. 조직하려 해도 조직되지 않는다. 뜻대로 움직이려 하면 자멸한다. 하지만 아주 자연스럽게 스스로 일어나도록 놓아두면 볕을 만난 듯 꽃을 활짝 피운다. 이것이 SNS의 생태계다. 태양열 에너지는 크레인 위에서 홀로 있는 노동자가 회사에 저항할 수 있는 힘이 되어주었다. 스마트폰과 SNS는 이 시대의 짱돌이 되어주었다. 더 작고, 더 저렴해진 도구들은 권력이 아니라 개인에게 힘을 실어주었다.

이것이 스마트폰과 SNS라는 기술이 사랑의 도구로 쓰인 역사다. 기술을 자본의 도구가 아닌 사랑의 도구로 만들 수 있을까. 그것이야말로 우리에게 남겨진 숙제다.

선한 분노
─큰 에너지의 일부분 되기

이 책은 내가 서른 세 살, 희망의 버스라는 작은 변화를 겪은 직후부터 준비한 책이다. 사랑이 내 앞에 놀라운 모습을 드러냈을 때부터 세상을 꾸준히 지켜보고 찾고 관찰한 결과물을 기록한 책이다. 나는 사회학자나 경제학자가 아니다. 한 사람의 평범한 개인이자 시민의 눈으로 본 세상 그리고 시선으로 보아 주길 바란다. 이 글이 만약 힘을 갖게 된다면 학위도 전문성도 아니고, 그것은 오로지 사람들의 공감일 것이다.

나는 한 사람의 개인은 결코 힘 없는 존재가 아니라는 걸 알리고 싶었다. 정치인이 아니어도 유명인이 아니어도 수백만 구독자를 가진 언론사의 기자가 아니어도, 바로 당신이 하는 것은 결코 작지 않다는 걸 말하고 싶었다.

돈이 많고 힘이 있다면 세상을 더 쉽게 바꿀 수 있을 것이라 생각했다. 그러나 세상을 관찰하면서 그리고 작고 큰 변화들을 경험하면서, 어째서 돈이 더 많을수록 더 큰 돈의 노예가 되고 권력이 더 많을수록 더 큰 권력의 노예가 되는지에 대해 의문을 더 많이 가질 수밖에 없었다.

권력은 칼과 같다는 생각을 했다. 칼은 사람을 죽이는 역할을 할 수는 있어도 사람을 살리는 역할을 할 수는 없다. 칼을 손에 쥐고 올바르게 쓸 수 있는 방법은 오로지 사람을 해하는 것들로부터 사람을 지킬 때 뿐이다. 칼만으로는 사람을 살리는 세상을 만들 수 없다. 선한 이들이 존재하는 것이 중요하고 그들을 보호할 칼이 필요할 뿐이다. 그들이 존재해야만 칼이 의미가 있다. 그러나 많은 이들이 칼만 가지면 세상을 착하게 만들 수 있다고 믿기도 한다.

어떤 주식 부자는 내가 10억을 쓰면 너희들 다 자리에서 물러나게 할 수 있다고 큰소리쳤다고 한다. 그가 그렇게 말할 수 있는 까닭은 10억 원을 받고 시키는 대로 하는 사람들이 존재하기 때문이다.

돈이 주인인 세상을 바꿔 내는 것은, 돈으로 선한 결과를 유도하는 선한 부자가 아니라 10억 원을 주어도 양심을 팔지 않을 수 있는 그 사람들이다.

옳은 것을 할 자유를 얻겠다는 불온, 사랑할 자유를 갖겠다는 저항, 더 이상 다른 사람을 죽이는 세상을 돕지 않겠다는 선한 분노를 가진 한 사람 한 사람이다. 그 선한 분노가 모여 바람이 될 것이다.

사랑하기 위해 필요한 건 돈이 아니라 영혼이고, 올바른 일을 하기 위해 필요한 건 권력이 아니라 자유다. 진짜 적은 불의가 아니라 불의에 복종하도록 만드는 그 모든 것이다.

한 사람이 모든 걸 바꾸려고 하는 게 권력이다. 그러나 사랑은 함께 바꾸는 것이다.

그것은 바로 당신보다 훨씬 큰, 당신의 손이 닿지 않는 힘들을 부르고, 함께 하고, 움직이고, 그 흐름을 타는 것이다. 예측 불가능한 힘을 움직이는 것이다.

큰 에너지의 일부분이 되는 법은 마음의 소리를 듣는 것이다. 머리보다 직관이 정확하다. 직관은 세상에서 움직이는 에너지를 감지한다. 어떤 일을 보고 분노한다면 마음이 아프다면 이것을 해야겠다는 느낌이 들면 그때가 그것을 해야 할 타이밍이다. 어떤 사건에 계속 마음이 끌린다면 그것을 계속 지켜보고, 할 수 있는 것을 찾아내면 된다. 너무 큰 것이 아니어도, 아주 작고 사소한 일이어도 말이다.

당신이 모든 것을 할 필요는 없다. 씨앗이고 촉매제가 되길 바란다. 하나의 촉매제는 반드시 다른 행위를 불러오게 되어 있다. 돕고 싶은 사람들을 지켜보고, 기록하고, 그것을 말하라. 꾸준히 말하라. 불합리하고 억울한 일도 외치고, 기록하고, 연결하라. 어느 순간 티핑 포인트를 넘으면 그것은 여론이 된다. 쉬운 언어는 강력한 무기다. 나는 어떤 사실들을 알리고 바꾸는 데엔 반드시 초등학생들도 이해하는 언어를 써야 한다고 말하고 싶다. 쉬운 언어만이 파괴력을 갖는다.

싸움은 길어질 것이고, 쉽지 않을 것이다. 그러나 티핑 포인트 하나를 넘어서면 그것은 바람이 된다.

그렇게 되면 그것은 당신의 손을 떠나 물결을 만들 것이다.

큰 변화는 언제나 작은 움직임으로부터 시작한다.

태풍이 된다는 나비의 작은 날갯짓처럼 말이다.

삶에서 가장 중요한 건,

당신이 사랑했다는 사실이다.

부록

당신이 대통령이어서는
안되는 이유

 Sungmi Park
2014년 4월 25일 · 서울 · 🌐

숱한 사회 운동을 지지했으나 솔직히, 대통령을 비판해 본 적은 거의 없다. 그러나 처음으로 이번만큼은 분명히 그 잘못을 요목 조목 따져 묻겠다.

지금 대통령이 더 이상 대통령이어서는 안 되는 분명한 이유를.

대통령이란 직책, 어려운 거 안다. 아무나 대통령 하라 그러면 쉽게 못 한다. 그래서 대통령을 쉬이 비판할 수 없는 이유도 있었다. 그리고 대통령 물러나라 라는 구호는 너무 쉽고, 공허하기도 했기 때문이다. 그리고 정부가 아무리 무능해도 시민들이 정신만 차리면 그 사회를 바꿔 나갈 수 있다고 믿었기 때문이다.

하지만 이번에 대통령은 대통령으로 임무를 수행 해야 할 아주 중요한 몇 가지를 놓쳤다.

첫째, 대통령은 자기가 해야 할 일이 뭔지도 몰랐다.

대통령이 구조방법 고민할 필요 없다. 리더의 역할은 적절한 곳에 책임을 분배하고, 밑의 사람들이 그 안에서 최대한의 역량을 발휘할 수 있게 해주고, 밑에서 문제가 생기면 그 책임을 지는 것이 기본이다. 특히 아래 사람들끼리 서로 조율이 안 되고 우왕좌왕한다면 무엇보다 무슨 수를 쓰든 이에 질서를 부여하는 역할을 해야 한다.

안행부 책임 하에서 잘못을 했다면 안행부가 책임지면 된다. 해수부가 잘못했으면 해수부가 책임지면 된다. 그런데 각 행정부처, 군, 경이 모여있는 상황에서 책임소관을 따지지 못하고 우왕좌왕했다면, 그건 리더가 제 소임을 다하지 못한 거다. 나는 군 최고 통수권자이자 모든 행정부를 통솔할 권한이 있는 사람은 우리

나라에서 딱 한 명밖에 모른다. 대통령이다.

대통령이 했어야 할 일은 현장에 달려가 상처받은 생존자를 위로한답시고 만나고 그런 일이 아니다. 그런 건 일반인도 할 수 있는 일이다.

'구조 왜 못하냐, 최선을 다해 구조해라' 그런 말은 누구라도 할 수 있다. '잘 못하면 책임자 엄벌에 처한다' 그런 호통은 누구나 칠 수 있다. 대통령이 할 일은 그게 아니다. '중국인들이 우리나라에서 왜 쇼핑을 못 한답니까?' 그런 말 하라고 있는 자리 아니다. 공인인증서 폐기하라고, 현장에 씨씨티비 설치하라고, 그러라고 있는 자리 아니다.

일반인들이 하지 못하는 막대한 권한을, 행사할 수 있었다. 그랬기 때문에 대통령에 책임이 있는 거다. 대통령? 세세한 거 할 필요 없다.

대통령은 대통령만이 할 수 있는 일을 하라.

일이 안 되는 핵심 문제를 파악하고 해결점을 찾는 일. 뭐가 필요하냐 묻는 일. 그냥 해도 될 일과 최선을 다할 일을 구분하고 최선을 다해도 안 되면 포기할 일과 안 돼도 되게 해야 할 일을 구분해주고, 최우선 의제를 설정하고 밑의 사람들이 다른 데 에너지를 쏟지 않을 수 있도록 자유롭게 해주는 일, 비용 걱정 하지 않도록 제반 책임을 맡아 주는 일. 영화 현장의 스탭들은 감독이나 피디의 분명한 요청만 있다면 아무리 어려운 일도, 안 돼는 일도 되게 한다. 단, 조건이 있다.

어려운 일을 되게 하려면 당연히 비용이 오버 된다. 이 오버된 제반 비용에 대한 책임. 그것만 누군가 책임을 져 주면, 스탭들은, 한다.

리더라면 어떤 어려운 일이 '안 돼도 되게 하려면' 밑의 사람들이 비용 때문에 망설일 수 있다는 것쯤은 안다. 그것이 구조 작업이든 뭐든 수단과 방법을 가리지 말아야 한다면 무조건 돈이 든다. 엄청난 돈이.

만약 사람들이 비용 때문에 망설일 수 있다는 사실조차 '몰랐다면' 그건 대통령이 정말로 누군가의 말단 직원인 적도 없었고 비용 때문에 고민해 본 적도 없다는 얘기다.

웬만한 중소기업 사장도 다 아는 사실이다.

만약 리더가 너 이거 죽을 각오로 해라. 해내지 못하면 엄벌에 처하겠다 라고 협박만 하고 비용도 책임져주지도 않고, 안 될 경우 자신은 책임을 피한다면, 그 누가 할 수 있겠는가?

사람을 구하는데 돈이 문제냐 하지만, 실제 그 행동자가 되면 달라진다. 유속의 흐름을 늦추게 유조선을 데려온다? 하고 싶어도 일개 관리자가 그 비용을 책임질 수 있을까? 그러나 누군가 그런 문제들을 책임져주면 달라진다.

"비용 문제는 추후에 생각한다. 만약 정 비용이 많이 발생하면 내가 책임진다."

그건 어떤 민간인도 관리자도 국무총리도 쉬이 할 수 없는 일이다.

힘 없는 시민들조차 죄책감을 느꼈다. 할 수 있었으나 하지 못한 일, 그리고 전혀 남 일인 것 같은 사람들조차 작게나마 뭘 할 수 있었을지를 고민했다.

그러나 그 많은 사람들을 지휘하고 이끌 수 있었던, 문제점을 파악하고 직접 시정할 수 있었던, 해외 원조 요청을 하건 인력을 모으건 해양관련 재벌 회장들에게 뭐든 요청하건, 일반인들은 할 수 없는, 그 많은 걸 할 수 있었던 대통령은 구조를 위해 무슨 일을 고민했는가?

둘째, 사람을 살리는 데 아무짝에 쓸모 없는 정부는 필요 없다.

대통령은 분명 '구조에 최선을 다하라'라고 지시했다. 그러나 왜 지휘자들은 '구조에 최선을 다하지' 않았을까? 그것이 한두 번의 명령으로 될까?

날씨 좋던 첫째날 가이드라인 세 개밖에 설치를 못 했다면, 이러면 애들 다 죽는다. 절대 못 구한다 판단하고 밤새 과감히 방법을 바꾸는 걸 고민하는 사람이 이 리더 밑에는 왜 한 사람도 없었는가? 목숨걸고 물 속에서 작업했던 잠수사들, 직접 뛰어든 말단 해경들 외에, 이 지휘부에는 왜 구조에 그토록 적극적인 사람이 없었는가?

밑의 사람들은 평소에 리더가 가진 가치관에 영향을 받는다. 급한 상황에서는 평소에 리더가 원하던 성향에 따라 행동하게 되어 있다.

그것은 평소 리더가 어떨 때 칭찬했고 어떨 때 호통쳤으며, 어떨 때 심기가 불편했는지에 따라 달라진다.

만약 리더가 평소에 사람과 생명을 최우선 가치로 두었던 사람이라면 밑의 사람들은 어떤 상황에서던 말하지 않아도 그것을 최우선으로 두고 행동한다.

쌍용차 사태의 희생자들이 분향소를 차렸을 때 박근혜에게 충성하겠다 한 중구청장은 그들을 싹 쫓아냈고 대학생들이 등록금 때문에 죽어가도 아무도 그걸, 긴급하게 여긴 적이 없고 모두 살기보다 일부만 사는 게 효율에서 좋고, 자살자가 늘어나도 복지는 포퓰리즘일 뿐이고, 세 모녀의 죽음을 부른 제도를 폐지하는 데에 아직도 대통령이 이끄는 당은 그토록 맹설이다.

죽음을 겪은 사람들을 '징징대는' 정도로 취급하고 죽겠다 함께 살자는 사람들에게 물대포를 뿌렸다.

이곳에선 한 번도 사람이, 사람의 생명이 우선이었던 적은 없었다. 아직도 이들에겐 사람이 죽는 것보다 중요한 게 많고, 대의가 더 많다. '사람은 함부로 해도 된다'는 이 시스템의 암묵적 의제였다.

평소의 시스템의 방향이 이렇게 움직이고 있던 상황에서 이럴 때 대통령이 '구조에 최선을 다하라'고 지시를 하면, 밑의 사람들은 대통령이 진심으로 아이들의 생명이 걱정되어서 그런 지시를 내린 건지 '구조에 최선을 다하라'고 지시했다는 사실을 국민들에게 보여줘라 라는 뜻인지, 정부의 성과를 보여주기 위해 구조를 하라는 건지, 여론이 나빠지지 않게 잘 구조를 하라는 얘긴지, 헷갈리게 된다.

대책본부실에서 누가 장관에게 전했다.

"대통령께서 심히 염려하고 계십니다"

그러면 이 말이 '아이들의 안위와 유가족들의 아픔을 염려하고 있다'는 건지 '민심이 많이 나빠지고 있어 자리가 위태로워질 걸 염려한다'는 건지 밑의 사람들은 헷갈린다.

대신 지시가 없어도 척척 움직인 건 구조 활동을 멈추고 의전에 최선을 다한 사람들 재빨리 대통령이 아이를 위로하는 장면을 세팅한 사람들 대통령은 잘했고 다른 사람들이 문제다 라고 사설을 쓸 줄 알았던 사람들. 재빨리 불리한 소식들을 유언비어라 통제할 줄 알았던 사람들. 구조에 최선을 다하는 것으로 보여지는데 애를 쓴 사람들.

선장과 기업에게 모든 책임을 돌리는 방향으로 여론몰이를 한 사람들과 순식간에 부르자마자 행진을 가로막고 쫙 깔린 진압 경찰들이다.

이것은 이들의 평소 매뉴얼이었기 때문이다. 그들은 평소 리더가 중요하게 생각하는 게 뭔지 알고 있었고 그것을 위해 움직였을 뿐이다. 그리고, 거기에 에너지를 쏟느라 정작 중요한 것을 놓쳤다.

내가 선거 때 박근혜를 뽑지 않던 이유는 분명히 있다.

그가 친일파라서도 보수당이어서도 독재자의 딸이어서도 아니었다. 그녀가 남일당 사태 때 보여준 반응, 자신의 부친 때문에 8명의 사람들이 억울하게 죽었는데, 거기에 대해 일말의 죄책감도 안타까움도 갖지 않는 모습을 보았기 때문이다.

사람의 생명에 대해 그토록 가벼이 생각하는 사람이라면 대통령으로 뽑아선 안 된다는 그 이유 하나 때문이었다.

리더의 잘못은 여기에 있다. 밑의 사람들에게 평소 사람의 생명이 최우선이 아니라는 잘못된 의제를 설정한 책임.

셋째, 책임을 지지 않는 대통령은 필요 없다.

대통령이란 자리가 그토록 어려운 이유는 책임이 무겁기 때문이다. 막대한 권한과 비싼 월급, 고급 식사와 자가 비행기와 경호원과 그 모든 대우는 그것이 [책임에 대한 대가]이기 때문이다.

누구도 책임지지 않는 조직에선 어떤 일도 제대로 굴러가지 않는다. 리더가 책임지지 않는 곳에서 누가 어떻게 책임지는 법을 알겠는가?

자신이 해야 할 일을 일일이 알려줘야 하는 대통령은 필요 없다. 사람을 살리는데 아무짝에 쓸모 없는 대통령은 필요 없다.

결정적으로, 책임을 질 줄 모르는 대통령은 필요 없다.

덧붙임.

세월호 선장들과 선원들이 갖고 있다던 종교의 특징은 단 한 번의 회개로 이미 구원을 받았기 때문에 '아무리 잘못해도 죄책감을 느끼지 않는 것'이라 한다.

이거, 굉장히 위험한 거다.

죄책감을 느끼지도 못하는 대통령, 이들과 결코 다르지 않다.

사람에 대해 아파할 줄도 모르는 대통령은 더더욱 필요 없다.

진심으로 대통령의 하야를 원한다.

세월호 참사에 대한 박근혜 정부의 미숙한 대응이 드러나기 시작하던 2014년 4월 27일, 청와대 홈페이지 자유게시판에 정 모 씨가 '당신이 대통령이어선 안 되는 이유'라는 제목으로 장문의 글을 올렸다. 이 글은 각종 SNS 등을 통해 급속도로 퍼졌고, 조회 수는 50만여 건을 넘어서며 한때 게시판이 다운되기도 했다.

이 글이 각종 언론에 보도되는 등 화제가 되자 글을 올린 정 씨는 "제가 쓴 글은 아니고 타인의 페이스북에서 퍼온 건데 이렇게 반응이 클 줄 몰랐다"라며 글 삭제를 요청했으나 청와대 게시판 글은 본인 삭제만 가능해 정 씨가 해당 글을 자진 삭제했다고 언론은 전했다.

글의 원작자이자 이 책의 저자인 박성미는 본인의 페이스북을 통해 "게시판이 정상화되면 글을 다시 올리겠다"고 했고, 이후에도 꾸준히 많은 조회 수를 기록하며 여러 시민들이 청와대 자유게시판에 자신의 의견을 올리는 데 촉매 역할을 했다.